Aike Blechschmidt, Michael Pfister

KOMMUNE, FRAUENROLLE UND UTOPIE

Der Friedrichshof: Versuch einer historischen Standortbestimmung

Aike Blechschmidt, Michael Pfister

KOMMUNE, FRAUENROLLE UND UTOPIE

Der Friedrichshof: Versuch einer historischen Standortbestimmung

1982
Dreisam-Verlag Freiburg i. Br.

CIP-Kurztitelaufnahme der Deutchen Bibliothek

Blechschmidt, Aike: Kommune, Frauenrolle und Utopie: d. Friedrichshof: Versuch e. histor. Standortbestimmung / Aike Blechschmidt; Michael Pfister. - 1. Aufl. - Freiburg i.Br.: Dreisam-Verlag, 1982.
ISBN 3-921472-72-5
NE: Pfister, Michael:

1. Auflage 1982
© Dreisam-Verlag GmbH, Schwaighofstr. 6, 78 Freiburg i.Br.
Umschlagentwurf: Michael Wiesinger
Satz: Print-Service, Rellinghauser Str. 98, 4300 Essen 1
Druck: Bundschuh-Druck, Habsburger Str. 9, 7800 Freiburg i. Br.
Vertrieb: Prolit Buchvertrieb, Postfach 1165, 6304 Lollar
ISBN 3-921472-72-5

Inhaltsverzeichnis

Zu diesem Buch 9

Der Friedrichshof - eine Kurzinformation 11

Aike Blechschmidt:
Kommune - Haushalt - Eigentum - Kommunikation
Zur ökonomischen Entwicklung des Friedrichshofes 13

1. Die kommunikative Basis
2. Chronologie der wirtschaftlichen Phasen 17
3. Die Krise 1977/78 der auf kommunikativer Basis errichteten Ökonomie 18
   Vorteile des internationalen Gemeinschaftseigentums 18
   Die Krise und ihre Lektionen 24
   Zusammenfassung 33
4. Die sogenannte Privatisierung 35
5. Die Genossenschaft 37
6. In die Schule gegangen: Was vergesellschaftet nun wirklich? 39

Michael Pfister:
Hausarbeit, Entfremdung und Emanzipation der Frau
Vergesellschaftung und Selbstverwaltung im hauswirtschaftlichen Reproduktionsbereich 46

1. Einleitung 46
2. Hausarbeit im Übergang Feudalismus-Kapitalismus 47
   Hausarbeit im Feudalismus 47
   Hausarbeit im Übergang 48
   Zur Vergesellschaftung der Reproduktionsbereiche im 19. Jahrhundert 51
3. Polit-ökonomisches zur entfremdeten Hausarbeit 53
   Hausarbeit und Lohnmystifikation 53
   Das Problem der Hausarbeit bei Marx 54

4.	Beiträge der empirischen Sozialforschung zum Hausarbeitsprozeß	54
	Zeitbudget-Untersuchungen	55
	Entfremdung und Arbeitszufriedenheit	56
	Die Produktion der Ware Arbeitskraft	57
5.	Phänomenologische Bemerkungen zur Hausfrauenarbeit	59
	Fetischisierung und Sauberkeit	61
	Anomie	63
6.	Familiäre Reproduktionsarbeit und Emanzipation der Frau	65
7.	Historische Positionen der Sozialdemokratie zur Vergesellschaftung der privaten Hauswirtschaft	69
8.	Das Modell Friedrichshof als Beispiel selbstverwalteter Vergesellschaftung der materiellen Reproduktionsbereiche	75
9.	Zur Sexualität am Friedrichshof	83
10.	Schlußwort	85
11.	Literatur	90

Michael Pfister:
Die gescheiterte Revolution.
Zur politischen Problematik der Vergesellschaftung der Reproduktionsbereiche — 93

1.	Einleitung	93
2.	Die Jugendbewegung	94
	Vom 19. Jahrhundert bis zum 2. Weltkrieg	94
	Studentenrevolte	
	Die 80er Jugendbewegung	100
3.	Kritische Bemerkungen zur Sozialdemokratie und der sozialistischen Strategie	102
4.	Zu den historischen Ursachen der Vernachlässigung der Vergesellschaftung der Reproduktionsbereiche	104
	Karl Marx	104
	Die sozialistische Bewegung seit Ende des 19. Jahrhunderts	107
5.	Zwischenresümee	111
6.	Zur Perspektive der Vergenossenschaftung der Reproduktionsinstanz Familie	112
7.	Zu unzulänglichen sozialdemokratischen Vergesellschaftungsversuchen im Reproduktionsbereich. Stadtteilkultur und Kollektivhäuser	113
8.	Schlußwort	115

9. Literatur ... 119

Michael Pfister:
Skizzen zu: 'Liebe, Autorität und die Philosophie der Aufklärung' ... 121

Aike Blechschmidt:
Utopie und Kommune - Versuch eines historischen Resümees ... 127

1. Einleitung: Glossar zu Utopie und Kommune ... 127
    - Kommune und Utopie ... 127
    - Neue und alte Utopie ... 128
    - Utopie und Kommune ... 131
    - Zusammenfassung ... 132
2. Utopia anno 1516 und danach - Kommune und Utopie im ausgehenden Mittelalter ... 134
    - Familie ... 134
    - Kommune ... 136
    - Um 1500 - eine Collage ... 146
    - Kommune versus Obrigkeit ... 147
    - Utopia ... 154
    - Nach Utopia ... 154
        - 1500 - 1950 - Collage ... 154
        - Die Utopien ... 156
    - Zusammenfassung ... 159
3. Kommunen im 19. Jahrhundert ... 161
    - Die These ... 161
    - Amana ... 163
    - Zoar, Bethel und Aurora, Shakers und Rappisten ... 165
    - New Harmony und die Phalansterien ... 170
    - Icaria ... 173
    - Llano und andere ... 178
    - Oneida ... 182
    - Zusammenfassung ... 188
    - Ausblick

Zu diesem Buch

Seit nunmehr fünf Jahren hat der Friedrichshof nahezu nichts mehr nach außen hin publiziert. Uns war die eigene Aufbauarbeit wichtiger gewesen, für die intellektuelle Arbeit war der praktischen Anforderungen wegen keine Zeit übrig. Nun sind der Friedrichshof und die Friedrichshofer Gruppen wieder mehr ins Gespräch gekommen. Die Erfolge dieser Arbeit wie u.a. der Zusammenschluß in der Genossenschaft "Gemeinschaftsbau", die Arbeit in Kulturvereinen, in Kindertheaterensembles, als Workshop-Leiter etc. haben aber auch alte Vorwürfe und Kritik gegenüber dem Friedrichshof bzw. der früheren AAO aktualisiert. Im Grunde ist es immer wieder eines, was Anstoß erregt, oft ohne daß es direkt benannt würde: die Entrüstung über das Leben der Friedrichshofer Kommunarden, die die Unverschämtheit besitzen, nicht so zu leben wie jedermann, sondern in gemeinsamer Sexualität. Diese schroffe Gegnerschaft gegenüber den Friedrichshofern, die auch viele Politiker teilen, ist umso erstaunlicher, als die politische Ratlosigkeit gegenüber Fragen der Reproduktionsbereiche, d.h. Familie, Freizeit, Kommunikation und nicht zuletzt Sexualität offenkundig ist. Statt aufmerksam Modelle zu betrachten, die in einem gesellschaftlichen Neuland Erfahrungen sammeln, ist oft eine eher arrogante, ängstliche Haltung zu beobachten.

Bei der deutschen Sozialdemokratie ist dies umso tragischer, da sie in ihrer Betonung der Wachstumspolitik in eine noch schwärzere Zukunft taumelt wie schon zuvor die schwedische Sozialdemokratie, die ebenfalls mit ihrem Konzept rein materieller Wohlversorgung glücklos war. Damit beschäftigt sich M. Pfisters Beitrag "Die gescheiterte Revolution", auch Abschnitt 7 seines Beitrags "Hausarbeit, Entfremdung und Emanzipation der Frau". Gelingt es der Sozialdemokratie nicht, sich hier grundlegend zu wandeln und sich auf ihre ursprünglichen Ziele zu besinnen, dann werden die Grünen den progressiven Part der Sozialdemokraten übernehmen.

Sie nämlich könnten aus der Unmittelbarkeit ihrer Interessenvertretung heraus möglicherweise eine Sensibilität gegenüber emanzipativen Perspektiven des Reproduktionssektors entwickeln.

Die vorliegenden Beiträge entstanden als Vorbereitung zu einem Seminar am Friedrichshof Pfingsten 1982. Sie stellen gewissermaßen den Versuch dar, die historischen Trends herauszuarbeiten, die zu unserer gegenwärtigen Praxis hinführten. Dabei greifen sie unter anderem eine aktuelle Diskussion der alternativen Szene auf, die sich ihrer Erstarrung mehr und mehr bewußt wird, zumal in den letzten Jahren Phantasie und konkrete Utopie auf der Strecke blieben (siehe u.a. Volker Volksmasse im Netzwerk - Rundbrief Nr. 17, 15. Juni 1982).

Das Wiederaufgreifen der Diskussion um die Subjektivität, um Sexualität und neue Kommunikationsformen muß vor allem dort ansetzen, wo praktische Erfahrungen durchlebt wurden. In seiner historischen Dimension bearbeitet dies Aike Blechschmidt in seinem Beitrag "Utopie und Kommune", in dem er der Frage nachgeht, welche Lehren sich aus den historischen Kommunen ziehen lassen. Die Beiträge, die konkret die Realität des Genossenschaftsmodells Friedrichshof beschreiben, verstehen sich ebenfalls als Diskussionsmaterial zu Fragen alternativen, emanzipativen Lebens. Dies betrifft zum einen Aike Blechschmidts Artikel "Kommune - Haushalt - Eigentum - Kommunikation", der die konkrete ökonomische Entwicklung der Kommune Friedrichshof untersucht und diese in Relation zur gelebten Kommunikation setzt. In beiden seiner Beiträge versucht Aike Blechschmidt Bedingungen herauszuarbeiten, unter denen Entscheidungsstrukturen in gegenwärtigen alternativen Gemeinschaften erfolgreich angewandt werden können. Inwieweit die Rolle der Autorität durchschaut und genutzt, sowie offene kollektive Kommunikationsstrukturen rational bewältigt werden, entscheidet über den Reformbeitrag heutiger Alternativen.

In Michael Pfisters Artikel "Hausarbeit, Entfremdung und Emanzipation der Frau" wird ebenfalls in zwei wichtigen Bereichen das Modell Friedrichshof beschrieben. Die materielle Organisation des Lebens am Friedrichshof wird in seinem 8. Abschnitt dargelegt, zur Sexualität am Friedrichshof wird im 9. Abschnitt Stellung genommen. Zentrales Thema dieses Artikels ist jedoch die Emanzipation der Frau, die in den noch existierenden Varianten des Feminismus in eine Sackgasse geraten zu sein scheint. Perspektive dieser Bewegung kann nur der Aufbau einer befreienden Lebenspraxis sein, die der Frau die Last der Hausarbeit, des alleinigen Kinderaufziehens und die emotionelle Abhängigkeit vom Mann (Liebe genannt) abnimmt.

Alle Artikel, ob sie sich mit der Sozialdemokratie, mit den historischen Kommunen, mit Liebe oder der Emanzipation der Frau befassen, haben ihren Bezugspunkt in der konkreten Realität des Modells Friedrichshof. Insofern sind die Texte auch als der Versuch einer historischen Standortbestimmung des Friedrichshofer Genossenschaftsmodells anzusehen. Nicht so sehr ging es uns also um eine Schilderung der Erscheinungsform der Kommune (einen Ansatz dazu bietet das im Juli 1982 erschienene Buch "10 Tage Friedrichshof" der norwegischen Rundfunkreporterinnen Kari Skollerud und Wencke Margrethe Myhre, Hamburg). Dazu würden dann auch viele Bereiche gehören, zu denen in diesem Buch nur wenig zu finden ist, wie u.a. zur Friedrichshofer Schule, zur Bedeutung der Pädagogik und der Kunst am Friedrichshof, sowie zur Sexualität.

Da die Beiträge zunächst als Diskussionsgrundlage für das Friedrichshofer Pfingstseminar '82 gedacht waren, ist vieles davon vorläufig formuliert, z.T. mit fragmentarischem Charakter, wie etwa der Beitrag von Michael Pfister über "Liebe, Autorität und die Philosophie der Aufklärung". Dennoch entschlossen wir uns zur Herausgabe dieses Buches. Die Texte möglichst frühzeitig in die aktuelle Diskussion mit einzubringen, war uns das Wichtigste.

Abschließend möchten wir für Hinweise und Diskussionsbeiträge unseren Dank an Lars Clausen, Horst v. Gizycki, Gunnar Heinsohn, Karl-Heinz Schelling und Hartmut Vincon aussprechen.

Besonderen Dank auch für die vielen Anregungen von Otto Mühl, ohne den dieses Buch nicht entstanden wäre.

Der Friedrichshof - eine Kurzinformation

Der Friedrichshof gehört zur Gemeinde Zurndorf im Burgenland, 40 km südlich von Wien in der Nähe des Neusiedler Sees. Er liegt 7 km außerhalb der Ortschaft inmitten der Parndorfer Heide, einer panonischen Flachlandschaft, und war ein landwirtschaftlicher Gutshof, der die umliegenden Felder bewirtschaftete. 1932 wurde der Gutsbesitz aufgelassen und verkauft. Bis auf den Getreidespeicher ("Schüttkasten") und das Schulhaus wurden alle Gebäude abgerissen. Das alte Schulhaus und 3 ha Land wurden 1972 von drei Wiener Wohngemeinschaften als erstes erworben. Andere Wohn- und Hausgemeinschaften aus ganz Europa - heute sind es 35 mit insgesamt 560 Mitgliedern - beteiligten sich am Aufbau des Friedrichshofs zum gemeinsamen Bildungs- und Urlaubszentrum. Das Land wurde erschlossen (Wasser, Strom, Telefon, biologische Kläranlage). Das gesamte Areal (21 ha) wurde angekauft. 1981 wurde eine nicht mehr aktive gemeinnützige Baugenossenschaft übernommen, in "Gemeinschaftsbau" Gemeinnützige Wohn-, Bau- und Siedlungsgenossenschaft umbenannt und das gesamte, bis dahin als Privat- und Vereinsbesitz geführte Gemeinschaftseigentum der Beteiligten an Land, Gebäuden und Produktionsmitteln in die Genossenschaft eingebracht. Für die seit Beginn praktizierte gemeinschaftliche demokratische Ökonomie bildet die Genossenschaft die optimale Rechtsform. Alle Vorstellungen von Gemeinschaftseigentum, Selbstverwaltung, gemeinsamer Haushaltsführung usw. können im Rahmen der Genossenschaft verwirklicht werden. Die Werkstätten und Gemeinschaftseinrichtungen werden von den Mitgliedern der Genossenschaft selbst geführt und dienen dem Aufbau, der Instandhaltung und Bewirtschaftung des Friedrichshofs.

Legende zum Lageplan auf S. 12:

1 - Kinderhaus
2 - Kindergarten, Vorschule, Schule
3 - Gästehaus ("Schüttkasten")
4 - Brunnenhaus
5 - "Kinderland"
6 - Reitarena
7 - Pferdestall und Lager
8 - Alter Wasserturm
9 - Biologische Kläranlage
10 - Teich
11 - Spielplatz
12 - Versammlungssaal ("Schulhaus")
13 - Gemeinschaftsküche
14 - Wohnhaus ("Neubau") im EG Wäscherei, Näherei, Bibliothek und zentrale Fernheizanlage
15 - "Flugdach" (Speisesaal, Büros, Wohnräume)
16 - Tischlerei (Maschinenhalle, Montagehalle)
17 - Haushaltsmagazin, Musikraum, Malatelier
18 - Elektro- und Elektronikwerkstatt
19 - Mechanikerwerkstatt, Schlosserei, Bauplanung, -verwaltung
20 - Tankstelle und Lager
21 - Wohnanlage mit 5.200 qm Gesamtnutzfläche, davon 3.100 qm Wohnnutzfläche (36 Einheiten) derzeit in Bau. Ende 1982 bezugsfertig.
22 - Parkplatz

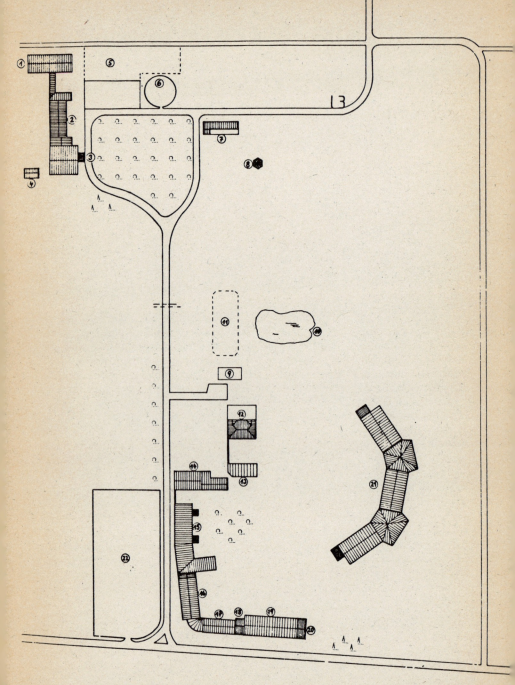
Lageplan Friedrichshof

Aike Blechschmidt

Kommune - Haushalt - Eigentum - Kommunikation
Zur ökonomischen Entwicklung des Friedrichshofes

1. Die kommunikative Basis

Der Anfang erinnert an Robert OWEN [1]: Mehr unerfahren mit kollektiven Verhaltensweisen denn auf altruistisch gute Werke sinnend, stellt Otto MÜHL sein erstes größeres Künstler - Honorar seiner sich gründenden großen Wohngemeinschaft in der Praterstraße zur Verfügung. Ähnlich startete Robert OWEN 120 Jahre vorher. Liberal und tolerant gegenüber Mitessern und -wohnern, wie man Anfang der 70er Jahre in der (noch) linken (und noch nicht alternativen) Szene war, gelang es dem Kollektiv nicht, zu ordentlichen Einnahmen zu kommen, d.h. die Einlagen statt zum Konsum zu Investitionen zu nützen, die die Gruppe dringend nötig hatte.

Aber man hatte diese Konsumzeit dennoch intensiv genutzt. Daß Ideologien schwerlich Belastungen standhalten, wie sie mit einem Kommune - Versuch verbunden sind, war wohl schon von Anfang an klar. Daß der neue Nenner in der Kommunikation sich erst herausstellen konnte, diese Einsicht schlug sich weniger in Niedergeschlagenheit (wie sonst häufig) nieder, sondern schlug mehr in kommunikative Radikalität um: Eine intensive Erforschung der in einer Gruppe herrschenden Kommunikationsstrukturen begann. Weil der Aktionismus immer ein Stück Gruppendynamik war, weil 10 Jahre öffentliche Happenings einige Erfahrung im Umgang mit Projektionen gebracht hatte, leistete auch hier Otto MÜHL den größten Beitrag und offensichtlich hatte er auch den konsequentesten Forscherwillen, dieses neue Feld einer sich öffnenden Kommunikation zu explorieren. Mit 45 Jahren - so alt war er - hat der Mensch normalerweise nicht mehr so viele Optionen offen, wie jemand mit 20 Jahren zu haben glaubt. Wer sich hier für eine neue, postfamiliale Lebensweise entscheidet, tut nicht radikal, sondern er ist es. Jedenfalls überstand die Wohngemeinschaft Praterstraße den üblichen Bruch, der sich im Durchschnitt nach 18 Monaten ergibt. (CYPRIAN, 1978, S. 124) [2] Im Gegenteil, nach zwei Jahren beschlossen zwei andere (große!) Wiener WGs, mit der Praterstraßen-WG zu fusionieren; gemeinsam kaufte man dann den Friedrichshof - die erste große Investition, die von den Kommune-Mitgliedern z.T. aus laufendem Einkommen finanziert wurde. Grund für Stabilität und Wachstum war die kommunikativ gewachsene Basis.

Die Trennung der Kommunikation in zwei große Bereiche, in einen privaten, der mit Familie und Privateigentum assoziiert ist, und einen öffentlichen, eben "die Öffentlichkeit", gehört zum Rüstzeug des Bürgertums gegenüber dem Feudalismus. [3] Diese Trennung wird dann problematisch, wenn die Familie zu einer Kommune erweitert wird.

Die meisten WGs scheitern an diesem Problem, obwohl die Aufhebung - partiell oder ganz - eine der stärksten Erwartungen darstellt, die an solche Gemeinschaften gerichtet werden. CYPRIAN schreibt zu den Motiven, eine WG zu gründen:

Werden die elf Skalen nach der Größe ihres Mittelwertes geordnet, ergibt sich nach der Wichtigkeit aller erfragten Motive die folgende Reihenfolge:

1. Individuelle Entwicklung — 2.53
2. Suche nach emotionalem Rückhalt, Schutz und Sicherheit — 1.87
3. Ablehnung bürgerlichen Lebens — 1.87
4. Überwindung von Isolation, Kontaktbedürfnis — 1.84
5. Politische Motive — 1.83
6. Abbau der traditionellen Geschlechterrollen — 1.76
7. Veränderung der Paarbeziehung — 1.74
8. Pragmatische Vorteile — 1.73
9. Vorteilhafte Arbeitsbedingungen — 1.54
10. Vorteile bei Kindererziehung (ohne Aspekt organisatorischer Entlastung) — 1.49 bzw. 2.65
11. Unabhängigkeit von den Eltern — 1.44

N = 415

Die meisten der in Wohngemeinschaften eingetretenen Personen versprachen sich also vom Gruppenleben eine Förderung der individuellen Weiterentwicklung. (möglich war die Bewertung zwischen 1 und 3; CYPRIAN, 1978, S. 25)

"Emanzipation" ist das diese verschiedenen Motive verbindende gemeinsame Moment. Praktisch werden diese Erwartungen, die an die WGs gestellt werden, in der Kommunikation. Das bedeutet: Die WG und natürlich noch mehr die Kommune als vergrößerte und verbindlichere WG konfrontiert, per Konstruktion, das Individuum mit einem größeren Maß an Öffentlichkeit in der Kommunikation einerseits - aber andererseits wird genau diese Veränderung in der Kommunikation aus emanzipatorischen Gründen vom WG- bzw. Kommunemitglied erwartet. Das machen die von CYPRIAN gewonnenen Ergebnisse noch einmal deutlich. CYPRIAN befragte die WG-Mitglieder nach einer Revision ihrer Zielvorstellungen, nachdem die WG-Mitglieder WG-Praxis hatten.

Im Vergleich zu den anfänglichen Erwartungen scheinen die kommunikativen Bedürfnisse an Bedeutung gewonnen zu haben. Auch über 50 Prozent der Personen, für die das Motiv 'Kontaktbedürfnis und Überwindung der Isolation' ursprünglich wenig Gewicht besaß, nannten 'intensive Kommunikationsbeziehungen und emotionale Sicherheit in der Gruppe' als heute erstrebenswertes Ziel. (S. 32)

Als Problem ist diese zu überwindende bürgerliche Trennung der Kommunikation in der Soziologie schon seit längerem bekannt. HABERMAS hat der Entwicklung dieser Trennung seine Habilitation gewidmet (bei Abendroth!). Er schreibt

Im Modell lassen sich zwei politisch relevante Kommunikationsbereiche gegenüberstellen: auf der einen Seite das System der informellen, persönlichen, nicht-öffentlichen Meinungen, auf der anderen das der formellen, institutionell autorisierten Meinungen. Die informellen Meinungen unterscheiden sich nach dem Grad ihrer Verbindlichkeit: auf der untersten Ebene dieses Kommunikationsbereichs werden die nicht diskutierten kulturellen Selbstverständlichkeiten verbalisiert, die überaus zähen Resultate jenes, der eigenen Reflexion normalerweise entzogenen Akkulturationsprozesses - zum Beispiel die Einstellung zur Todesstrafe, zur Sexualmoral usw. Auf der zweiten Ebene werden die wenig diskutierten Grunderfahrungen der eigenen Lebensgeschichte verbalisiert, die schwerflüssigen Resultate jener aus der Reflexion wieder abgesunkener Sozialisierungsschocks - zum Beispiel die Einstellung zu Krieg und Frieden, bestimmte Sicherheitswünsche usw. Auf der dritten Ebene finden sich die häufig diskutierten kulturindustriellen Selbstverständlichkeiten, die flüchtigen Resultate jener publizistischen Dauerberieselung oder auch propagandistischen Bearbeitung, der die Konsumenten vorzüglich in ihrer Freizeit ausgesetzt sind.

Was Mitglieder der Frankfurter Schule wie HABERMAS analytisch feststellten, wurde wenige Jahre später von der Studentenbewegung versucht praktisch zu machen. Nachdem der Versuch, dies von der traditionellen Öffentlichkeit her zu bewerkstelligen, schon früh gescheitert ist - Ausnahme waren die Ereignisse während des Pariser Mai, dort vor allem im dazu umfunktionierten Odeon-Theater, eine Ausnahme, die Ausnahme bleiben mußte - folgte der Versuch, dies von der privaten Sphäre aus zu tun: Ausdruck davon war der Beginn der Kommune - und, daraus hervorgehend, der WG-Welle.

Die durchschnittliche WG-Praxis erzielte durchaus einige Erfolge.[5] Aber es bleibt doch in der Regel eine sehr deutliche Lücke zu dem, was erwartet wurde.[6] NEGT und KLUGE verlagern dann in den frühen 70er Jahren ihre Erwartungen auf die proletarische Welt.[7] Sie bringen das Unbefriedigende der öffentlichen Kommunikation nochmals sehr deutlich zum Ausdruck, wenn sie schreiben:

Solange der Widerspruch zwischen der wachsenden Vergesellschaftung der Menschen und den verengten Formen ihres privaten Lebens besteht, ist Öffentlichkeit gleichzeitig auch wirklicher Ausdruck eines fundamentalen gesellschaftlichen Bedürfnisses. (NEGT und KLUGE, S.18)

Die große Bedeutung, die eine Vergesellschaftung der Kommunikation - d.h. die Aufhebung der irrationalen Abgrenzung zweier Sphären - für die Ökonomie hat, schwingt bei NEGT und KLUGE mit. Sehen sie doch in der Erlangung von proletarischer Öffentlichkeit das Mittel, um zu einer Aneignung der Produktionsmittel - vom Gebrauchswert her - zu gelangen.

Obwohl die praktischen Ansätze in der Praterstraße wohl kaum von NEGT und KLUGE inspiriert worden sein dürften, kann man doch sagen, daß hier und im nachfolgenden Friedrichshof der Beleg für deren (und anderer) These erbracht worden ist: *über die (Wieder-)Aneignung der Kommunikation zu einer Basis gelangt zu sein, von der aus die (Wieder-)Aneignung der Produktionsmittel und der Produktivkräfte möglich war.* Offensichtlich lag dieser Versuch in der Luft.

Ansätze dafür gehen (mindestens) bis zu Dada zurück. Die Avantgarde in der Kunst - vom Happening über die Situationisten bis hin zur Gruppe Spur und eben auch dem Wiener Aktionismus - beschäftigte sich seit den späten 50er Jahren mit diesem Thema. Mitbestimmung, Neue Arbeiterklasse, Schülerschule, Kritische Universität, bis hin zur Apo reflektieren diese Tendenz in der wirtschaftlichen, pädagogischen und universitär-politischen Sphäre. Der entscheidende Schritt erfolgte jedoch in der Sexualität. Liebe und Partnerschaft aus der verordnet-freiwilligen Thesaurierung in der Zweierbeziehung (bzw. Ehe/Familie) zu lösen, hatte allerdings eine lange kommunikative 'Investitions'-Phase zur Voraussetzung. Das zeigten alle bisherigen Versuche; und wie bei allen WGs und Kommunen, so stellte sich dies natürlich auch in der Praterstraßen- bzw. Friedrichshofer-Gruppe als heikler Punkt heraus.

Bei Gunnar Heinsohn lesen wir über den Kibbuz, daß dort Versuche einer freien Sexualität alsbald wieder zurückgenommen wurden. Fast als allgemeines Gesetz formuliert HEINSOHN seine These [8]:

Wo aber zusammengelebt wird und wo sich der Arbeitszusammenhang nur über die Verpflichtung jedes einzelner für das Kollektiv herstellen kann und soll, wo gut gearbeitet wird, weil das niemand für sich exclusiv ausnutzen kann, wo man gegenüber Konkurrenten einhandelt, wo die Zusammengehörigen sich in allen Lebenssphären wiederbegegnen, dort wird Promiskuität zum Skandal: Das permanente Wissen um die Bevorzugten, die Vernachlässigten und die ganz Übersehen, um die Gewinner und Verlierer in der freien Sexualkonkurrenz, um diejenigen, die Genuß, und die anderen, die Enttäuschung ernten - dieses Wissen muß den Verpflichtungskonsens einer gleichberechtigten Produktions- und Lebensgenossenschaft zersetzen.

Soll man da nicht Abstand nehmen, dieses heiße Eisen einer Sexualität jenseits der emotionellen Privat-Besessenheit der Zweierbeziehung - allen Katastrophen zum Trotz, welche diese mit sich bringt - anzufassen? Die Praterstraßen-Kommune nähert sich jedenfalls diesem Punkt mit großer Vorsicht.

Erst nachdem drei Jahre lang die Gruppenkommunikation von der bipolaren Ebene her erforscht worden war (mutuelle Analyse), wurde dieser Schritt gewagt - geglückt ist er dann im zweiten Anlauf. Die Dynamik in der Gruppenentwicklung - d.h. bei den Einzelnen! -, die dann einsetzte, machte im Nachhinein erst deutlich, wie richtig die These von der vermuteten Thesaurierung der Kommunikation durch die Zweierbeziehung ist.

Wir sehen, in diesem Kommune-Versuch lief von Anfang an einiges anders. Ökonomisch zwar - bis auf weiteres - eher ähnlich den anderen Kommuneversuchen - im Äußeren mit langen Haaren, wilder Kletage, gesellschaftlich 'anti' eingestellt und mit eben jener typischen Portion Verachtung für alles Bürgerliche versehen - arbeiteten die Praterstraße-Kommune-Mitglieder jedoch konsequent und praktisch an ihrer Kommunikation; d.h. an dem, was sich tagtäglich abspielte, was ja tatsächlich die Praxis ausmachte. Und tatsächlich erwies sich dies als jene Ader, welche weiterführte - kommunikatives Lernen, aus der gruppendynamischen Praxis heraus schöpfend, erwies sich in diesem nun 10 Jahre andauernden gesellschaftlichen Experiment als die eigentliche Basis. Die wirtschaftliche Vergesellschaftung, die sich hier zuerst im Haushaltsbereich vollzog - später, nachdem Kinder da waren, kann man vom vergesellschafteten Reproduktionsbereich sprechen - basierte tatsächlich auf einer Vergesellschaftung der Kommunikation.

2. Chronologie der wirtschaftlichen Phasen

Der Versuch, die Zweierbeziehungen aufzuheben - um 1970 herum durchaus als im Bereich dessen liegend, was an vielen Stellen Westeuropas und Amerikas als Ideal angestrebt wurde - erfolgte 1973, das ist drei Jahre, nachdem man mit einer systematischen Erforschung der Kommunikationsstrukturen begonnen hatte. M. E. ist diese lange Zeit - rückwärtsschauend könnte von einer Vorbereitungszeit gesprochen werden - der Grund, daß nun, 1973, nicht das eintrat, was bei sehr vielen ähnlichen Versuchen der Fall war: daß man diesen Schritt, erschreckt über die dadurch abgebrochene Gruppendynamik, wieder rückgängig machte. Denn das, was so oft sprengend wirkte, führte nun zu einer beschleunigten Entwicklung der Gruppe: Und in dieser Entwicklung liegen auch die ersten wichtigen wirtschaftlichen Daten:

1974 Wird das Gemeinschaftseigentum eingeführt. Alle gegenseitigen Gläubiger- und Schuldnerpositionen werden gelöscht, alle Einnahmen fließen in die Gruppenkasse, aus der alle Ausgaben bestritten werden. Handwerksbetriebe wie Tischlerei und Malerei sowie Flohmarktverkauf werden organisiert bzw. ausgeweitet.
Ein Jahr zuvor war der Friedrichshof erworben worden.

1975 Die Frauen stellen die Gleichberechtigung her, indem sie dies in der Kommunikation erreichen.

1976 Mehrere Gruppen schließen sich den zur Friedrichshofer Gruppe gewordenen Wiener Wohngemeinschaften an. Es entsteht Ende 1976 das "internationale Gemeinschaftseigentum".

1977 Weiter anhaltendes Wachstum der mit dem Friedrichshof verbundenen Gruppen, im Herbst stellen sich jedoch ökonomische Schwierigkeiten ein.

1978 Die Gruppen werden wirtschaftlich selbständig, der Anspruch, alle in eigenen Betrieben beschäftigen zu können, wird aufgegeben, viele eigene Betriebe werden mangels Wirtschaftlichkeit geschlossen. Es beginnt ein intensiver Lernprozeß betriebswirtschaftlicher Art.

1979 Alle Transaktionen innerhalb der Gruppe werden matrizenartig erfaßt und versucht in Geld zu bewerten. So entsteht, Schritt für Schritt, eine transparente Haushaltsökonomie. Entscheidend war dabei, die Arbeitszeit mit Geld zu bewerten.

1980 Die Gruppenmitglieder haben nun ökonomisch transparente Beziehungen zueinander. Auf dieser Basis kann nun konzeptionell die gemeinsame Ökonomie entwickelt werden. Die Bildung einer wirtschaftlichen Gemeinschaft kann schrittweise erfolgen, ausgehend von der ökonomisch gesehen Privatheit eines jeden Gruppenglieds. Da die Gruppenmitglieder kommunikativ eine gemeinsame Basis hatten, war mit dieser Erforschung geeigneter ökonomischer Formen der Gruppenkonsens nie in Gefahr. Dadurch hatten viele ökonomischen Schritte insofern experimentellen Charakter, als sie, ausgehend von dieser kommunikativen Basis, wieder rückgängig und, in modifizierter Form, von neuem begonnen werden konnten.

1982 Es kann von einem vergesellschafteten Haushalt gesprochen werden, welcher - auf dem Friedrichshof - rechtlich die Form einer Genossenschaft hat. Gruppenmitglieder, die einen Beruf in einem nicht der Genossenschaft angeschlossenen Betrieb ausüben und somit gegen Geld entlohnt werden, bezahlen ihren Haushaltsbeitrag und stellen ihren Überschuß nach Absprache mit der Genossenschaft dieser als Kredit bzw. als Einlage zur Verfügung oder sie nehmen eine andere Anlageform vor. Entscheidend ist auch hier die Kommunikation, d.h. daß gemeinsam eine Form gefunden wird.

Im weiteren wollen wir aus dieser 8jährigen Geschichte der Ökonomie des Friedrichshofes vor allem zwei Probleme herausgreifen:
1. Wieso es zur Krise 1977 gekommen ist.
2. Welche Schlußfolgerungen theoretischer Art aus der Vergesellschaftung vom Haushalt her gezogen werden können.

3. Die Krise 1977/78 der auf kommunikativer Basis errichteten Ökonomie

Vorteile des "internationalen Gemeinschaftseigentums".

Ende 1976 gab es sieben Gruppen, die auf der Basis der vergesellschafteten Kommunikation eine gemeinsame Ökonomie zu errichten versuchten. Sie hatten hierzu ihr Vermögen zu einem sog. "internationalen Gemeinschaftseigentum" zusammengelegt. Bevor wir auf die entstehenden Krisenerscheinungen und ihre Hintergründe eingehen, sei auf die Vorteile hingewiesen, die dieser Schritt auch mit sich brachte. Die einen könnte man unter dem Motto "Klotzen statt Kleckern" zusammenfassen und die zweite Reihe von Vorteilen unter die Devise "Über den eigenen Schatten springen" stellen.

Klotzen statt kleckern

Durch Zusammenfassung aller Gelder aus ehemaligem Privatbesitz oder aus laufenden Einnahmen konnte z.B. jene Summe zusammengebracht werden, mit welcher der neu entstandenen Nürnberger Gruppe ein großes Stadthaus angezahlt wurde. Dadurch entstand für eine Gruppe in einigen Monaten eine ökonomische Basis, zu der sie sonst Jahre benötigt hätte, wie es der Friedrichshofer Gruppe beim Erwerben ihres Hofes ergangen war. Statt daß in verschiedenen Städten mit einer mittleren Mietwohnung angefangen werden mußte, konnten sich auf einen Schlag 40 Leute in einem dreistöckigen Gebäude gewerblich und wohnlich entfalten. Bei vielen anderen Gruppen beobachteten wir, wie schwierig es ist, diese Hürde primitiver ökonomischer Stabilität zu überspringen. Oder: auf diese Weise kam ein zentraler Einkauf für die AA-Magazine (Textilgeschäfte) zustande, es konnte in größerem Umfang, gezielt und damit billiger eingekauft werden. Oder: eine (alte) Planierraupe konnte angeschafft werden, womit zahllose mühselige Handarbeitsstunden bei den Erdarbeiten auf dem Friedrichshof eingespart wurden.

Das "internationale Gemeinschaftseigentum" hatte also bereits Züge eines Gruppennetzwerkes. Sehr schnell stellten sich damit wie in früheren und anderen Kollektivbewegungen die Akkumulationsmöglichkeiten von personellen Zusammenschlüssen heraus. Vielleicht ist es kein Zufall, daß in etwa der gleichen Zeit in Berlin (West) das Netzwerk gegründet wurde. [9]

Über den eigenen Schatten springen

Wir alle sind es - mehr als wir meinen - gewohnt, auf unser Privateigentum zurückzugreifen. Wer ist schon wirklich fähig, ohne Groll seinen PKW zur Verfügung zu stellen? Wer hat damit nicht schon schlechte Erfahrungen gemacht? Wer getraut sich schon, seine kleine Erbschaft von 10.000 DM einzubringen in ein Experiment, dessen Ende offen ist? Wer ist schon bereit, auf ein eigenes Rückzugszimmer zu verzichten, damit ein Gruppenexperiment möglich wird? Wer hängt schon seinen einträglichen Job an den Nagel und steigt in ein Unternehmen ein, das noch nicht einmal einen Namen hat? Natürlich sind das trotz allem viele, die so etwas wagen, bei uns waren es ja auch ein halbes Tausend Leute. Bei den WGs waren und sind es einige 100.000. Und dennoch: gerade die WG-Geschichte seit 1967 ist ein Beispiel dafür, welche konkreten Schwierigkeiten auftauchen, wenn man versucht, praktisch kollektiv, sozial, gesellschaftlich zu sein.

Das "internationale Gemeinschaftseigentum" schuf sehr schnell Tatsachen, verlieh der Alternative eine sichtbare, äußerliche Gestalt, so daß zumindest die Richtung sehr deutlich wurde, die durch das Zusammenlegen von Einkommen und Vermögen eröffnet wurde. Je weniger der Einzelne auf der Privatheit, sprich Exklusivität seiner ökonomischen Titel fixiert war, desto größer wurden die Möglichkeiten der neuen Gemeinwirtschaft, umso leichter fiel es, Abschied zu nehmen von einer altehrwürdigen Institution, die der (isolierte) Privatbesitz darstellt.

Anders ausgedrückt: Die Realisierung einer neuen Ökonomie war eine Fortsetzung der durch die Vergesellschaftung der Kommunikation eingeleiteten Prozesse. Das, was auf kommunikativer Basis angelegt war, wurde durch den größeren Rahmen, den das "internationale Gemeinschaftseigentum" darstellte, sichtbar errichtet.

Daß - um beim letzten Bild anzuknüpfen - dieser auf der kommunikativen Basis errichtete wirtschaftliche Bau einige schiefe Wände hatte, daß die tragenden Elemente auf Dauer vielleicht nicht halten sollten, was sie über kurz versprachen, steht auf einem anderen

Blatt. Rückblickend, d.h. nachdem aus den Fehlern dieser Phase des "internationalen Gemeinschaftseigentums" gelernt worden war, nachdem wir uns mit den Risiken vertraut gemacht haben, die ökonomisch mit jenem der kommunikativen Basis entspringenden Vorschuß verbunden sind, erweist sich dieser 'Sprung über den eigenen Privat-Adamsschatten', den das Gemeinschaftseigentum darstellte, als großer Entwicklungsschritt. Tatsächlich wurde auf diese Weise realisiert, was sich kommunikativ anbahnte. Auch wenn die ökonomische Entsprechung Fehler hatte, die Tatsache, daß sie an Radikalität der kommunikativen nicht nachstand, wirkte zweifellos vorwärtstreibend auf die Entwicklung der Gruppe. Daß einem gemeinsamen Abend mit Selbstdarstellung, Theater usw. am nächsten Morgen die Gemeinsamkeit des Großhaushalts am Frühstückstisch, die Kollektivität der Arbeit in eigenen Betrieben folgte, - welche Ermutigung, an der Erforschung und dem Aufbau einer Alternative jenseits bürgerlicher Enge und privater Begrenzung zu arbeiten! Das war eben mehr als alles "Gerede" der letzten 10 Jahre, dachten viele Gruppen-Mitglieder, die aus der Studentenbewegung stammten. Ohne diesen radikalen, ja rigorosen Vorstoß über den privaten Rubicon eines jeden von uns, hätten wir schwerlich jene Bewegungsfreiheit erzielt, die gerade für die Ausmerzung der Fehler des anonymen Gemeinschaftseigentums so nützlich werden sollte. Gerade durch den frühen Kollektivismus wurden wir sehr lernfähig. Das Alte war als alt erledigt, wir lebten tatsächlich in einer neuen Ökonomie. Diese Vergewisserung der eigenen Fähigkeiten, etwas grundsätzlich Neues anzufangen, war ein enormer Zuwachs an kommunikativer Kompetenz in der Ökonomie. Daß wir eine neue Ökonomie aufbauen konnten, zählte auf lange Sicht mehr als die - auch nicht sehr kleinen - Fehler, die dabei unterliefen.

Viele Probleme, die bei den Betrieben der Alternativszene zentral und drückend sind, ja resignierend wirken, stellten sich dadurch nur in (z.T. sehr) abgeschwächter Form ein. Constantin BARTNING hat sie aus zehnjähriger Kenntnis alternativer Wirtschaftspraxis zusammengetragen [10]:

Statt Geborgenheit empfinden wir häufig Angst voreinander und gegenseitiges Mißtrauen. Statt Solidarität kommen wir häufig in Konkurrenzverhältnisse zueinander, die die zwischenmenschlichen Beziehungen vergiften ...
Unsere Freiheit und Unabhängigkeit von diesem Apparat (die eigenen Firmen und Projektorganisationen) ist oft viel geringer als die Freiheit, die wir haben, wenn wir in einem ganz normalen Arbeitsverhältnis stehen ... (S. 20)

Das sind zweifellos Probleme, die, um die hier gebrauchten Begriffe zu benützen, in mangelnder kommunikativer Vergesellschaftung beruhen und die so alt sind wie die sozialistischen Alternativprojekte [11]. Bartning benennt nun die "Hauptprobleme bei der Erstellung kollektiver Produktion" und hier zeigt er sehr deutlich, welche Vorteile wir aus der, sagen wir, 'rigorosen' Phase unserer Gemeinwirtschaft, dem "internationalen Gemeinschaftseigentum", gezogen haben:

Das für die Errichtung einer Produktionsstätte notwendige Startkapital ist schwer und unzureichend zu bekommen.

Kollektive Produktion ist (daher) hauptsächlich im Bereich subkultureller Marktbe-

dürfnisse relativ geschützt entstanden. Sie hätte der allgemeinen Konkurrenz nicht standhalten können.

Diejenigen, die kollektive Produktion starten, sind im allgemeinen noch recht jung und haben meistens keine Fachkenntnisse in dem betreffenden Bereich ... Die mangelhafte Erfahrung verlangt Lernprozesse und ist daher andererseits äußerst kostspielig. Wegen des ohnehin knappen Kapitals kann dies eigentlich nur durch Ausdehnung der eigenen Arbeitszeit wirtschaftlich verkraftet werden.

Auf den Kollektivversammlungen kann es dann teilweise schon beinahe zugehen wie bei Tarifverhandlungen.

Joseph HUBER schreibt (S. 44f) über den, ökonomisch gesehen, abhängigen Status der Alternativbetriebe:

Die Einnahmen der Projekte stammen bei nur knapp 40 % der Projekte überwiegend aus eigenständig erwirtschafteten Erlösen. Davon stammt wiederum nur ein Teil aus Verkäufen und dem offenen Markt ... Die restlichen 60 % der Projekte leben von vorneherein in der Hauptsache von Subventionen.... In der Hälfte der Projekte leben alle Mitglieder von Einkommen außerhalb des Projektes, von Ehepartnern, Eltern, Freunden und von Sozialleistungen ... Man kann also sagen, daß gegenwärtig nur ein Viertel der Projektaktivisten auch wirtschaftlich von ihren Projekten lebt ...

Daher überzeugt - im Durchschnitt - die Alternativökonomie so wenig.

Mehr noch als gewöhnliche Kleinbetriebe sind sie (die alternativen Betriebe, A.B.) wirtschaftlich tatsächlich unselbständig und vollkommen von äußeren Wirtschaftsbedingungen abhängig. (S. 44)

Dabei geht es nicht einmal so sehr um die (Werbe-) Wirkung nach außen, als vielmehr um die Wirkung auf das Selbstbewußtsein derer, die dies selbst bewerkstelligen als 'ihre Welt'; wenn es überhaupt eine gibt, dann ist es diese, welche Identifizierungspunkte bieten müßte. Tatsächlich gibt es hier einen qualitativen Umschlag. Dieser wurde durch die Friedrichshofer Gruppen im Zuge ihrer kommunikativen Arbeit vorbereitet - abgeschlossen aber durch die reale Gemeinwirtschaft.[12] Abschließend sei hier auf ein anderes Beispiel verwiesen, wo dieser Umschlag ebenso - z.T. - erreicht worden zu sein scheint: die Fabrik für Kultur, Sport und Handwerk.

In einer Selbstdarstellung "Berliner Projekte und Kollektive" für einen Kongreß zur Alternativökonomie in Lund im Frühjahr 1982 klingt überall dort, wo die Kollektivökonomie halbwegs über die Runden kommt, unverkennbar jener Stolz und jenes Selbstbewußtsein durch, das für die Festigung einer nicht mehr privatisierenden Haltung so wichtig ist und von der oben hinsichtlich der AAO-Phase die Rede war. So lesen wir in der Selbstdarstellung der "Fabrik":

Bis heute haben wir allein an Material 350.000 DM in den (UFA-Gelände-) Platz investiert. Für 60 Menschen Arbeit und Lebensraum geschaffen ... hat die Kommune, abgesehen von einer Starthilfe vom Netzwerk und einigen Freunden diese Summe aus eigener Kraft aufgebracht.

Wir können sagen, daß mit dem anonymen "internationalen Gemeinschaftseigentum" der Krebsgang vermieden wurde, den HUBER u.a. bei der Alternativszene als Regel feststellen.[13] Insofern ist der AAO von 1976/77 der Sprung aus der Privatwirtschaft ins Unbekannte auch nicht mißglückt. Die kommunikative Arbeit hat sich ökonomisch positiv niedergeschlagen. Aber gleichzeitig gilt auch, daß das so Erreichte in großem Ausmaße noch lange nicht gesichert war. Die Konsolidierung fehlte noch. Und erst auf diesem Wege der Konsolidierung wurden jene Halb- und jene Disökonomien aus dem Wege geräumt, welche in Form von Zuschüssen, Vermögensauflösungen, bis hin zu staatlichen Transfers das Funktionieren der Ökonomie zumindest zum Teil vortäuschen. Die breite kommunikative Basis hat uns, rückblickend, sozusagen ein "dennoch" erlaubt, wir konnten über die noch lange nicht solide ökonomische Basis - eine Weile - hinwegsehen. Und die gleiche kommunikative Basis hat es dann ermöglicht, mit der gleichen Radikalität an den Fehlern zu arbeiten. In diesem Sinne, nämlich radikal zu sich selbst zu sein, hat das "internationale Gemeinschaftseigentum", langfristig gesehen, die beste Leistung erbracht. Rein wirtschaftlich sah es nach cirka einem Jahr Gemeinwirtschaft ("internationaler" Art) im Winter 1977/78 nicht so gut aus wie erwartet. Obwohl zunächst für die Zeit bis Herbst 1977 galt:

Das Ergebnis hätte sich sehen lassen können ...

Innerhalb und zwischen den Gruppen hatte sich im Laufe der Zeit eine ansehnliche, arbeitsteilige Ökonomie entwickelt. Eine Schweinezucht, die Friedrichshofer Gruppe konnte sich mit der Gärtnerei fast selbst versorgen, jede Gruppe verfügte über eine kantinenartige Großküche und eine gruppeneigene Wäscherei, z.T. auch über eine Schneiderei, Schuhmacher, KFZ-Werkstätten, eine Druckerei, eine Redaktion, ein gut ausgerüstetes Graphik- und Photoatelier, einen Kindergarten und seit 1977 auch über eine private Volksschule. Nach außen arbeiteten ca. 10 Kleintransportbetriebe, ein Restaurant, acht Jeans- und Army- Surplusläden, etliche Maler- und Tapeziererbetriebe, eine Heizungsbaufirma, ein Gartenbaubetrieb.

Im Herbst 1977 war in Nürnberg eine Zentrale für all diese Aktivitäten entstanden. In einem Büro mit Telex und Telefonzentrale arbeiteten rund 20 Personen an der Buchhaltung, der KFZ-Verwaltung und der Bewältigung der vielen hundert Finanztransaktionen zwischen den Gruppen und Firmen, zwischen AAO und dem Rest der Welt. Es ging zu wie im Bienenhaus. Die Wände waren mit Landkarten, ellenlangen Telexen, Finanzübersichten, Investitionsplänen, Verkaufsübersichten tapeziert. Wir waren Großabnehmer für Leitzordner geworden.

In jenem Dreivierteljahr bis zur Blütezeit des kommunistischen Gemeinschaftseigentums, im Herbst 1977, war natürlich noch keine hinreichende Buchhaltung entstanden, welche über unsere Rentabilität hinreichend genaue Rechenschaft hätte abliefern können. Allein, es funktionierte ja; ja wir hielten uns gegenüber der übrigen Wirtschaft für überlegen. Waren wir nicht zu einer effektiven Ökonomie gelangt ohne Preis-, Geld- und Marktsystem?

Sehen lassen hätte sich die Ökonomie ...

... auch hinsichtlich des Betriebsklimas.

Auf Grund der vergrößerten kommunikativen Basis konnten viele Probleme, die ökonomisch schienen, aber gruppendynamisch-kommunikativer Natur waren, als solche geklärt werden. Constantin BARTNING vermittelt in seinem schon zitierten Beitrag gerade in den gegenwärtigen Alternativbetrieben:

Hier kann es schnell passieren, daß jeder sich unter Druck fühlt, möglichst viel zu leisten, um nicht in den Verdacht zu geraten, auf Kosten anderer zu leben. Es entsteht damit ein starker aber unbewußter Leistungsdruck. Da die zu erreichende Leistung aber nicht festgelegt ist, hat keiner die Möglichkeit, objektiven Leistungsanforderungen zu genügen, sondern ist damit vom unausgesprochenen Urteil der anderen abhängig. Es wird in Kollektiven in vertraulichen Gesprächen nämlich sehr viel über die Leistung jedes einzelnen gesprochen. Jeder Kollektivist hat von der Leistungsfähigkeit aller anderen eine klare Vorstellung. Sie ist ein wesentlicher Bestandteil der gegenseitigen Beurteilung, Grundlage des Spielraumes, der jedem eingeräumt wird sowie des informellen Ansehens und Einflusses. (S. 23)

Ich bin daher zu dem Ergebnis gekommen, daß für die Entwicklung von Kollektiven gar nicht Kapitalmangel das Hauptproblem ist, sondern die Entwicklung der inneren sozialen Strukturen das eigentliche Problemfeld darstellt. (S. 25)

BARTNING spricht dann vom Sündenbock, der sich regelmäßig bildet, usw. usf. Man muß sich vorstellen, was es bedeutet, wenn sich gerade in diesen elementaren Bereichen die Meinungen nicht offen-solidarisch kundtun können, wenn gar falsche Rücksichtsnahme oder Stillhalteabkommen oder unausgesprochene Vorwürfe das Arbeitsklima bestimmen. [14]

Deswegen ist die Arbeit an der Kommunikation auch so wichtig, Fleiß, Können, Kritik und Innovation bestimmen auch hier das erreichte Niveau. Verständnis und Verbalisierungsvermögen genügen bei weitem nicht. Die Betroffenen selbst müssen handeln können, der kommunikative Rahmen der Gruppe muß dies zulassen. Das zeigt die Entwicklung des Friedrichshofes sehr deutlich:

Wie üblich begannen z.B. die Männer die Ökonomie und damit - wie sie meinten - das Übrige zu dominieren. Oder: Die Leute proletarischer Herkunft kamen, wenn die Kommunikation von Mittelschichten bestimmt war, schwerer mit. Jeweils fühlten sich die einen von den anderen dominiert - ohne daß dies überzeugend legitimiert schien. Kurz: Anspruch und Realität klafften auseinander. Manche alten gesellschaftlichen Probleme tauchten wieder auf. Wie war es auch anders zu erwarten.

Die Folge waren "Revolutionen". Die Frauen organisierten sich zur "Frauenforderung", abgekürzt FF, setzten eigene Versammlungen durch, gaben eine eigene Zeitung heraus, besonders "arge" Männer mußten sich vor den Frauen verantworten.

Die Gruppenmitglieder proletarischer Herkunft organisierten sich in der "Proletarischen Potenz", "Propot" abgekürzt. Dort versuchten sie ihre spezifischen Probleme aufzuarbeiten, zu erkennen, was in Leuten proletarischer Herkunft an Potenz steckt, man stützte sich gegenseitig.

Die FF entstand und dominierte die Ereignisse im Frühjahr 1976, die Propot im Sommer desselben Jahres. Leider fehlt hier der Platz, dies ausführlicher darzustellen.

Hätten die Gruppen nicht seit Jahren die Form der Selbstdarstellung erforscht und als Mittel, die Kommunikation über das durch die normalen Verkehrsformen Limitierte hinaus zu erweitern, praktiziert, wären die wichtigsten Argumente ungesagt geblieben; oder, weil verpackt in schützenden Ideologien (sprich: unkommunikativ), zum Anlaß gegenseitiger Ideologie-Verdächtigung geraten; oder die oft mit Argumenten einhergehenden Emotionen wie Haß und Wut hätten als der Sache innewohnend ausgegeben werden müssen (was dann, wie wir wissen, ebenfalls zu unerfreulichen Endlosdebatten führt).

Die selbstdarstellerische Kommunikation ist offene, ungeschützte Kommunikation. Sie setzt in der Gruppe solidarisierende Momente frei. Offenheit verbindet, sie vergesellschaftet vom Genuß her, ausgehend von den Bedürfnissen, nicht von der Ideologie. Durch diese neue Öffentlichkeit wurde die Ökonomie tendenziell von den persönlichen Problemen entlastet. Und dadurch stellten sich die eigentlichen ökonomischen Probleme Schritt für Schritt heraus. Nachdem mit der freien Sexualität und der Selbstdarstellung die Grundlagen einer Vergesellschaftung des privaten bürgerlichen Individuums gelegt war, begann die Schule der Ökonomie.

So sind es die gleichen kommunikativen Momente, die einerseits zu einem identitätsstiftenden Soforterfolg in der Ökonomie führten - "klotzen" und "über den Schatten springen" - und die nun eine Aufarbeitung all jener Mängel und Fehler ermöglichte, die auch die AAO auszeichnete. Und die sich offensichtlich in der Alternativszene ebenso einstellen wie in den AA-Bereichen: nämlich dann, wenn Studenten, Künstler und andere praxisferne Leute beginnen, die Wirtschaft umzukrempeln, wobei man Erfahrung und Ideologie ebenso wenig zu trennen weiß wie Anspruch und Wirklichkeit, gilt es doch letztere im Namen der ersteren gründlich zu verändern ...

Die Krise und ihre Lektionen

Eine "Revolution" versagt. Wir schrieben oben über die verschiedenen "Revolutionen" wie Frauenforderung (FF) oder Proletarische Potenz (Propot) - es waren kommunikative Explosionen im Zuge individueller Emanzipation. Aufgrund des Mittels der Selbstdarstellung wurde neue Realität, als Theater zwar - d.h. mit Distanz - aber mit einer emotionellen Verbindlichkeit, der sich die anderen schwer entziehen können, geschaffen - die emotionelle Basis für einen neuen Konsens.

Genau dieses bisher erfolgreiche Mittel versagte bei dem Versuch, wirtschaftliche Schwierigkeiten durch eine nur von den Arbeitskollektiven getragene Planwirtschaft in den Griff zu bekommen. Die sog. "Arbeiterrevolution" im August und September 1977 schloß nicht mit dem erwarteten Erfolg, sondern löste die bisher größte Revision, die Auflösung vieler Betriebe und Arbeitskollektive aus. Die mit dem Sommer 1977 entstandene Rechnungslegung legte nämlich vor allem ein frappant niedriges Produktivitätsniveau - das Kreuz der Alternativen - frei. Zeichnen wir die wichtigsten Schritte nach!

Wachstumsprobleme einer Kommune.
In einem Situationsbericht von September 1977 heißt es:

Als die AAO noch die AA-Kommune war, lebten und arbeiteten 40 - 50 Kommunarden auf dem Friedrichshof, bauten ihn gemeinsam aus, Stück für Stück, machten ebenso alle gemeinsam ihre Bewußtseinsarbeit, hatten alle Teil an der freien Sexualität. Wer in seiner Entwicklung schon weiter war, mauerte ebenso wie der Neueingezogene. Weit über 400 Mitglieder, Dutzende von Betrieben, zig Ausbauprojekte, welche allesamt aus der AA-Kommune die AAO von heute (1977) gemacht haben, erforderten:

- eine Verwaltung, welche von vielen nicht mehr durchschaut wurde, führte zu
- einer Unterteilung der sexuellen Kommunikation und,
- auf dem wichtigsten Sektor, Bewußtseinsarbeit, zu einer Aufteilung in viele kleine (weil nur so arbeitsfähige) Gruppen. Die, die schon sieben Jahre dabei waren, entwickelten sich eher schneller als langsamer weiter, die neu Eingezogenen fingen erst mal bei Null an, das Spektrum ungleicher Leute mit gleichen Ansprüchen wurde immer größer. Auf dem Friedrichshof, wo dies am stärksten war, bildeten sich zwei Gruppen, die von den Altkommunarden dominierte erste Gruppe und die von den neuen gebildete zweite Gruppe.

Es entstand somit aus verschiedenen Gründen eine Art Schichtung, welche wiederum auf das Wachsen der AAO und der damit verbundenen Ungleichzeitigkeit zurückgeführt werden konnte.

Die Investitionsphase 1976/77 überlagerte und verdeckte die Probleme einer laufenden Produktion.

Im Verlauf des Jahres 1977 war aus dem idyllischen Friedrichshof eine kleine Großbaustelle geworden: mehrere 100 m^2 Neubau, Verdoppelung des großen Schuppens, Verdreifachung des Gartens, eine Kläranlage für 500 Personen, Sanierung des Brunnens und ein neuer Wasserspeicher, Anschluß an das öffentliche Strom- und Telefonnetz durch eine 7 km lange Leitung. Die Zahl der Friedrichshofer war auf 150 und mehr hochgeschnellt.

In den Gruppen in Deutschland und Frankreich wurde ebenfalls viel investiert. Neue Betriebe wurden eingerichtet, damit genug Arbeitsplätze für die wachsenden Gruppen entstehen. Denn der Anspruch lautete, daß jedes Gruppenmitglied einen gruppeninternen Arbeitsplatz hat.

Finanziert wurden diese großen Investitionen durch die neuen Gruppenmitglieder (schließlich entstanden für sie auch die Arbeitsplätze).

Diese Investitionen waren es aber zunächst selbst, aus denen Arbeitsplätze erwuchsen. Das Wachstum der Gruppen finanzierte sich selbst und schuf selbst Vollbeschäftigung. Aus Gründen, die hier nicht zur Debatte stehen[15], endete diese Wachstumsphase der Gruppen mit dem Sommer 1977. Es folgte nun die Konsolidierungsperiode im Herbst 1977 und 1978/79.
Dies bedeutete
- Beschäftigungsprobleme für die in den Investitionsprojekten beschäftigten Kommune-

mitgliedern;
- größeres Gewicht der aus laufenden Geschäften entstehenden Einnahmen, d.h. der Betriebe; und
- zukünftige Investitionen bedürfen einer neuen Grundlage; konnten dies die Betriebe sein?

Ende 1977 - die Rechnungslegung war gerade soweit gekommen, um diese Einsicht zu erlauben - stellte sich heraus, daß die Betriebe relativ wenig abwarfen, wenn Aufwand und Kosten real, d.h. auf Dauer berechnet werden. Das volle Ausmaß der viel niedriger als vermutet liegenden Produktivität stellte sich heraus, als man begann, auch den Faktor Arbeitszeit zu bewerten. Die Investitionsphase der gewachsenen Kommune selbst scheint es gewesen zu sein, die dies eher verdeckt hat. Denn die Expansion der AA-Kommune zur AAO war ja, wirtschaftlich gesehen, als Investitionsphase erfolgt. Investitionen zu bewerten, ist, wie wir wissen, betriebswirtschaftlich keine leichte Aufgabe. Die neuen Aufgaben in Form von Investitionen haben somit zum Teil die mangelnde Produktivität der Ökonomie verschleiert. Was war es noch?

Der Erfolg der kommunikativen Gestaltung führte zu einer Überschätzung der ökonomischen Möglichkeiten von Nicht-Ökonomen

"Freie" Sexualität, Selbstdarstellung haben zu einem qualitativen Sprung in der gruppeninternen Offenheit und Öffentlichkeit geführt, der einfach enorm war. Diese Erfahrung hat sich bei den zahlreichen Gruppen bestätigt, die sich nach 1975 gründeten und sich aus diesem Grunde auch dem Friedrichshof anschloßen.

Es war dies eben auch ein großer Entdeckungsprozeß. Konkurrenzen, spontane Einfälle, Kunst, Macht und Angst flossen als Faktoren in eine nun systematisch erforschte Kommunikation ein, die große Bedeutung intersubjektiver Projektion wurde mehr und mehr erkannt. Und dies konnte und sollte vor der Ökonomie nicht haltmachen. Viele als rein ökonomisch erscheinenden Probleme stellten sich bei näherem Hinsehen als Probleme der Kommunikation zwischen den Beteiligten heraus, unausgesprochene Konkurrenzen z.B. oder Kommunikationsvorteile bzw. Ressentiments "alteingesessener" Kommunarden vor neu hinzugekommenen. Die Gestaltung der Kommunikation auch in der Ökonomie erwies sich geradezu als Produktivkraft erster Ordnung. Nicht daß auch hier Fehler unterblieben, aber verglichen mit dem kommunikativen Klima zuvor, war allein der Versuch, Konflikte beim Namen zu nennen und nicht unter den Teppich kehren zu müssen (mangels kommunikativer Kompetenz), ein als enorm erlebter Fortschritt.

Daß dies eben auch eine - betriebswirtschaftliche und technische - Grenze hatte und haben mußte, war erst nach einiger Zeit festzustellen. Vorläufig erwiesen sich ökonomisch-objektiv scheinende Barrieren in der Regel als subjektiv-kommunikativ bedingte. Dies hat schließlich zu einer Übeschätzung der ökonomischen Möglichkeiten sicherlich beigetragen: Nicht so sehr als ein subjektiv anzulastendes Verschulden, sondern als zwangsläufiger Teil der Entdeckung der Kommunikation als Produktivkraft: jetzt wurden deren Grenzwerte erfahren, ertastet, vermutet.

Die Erforschung bisher unterbelichteter Sektoren der Kommunikation führt von der Ökonomie weg.

Sexualität und Partnerschaft in der Gruppe, eine von den engen Grenzen der Zweierbeziehung und Kleinfamilie gelöste Erziehung gehören zu den Erfahrungsgebieten, die Neuland darstellen und die für die Betroffenen unmittelbar ein Stück Emanzipation bedeuten. Aus diesem Grunde haben sich auch auf diesen Bereich die Kräfte konzentriert.Dagegen spielt die Ökonomie im engeren Sinne zumindest zeitweise eine untergeordnete Rolle. Die Ideologie hatte nun ausgerechnet hier insofern eine Bedeutung, als in den ersten Jahren (1973-1977) das sozialistische Dogma nur zu gern übernommen wurde, daß die Vergesellschaftung der Produktionsmittel und die dadurch mögliche Abschaffung der Lohnarbeit große Arbeitsmotivation, hohe Produktivität und dadurch eine florierende, überlegene Ökonomie sichert.

Diese ungeprüft übernommenen Vermutungen wurden deswegen gern für erwiesen gehalten, weil sie die aus eigenem Interesse vorgenommene Konzentration auf die Erforschung der kommunikativen Praxis - s.o. - erlaubte. Tatsächlich zeigte sich dann in den Jahren nach 1977, daß es für die Arbeitsmotivation, Verantwortlichkeit, hohe Produktivität und Kreativität ein System der individuellen Zurechnung bedarf, daß das (anonyme) Gemeinschaftseigentum hier eher versagt und nicht, wie vermutet wurde, seine Stärke hat. Hat man dieses Zurechnungssystem - Preise, Geld erwiesen sich zumindest als die nötigen Anfangsschritte - dann erweist sich letztlich die Ökonomie als ebenso der individuellen Emanzipation förderliches Gebiet wie z.B. die Erziehung.

Mit diesem von der sozialistischen Ideologie der Studentenbewegung übernommenem Vertrauensvorschuß an das Gemeinschaftseigentum gehörten die AA-Betriebe voll zur Alternativökonomie. Constantin BARTNING gibt in seinem bereits mehrfach zitierten Rückblick auf 10 Jahre alternativer Arbeit einen treffenden Eindruck von den ideologischen Bauchschmerzen, die dabei leicht entstehen können:

Warum ist es eigentlich unmoralisch zu sagen: Wer viel Geld verdienen will, muß eben länger, konzentrierter und besser arbeiten; wer lieber geruhsam und entspannt arbeitet, hat das Recht dazu; wer unproduktiv arbeitet, weil er etwas neues lernen will, soll das auch auf eigene Kosten tun? (S. 28)

Das Erwerben von wirtschaftlichen Kenntnissen wird damit bei uns zu einer Aufgabe, wie die Alphabetisierung der Entwicklungsländer. (S.28)

Betriebswirtschaftslehre statt sozialistischem Glauben lautet sozusagen das Motto bei den Alternativbetrieben, die aus ihren Schwächen lernen wollen. Auf dem Friedrichshof wurde der erste Schritt hierzu durch die oben bereits in ihren Anfängen geschilderte "Arbeiterrevolution" vom August/September 1977 getan: im Erstellen von Netzplänen, - welche den Mangel einer soliden Kalkulation ergaben.

Eine Revolution kommt in Gang.

In dem schon zitierten Situationsbericht vom Oktober 1977 heißt es weiter:

Die Identifizierung mit der Arbeit war gering. Im Gegensatz, vermute ich, zu jener Pionierzeit der ersten 30 - 40 Kommunarden. Aus diesen Spannungen entstand zuerst die Forderung nach einer gewerkschaftlichen Vertretung. Aus dem damit erweckte[n] Schwung ging es weiter zur Revolution bzw. positiv ausgedrückt, zur ASG, z[ur] "Arbeiterselbstgestaltung". Mit einem Schlag weitete sich der Gestaltungskreis f[ür] jeden einzelnen aus. Plötzlich entdeckte man, welche enormen Möglichkeiten dur[ch] unbewußte Unzufriedenheit und stille Vorwürfe aus den Augen verlorengegange[n] waren. Ein imposanter Schwung herrschte an den Arbeitsplätzen. Würde er bleiben[?]

Die erste Woge der Revolution am 23.8. brachte die "Gewerkschaft", die zweite verwa[rf] sie zugunsten der "Arbeiterselbstgestaltung". Gewerkschaft, das hieß Forderungen a[n] andere, endend in Konsumtion. Arbeiterselbstgestaltung, das hieß Forderung an si[ch] selbst, endend in Selbstentfaltung. "Wir brauchen keine Gewerkschaft", rief der ers[te] Leiter der Arbeiterselbstgestaltung (ASG), Franz, aus, "denn wir haben niemanden z[u] bekämpfen".

Aus den Protokollen "es geht los":
Achim:... ich war der Sache eher skeptisch entgegengestellt. Revolution? Gewerkschaf[t?] So viele Revolutionen sind gescheitert, morgen werden sicher alle wieder norm[al] arbeiten und jeder wird vergessen haben, worum es heute abend ging. Und wirklich, a[m] nächsten Tag sah ich niemanden, der etwas genaueres darüber wußte, diese Gewer[k]schaft, wer stand dahinter, es schienen nebulöse Gestalten zu sein, niemand kannte s[ie,] jeder dachte sich, einer wird es schon organisieren. Als Otto bei der Jause vorbeika[m] und mich fragte, eher um einen Spaß zu machen, ob ich nicht Gewerkschaftsführ[er] werden wollte, begann es in mir zu zünden. Jetzt ist die Stunde gekommen, dachte i[ch] mir... beim Mittagessen sah ich noch viele dieser Wartenden und da begriff ich endlic[h] worum es ging: jeder von uns konnte dieser Unbekannte sein, diese Gestalt i[m] Hintergrund, die keiner kennt. Die Weichen waren gestellt, alle Voraussetzungen war[en] gegeben, man brauchte nur noch zuzugreifen. Also griff ich zum Mikrophon und r[ief] durch: hier spricht die Arbeitergewerkschaft! Alle Arbeiter treffen sich sofort im Neub[au] zur Arbeitervollversammlung. Doch mir kamen immer wieder Zweifel, werden s[ie] kommen, werden sie wirklich den Augenblick erfassen? Und wirklich, plötzli[ch] strömten die Arbeiter nur so hinein, gleich war eine besondere Stimmung, es kribbelte [in] jedem. Am Anfang dachte ich mir, Besonnenheit, Besonnenheit, ja keinen Aufruhr, w[ir] wollen ja schön unsere Forderungen vorbringen usw. Aber sofort, wie ich diese[r] revolutionären Stimmung gewahr wurde, ließ auch ich mich von diesem emotionell[en] Sog mitreissen.

Die Realität stürzt auf die "Revolutionäre" ein

Was von den "Arbeiterselbstgestaltern" bewältigt werden mußte, war, die besagte kle[ine] Großbaustelle Friedrichshof zu managen, dispositiv und in der Ausführung. Äusserlich[es] Resultat: Pläne. Die Tage und Nächte der ersten beiden Septemberwochen vergin[gen] damit, das Geschehen in den Griff zu bekommen. Diese Arbeit leisteten jene "Rev[o]lutionäre", die bereits genug Übersicht und die über genügend Disziplin verfügten. D[ie] Phase der "Helden der Arbeit" war angebrochen. Lesen wir:

Propl und Fipl, Mep und Mop - aus den Protokollen der ASG:

Am 31. August begannen wir damit, die Organisationsstrukturen auszuarbeiten. S[ie] schauen folgendermaßen aus:

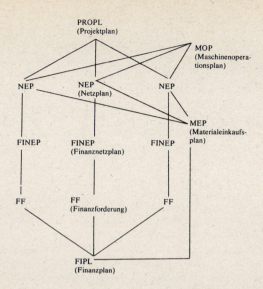

e Linien stellen Vorgänge in beiden Richtungen dar. Propl, Fipl und Mop sind
rzfristig als Daten anzusehen. Daraus ergibt sich die Gleichgewichtsbedingung für
s gesamte Netz.

f dem Projektplan sind alle Großprojekte eingezeichnet. Die Länge des Projekts ist
s der Länge des Balkens erkennbar. (fehlt hier, A.B.).Die Arbeiteranzahl der
zelnen Projekte ist aus den verschiedenen Farben des Balkens ersichtlich.

m Projektplan gehen die Netzpläne der einzelnen Projekte aus. Auf ihnen ist die
uer der einzelnen Bauabschnitte, die Bezeichnung der einzelnen Abschnitte, die
etzung der Arbeitsgruppe zu ersehen. Von den Netzplänen gehen die Arbeits-
chreibungen aus... diese Baubeschreibungen werden bei Fortdauer des Projekts
gearbeitet und zur Arbeiterrationalisierung verwendet. Am Ende des Projekts
den diese Blätter zusammengefaßt zu einem Projektbericht, bei späteren, ähnlichen
eiten kann man daraus sehr viel erfahren.

m Projektplan gehört noch der MOP, der Maschinenoperationsplan. Auf diesem
n kann abgelesen werden, wann wo Baumaschinen, externe und interne, eingesetzt
den, das erleichtert die Koordination. Neben dem Projektplan steht der Finanzplan,
l. Auf ihm können die ungefähren Kosten einer halben Woche übersehen werden.
m Finanzplan aus gehen wiederum Finanznetzpläne der einzelnen Projekte aus, auf
en sind Kosten, Art und Ort der Bestellung/Lieferung etc. festgelegt. Von diesen FNP
en die Finanzforderungen und Materialeinkaufslisten aus, diese sind gesammelt im
P, dem Materialeinkaufsplan, hierauf werden die Einkaufsfahrten koordiniert,
mmelbestellungen können aufgegeben werden.

Soweit das Protokoll der Arbeiterselbstgestaltung.

Statt Selbstgestaltung Sitzung

Mit soviel Realität konnte sich die Mehrheit der Revolutionäre nur langsam anfreunden. Viele waren froh, in den trauten Misthaufen der eigenen Arbeitsgruppen zurückkehren zu können. Das Resultat des Netzplanens der ASG, die Arbeitszeit um eine Stunde anzuheben, damit bis zum Wintereinbruch bestimmte Projekte fertig werden, hatte für sie etwas Bedrohliches an sich. Man spürte, daß das wieder auf Kosten der Bewußtseinsentwicklung geht. Solange sich die ASG auf den unmittelbaren Arbeitsprozeß bezog, trat dieser Konflikt nicht auf, hier griffen vielmehr Bewußtseinsarbeit und materielle Arbeit ineinander.

Die "Revolution ist ungeil geworden," hieß es damals oft, "wir rennen von Sitzungen zu Sitzungen und kommen kaum noch zu SDs." Die Sitzungen waren eben Sitzungen geworden, statt sich in ihnen selbst gestalten zu können, begannen die Funktionen einen zu bestimmen.

Es herrschte die heroische Phase der Revolution. Das "Volk" beginnt zu murren. Jeder spürt die Diskrepanz zwischen dem, was die Revolution versprach und dem, was sie nun brachte. In die revolutionären Appelle schlich sich saures Moralin ein, die um ihr Soll fürchtenden "Stachanows" hätten am liebsten ein Bonbonsystem eingeführt, um Soll-Erfüllung zu erreichen, nur zögernd greifen sie zum Rotstift, um Abstriche zu machen.

Es ist eigentlich die Zeit für 'Robespierre' oder 'Stalin', die Verwirrung ist groß genug, um ihren Versprechungen Glauben zu schenken.
Ansätze dazu kommen nicht weit. Als in der AAO Nürnberg die revolutionären Wogen aggressiv überschwappten - eine Fehlleistung in der Arbeit wurde hart kritisiert - schrieben die Arbeiter vom Friedrichshof einen Brief, dem wir folgende Auszüge entnehmen:

...wir waren alle sehr gespannt auf eure Reaktion auf die Revolution am FH. Aber der Brief (aus Nürnberg) zeigte, daß die Fehler, die während der Revolution am Friedrichshof gemacht wurden, in den Gruppen genauso auftauchen. Es wurden gleich Reden zu den Vorfällen in Nürnberg gehalten und euer Verhalten wurde sehr kritisiert. An Harald wolltet ihr ein Exempel statuieren, um einen revolutionären Erfolg aufweisen zu können. Dabei seid ihr aber zu Revolutionären der Vergangenheit geworden, die ihre Idee mit Gewalt und Härte durchsetzen wollen. Aber die echte Revolution kennt keine Gewalt. Sie bedeutet vielmehr langwierige Kleinarbeit an sich selber und an der Gestaltung der Realität. Unsere Revolution braucht keine Opfer, wir haben nur Sieger. Entweder die Revolution nützt allen oder keinem. Die Revolution muß geil sein und Spaß machen, sonst ist sie keine.

In der Revolution geht es in erster Linie um den Genuß der Arbeiter, d.h. wir müssen aus der emotionellen Erstarrung herauskommen, uns trauen, SDs zu machen, unsere Bedürfnisse nach Kultur, Arbeit und Bewußtseinsarbeit erfüllen, in die Realität eingreifen und mitgestalten, d.h. jeder soll über die Grenzen seines Horizontes vorstossen. Es geht nicht darum, einen einzelnen Arbeiter wegen Fehlleistungen anzugehen. Die Fehlleistungen gehen von selber zurück, wenn sich der Arbeiter mit seiner Arbeit und seinem Leben identifizieren kann und Genuß dabei hat ...

Soweit der Bericht aus dem Herbst 1977. Die theaterhaften Züge, das Pathos, die historisierenden Parallelen mögen einen - sehr kleinen, ausschnitthaft-verzerrenden - Eindruck vom selbstdarstellerischen Charakter solcher Auseinandersetzungen vermitteln; vielleicht, darüberhinaus, das Suchende, Tastende, Probierende, Experimentelle, aber auch Ehrliche vor Augen führen, das der Selbstdarstellung als explorativer Methode innewohnt.

Von der Finanzplanung zur Bewältigung der Liquiditätskrise.

Was die Ökonomie anbelangt, so war man mit der "Revolution" und der nachfolgenden Netzplanung an den eigenen Grenzen angelangt. Zur Selbstdarstellung, die ja nur vom einzelnen ausgehen kann, fehlten die Grundlagen. Die vielen Ideen, Pläne, Alternativen, die in Fülle aufgeworfen wurden, konnten nicht gegeneinander abgewogen werden, weil der Maßstab fehlte. Der Arbeiter konnte sich nicht selbständig machen, weil er seine Aktivitäten dem Kollektiv gegenüber nicht wirtschaftlich vermitteln konnte. Die Gruppe wußte nicht, welcher Vorschlag zu welchem Finanzbedarf führen würde, die Prioritätenliste verflachte zum unverbindlichen Nebeneinander. Aber mit dem Netzplan war ein erster Versuch gemacht worden, einen Zeithorizont von mehreren Monaten zu erfassen. Es zeigte sich, daß die Zahl der bereits begonnenen Projekte schon eher zu groß ist, angesichts der vorhandenen Mittel. Als Folge konzentrierte sich die Arbeit auf die knapper werdenden Mittel. Im November und Dezember 1977 häuften sich die Zahlungstermine, die Bewältigung der sich etliche Wochen hinziehenden Anspannung der finanziellen Reserven lenkte den Blick der Kommune für etliche Monate, ja Jahre auf die Ökonomie. Denn hinter der Liquiditätskrise stand:

Die Produktivitätskrise. Mit der zentralistischen Phase war es auch möglich geworden, eine eingehende Revision der gesamten Ökonomie vorzunehmen. Dazu bedarf es eines Bewertungssystems. Als ökonomische Insel kam es zunächst darauf an, daß das, was der einzelne an Käufen von außen kostete, durch Verkäufe seiner Produkte nach außen im Schnitt gedeckt wurde; und daß Investitionen durch einen entsprechenden Überschuß bei den Verkäufen finanziert wurden. Um bei den vielen Betrieben und Wirtschaftseinheiten herauszubekommen, wo am unproduktivsten gearbeitet wurde, mußte man Löhne einführen. Zunächst als Recheneinheit, denn es ging darum, die Ökonomie zu durchleuchten. Die Ergebnisse waren sehr ernüchternd. Verlag und AA-Magazine arbeiteten praktisch auf Kosten der Gruppe. Malerei und Transport deckten die Kosten, der Überschuß war bescheiden.

Warum waren wir auf diese Probleme nicht früher gekommen? Warum mußten wir erst durch die Liquiditätskrise darauf gestoßen werden? Rekapitulieren wir:

Aufbau und Ideologie. Die Entwicklung von der AA-Kommune zur AAO 1977 war ja ökonomisch eine rasante Entwicklung; in gut einem Jahr wurde das oben beschriebene ansehnliche Gebilde aufgebaut, der kleine AA-Konzern, wie wir halb ironisch und auch halb stolz sagten. Das sprach zunächst für sich. Es war die Zeit des "Klotzens" und für viele die Phase des "Sprungs über den eigenen Schatten". Das war alles und für jeden einzelnen sehr toll. Wir dachten einfach, daß unsere Ökonomie produktiv arbeitete, daß der Output den Input übertrifft. Wir glaubten an das Gemeinschaftseigentum, daß es bei jedem soviel Verantwortungsgefühl und Initiative weckt, daß das Produktivitätsniveau der "normalen" Gesellschaft nicht nur erreicht, sondern übertroffen wird. Der Erfolg der Aufbauphase stützte diese Ideologie, die sich, wie sich dann herausstellte, aus ganz anderen Quellen speiste, nämlich aus der Logik der einfachen Negation.

Revolution. Diese fand rund ein Vierteljahr vor der Liquiditätskrise statt; beim Übergang von der stürmischen zur ordentlichen Aufbauphase. Für mich ist sie heute die Beschwörung der Gründungsvorteile für die Normalisierung, die alte Vorstellung vom Gemeinschaftseigentum war zum ideologischen Übergang geworden, man suchte verzweifelt nach einer echten Basis. Die Revolution scheint mir heute wie ein großer Rettungsversuch, um das Gemeinschaftseigentum zu erhalten, ohne deswegen an ein niedriges Produktionsniveau (= lange Arbeitszeit, schwere Arbeit, repetitive Arbeitsgänge, lange Akkumulationsphasen) gefesselt zu sein und zu bleiben. Die Revolution war die Probe auf's Exempel, ob die mit dem Gemeinschaftseigentum eröffneten Entfaltungsmöglichkeiten (die ja trotz niederiger Produktivkräfte größer waren als "draußen") auch genutzt wurden; ob die Diskrepanz zwischen Anspruch und Realität mit dem Sprung der Revolte übersprungen werden konnte. Was sich aus der Ungleichzeitigkeit an Schichtung ergeben hatte, sollte mit einem kühnen Schnitt beseitigbar werden. Im Hinblick auf die genannten "Vorteile des Gemeinschaftseigentums" kann man auch sprechen von den:

Nachteile des "Internationalen Gemeinschaftseigentums".
"Klotzen statt kleckern", der eine Vorteil, der oben hervorgehoben wurde, galt offensichtlich nur für die Aufbauzeit: wo geklotzt wird, darüber läßt sich zentral und bei maximaler Verfügung über die Ressourcen am besten entscheiden. Jetzt hingegen kommt es auf sichere, präzise Einzelentscheidungen an, die dazu nötigen Details sind nur dezentral zu erhalten, ein kontinuierliches Motiv, darauf zu achten, entsteht viel eher bei dezentraler Eigenverantwortlichkeit. Die Ingangsetzung der Produktion kann zentral und planwirtschaftlich (Gemeinschaftseigentum) erfolgen, die Weiterentwicklung derselben, der Alltag, d.h. die Produktivität geht auf dezentraler und eigenverantwortlicher Grundlage besser vonstatten.

"Sprung über den eigenen Adamsschatten", der zweite Vorteil der Einführung des "internationalen Gemeinschaftseigentums", war ebenfalls ein wichtiger Schritt, um jenseits neurotischer Besitzfixierung neu anzufangen. Man könte heute auf dem FH und in den Gruppen lange nicht so unbefangen über Geld usw. reden, wenn nicht jeder die "asketische" Phase durchgemacht hätte. Freilich: so asozial sich unaufgelöste, weil neurotisch bedingte Besitzfixierung einzelner auf die Gruppe auswirkt, so wenig ist Gemeinschaftseigentum, für sich gesehen, sozial, solange es auch Anonymität bedeutet,*Un*verbindlichkeit des einzelnen gegenüber dem Gruppeneigentum bei *ver*bindlicher Innutznahme desselben.

Was für die Dauer einer Gemeinwirtschaft, die auf der Initiative und Verantwortung einzelner fußt, nötig ist, ist die Dezentralisierung, ist die Zurechenbarkeit der Auswirkungen eines ökonomischen Handelns auf seinen Urheber. Z.B. wenn sich, was hier erst einmal das Problem war - die Kosten häufen. Beim Gemeinschaftseigentum versickern die Folgen der einzelnen Fehlleistungen in den allgemeinen roten Zahlen oder aber - solange Geld da ist - in moralischer Versteppung. Das ökonomische Feedback klappt entschieden besser, wenn der große Gemeinschaftstopf weg ist. Läßt nun jemand seinen kleinen Topf leck werden, so trifft der Verlust erst einmal ihn; vorher traf er alle und damit niemanden. Ob die Gemeinschaft (die Gruppe) zuschießt oder nicht, ist nun Gegenstand einer bewußten Entscheidung geworden. Zuvor floß eben einfach Brei aus der großen Mitte nach. Man wußte ja gar nicht, daß es sich um ein kleines Loch (hier und da und dort) handelt.

Die Erarbeitung eines solchen Wirtschaftssystems, das Transparenz erlaubt und damit Entscheidungsfähigkeit, Eigeninteresse und Gruppenöffentlichkeit, spontane Aktivitäten fördert, aber Kontrolle ermöglicht, fing mit dem neuen Jahr 1978 an. Sie ist bis heute nicht abgeschlossen. Ergebnisse wurden aber erzielt. [16]

Zusammenfassung

Bevor wir auf diese Aspekte einer neuen gemeinwirtschaftlichen Ökonomie zu sprechen kommen, sollen die bisherigen Punkte der ökonomischen Entwicklung bis zum Ende des Jahres 1977 noch einmal zusammengefaßt werden:

- Die rasante ökonomische Entwicklung des Friedrichhofes und der mit ihm zusammengeschlossenen Gruppen nach der Bildung des sog. "internationalen Gemeinschaftseigentums" im Dezember 1977, die Neuheit der damit verbundenen ökonomischen Aufgaben und die mangelnden ökonomischen Kenntnisse der ehemaligen Studenten, Künstler und sonstigen Nicht-Betriebswirtschaftler führten zu einer erst mit Verzögerung erreichten Rechnungslegung. Als diese eingerichtet war, war ihre erste Aufgabe festzustellen, daß die ordentliche Gewinn- und Verlustrechnung der laufenden ökonomischen Aktivitäten wesentlich schlechter als vermutet ausfiel. Diese mit dem Jahreswechsel 1977/78 begonnene nüchterne Selbsteinschätzung führte dann in rascher Folge zu Entscheidungen. Die unbedingte Stärke der Kommune Friedrichshof und der mit ihm fusionierten Gruppen, nämlich durch eine neue gruppenspezifische Öffentlichkeit (auf der Basis freier Sexualität und Selbstdarstellung) ungeahnte Potenzen in der individuellen Entwicklung (und damit in dem der Gemeinwirtschaft gegenüber möglichen kreativen Engagements) freizusetzen, diese soziale Überlegenheit hat sich hinsichtlich der Ökonomie als vorübergehende Schwäche erwiesen.

- Die Gemeinschaft wuchs personell und mußte die dafür notwendige ökonomische Basis nachwachsen lassen, d.h. das ökonomische Wachstum mußte in gewisser Weise erzeugt werden. Man könnte von einem gewissen Übergewicht der Reproduktion gegenüber der Produktion sprechen - eine Folge der Ideologie, alle in eigenen Betrieben zu beschäftigen.

- Die starke Investitionsphase erlaubte ein Gleichgewicht zwischen reproduktivem und produktivem Sektor. Dieses Gleichgewicht war jedoch ein dynamisches, d.h. es hing
  a) vom personellen weiteren Wachstum und
  b) vom damit verbundenen Wachstum des Gemeinschaftseigentums ab.
  Um dieses "Wachstum auf des Messers Schneide" abzusichern, hätte es eines relativ sensiblen betriebswirtschaftlichen Instrumentariums bedurft, dessen Existenz damit früher erforderlich wurde als nach Lage der Dinge - neun Monate Frist - möglich war. So ergab sich am Ende der AAO-Phase eine Wachstumskrise von nahezu klassischer Art, eine Art "Gründerkrise" 1977/78.

- Die Stärke des anonymen Gemeinschaftseigentums 1977, nämlich ökonomische Schwerpunkte setzen zu können, verdeckte die Schwäche in der ökonomischen Feinsteuerung. Ökonomische Schwerpunktentscheidungen können durch eine große Konferenz der Beteiligten gefällt und getragen werden, die Feinsteuerung in den rund zwei Dutzend Betrieben des Friedrichshofes und der Gruppen entzog sich einem solchen Gremium.

- Die Entdeckung und Erforschung der kommunikativen Potenzen auch in der Ökonomie als Produktivkraft erster Gattung, dieses innovative Vorgehen hatte seine Grenze. Nach Lage der Dinge - diese Erforschung war vielleicht drei Jahre alt und bis 1976 auf kleine, überschaubare Gruppen an einem Ort (nämlich den Friedrichshof) begrenzt - mußte diese Grenze erst gefunden werden. Die wirtschaftlichen (und nicht die kommunikativen) Schwierigkeiten 1977/78 haben dieses Wissen zwecks Bewältigung dieser Schwierigkeiten vorausgesetzt - aber da sie die Probe auf's Exempel waren, wurde in diesen Schwierigkeiten das, was man bereits hätte wissen sollen, erst gefunden.

- Die sozialistische Tradition, im Gemeinschaftseigentum wegen der damit verbundenen Aufhebung des Ausbeutungscharakters der Arbeit eine motivationale und kreative Potenz zu sehen, hatte in den Jahren vor 1978 in der Praxis der Friedrichshofer Gruppen insofern den Anschein einer Bestätigung hervorgebracht, als vieles, was der kommunikativen Revolution zuzuschreiben war, als Folge des Gemeinschaftseigentums angesehen wurde. Diese Täuschung wurde erst deutlich, als mit der Arbeiterselbstgestaltung, d.h. der planwirtschaftlichen Periode im September/Oktober 1977 der Mangel an Orientierung, Kontrolle, Transparenz, Feedback, welcher der Ein-Topf-Wirtschaft innewohnt, offensichtlich wurde. Für Motivation und Kreativität des einzelnen fehlte der einzelne Ansatzpunkt, seine Ideen blieben solche, da sie keine wirtschaftliche Gestalt annehmen konnten.

Wiewohl eine Vergesellschaftung der Kommunikation (am Friedrichshofer Beispiel durch die "freie" Sexualität und die Selbstdarstellung) auch eine ökonomische Entdeckung erster Güte war, schloß das Jahr 1977 doch mit der Erkenntnis, daß die kommunikative Revolution zwar eine notwendige, aber offensichtlich nicht hinreichende Voraussetzung war, um eine kommunitäre Ökonomie aufzubauen.

1978, 1979, 1980, 1981 und 1982 sind daher ökonomische Lehrjahre gewesen. Die Jahre zuvor waren unser Propädeutikum, nun begann das Hauptstudium in Sachen gemeinwirtschaftlicher Ökonomie.

Die "Privatisierung"

Sehr niedrige Arbeitsproduktivität in den Betrieben, dies bei Verkaufspreisen, welche unter dem Durchschnitt lagen, bedeutete sehr niedrige Stundenlöhne. Als wir einmal alles durchgerechnet hatten, kamen wir in der Gruppe Nürnberg darauf, daß wir für DM 2.00 die Stunde arbeiteten. Lange Arbeitszeiten (in nicht gerade auf längere Sicht attraktiven Gewerbezweigen) waren die Folge. Ein Gefälle zwischen den eher kommunikativen internen Jobs - Kinder, Organisation, Leitung - und den in repetetiven Zweigen angesiedelten Arbeiten in den Betrieben war auf Dauer nicht tragbar.

Der Vorteil des eigenen Betriebes, der Arbeit ohne Ausbeutung, schrumpfte auf einen ideologischen zusammen. Man konnte sich vorsagen, daß man in einem gemeinsamen Betrieb arbeitete. Sicher war das kommunikative Klima in diesen Maler- und Transportbetrieben besser als in vergleichbaren Betrieben der gleichen Branche. Aber wenn ein Programmierer, der zuvor bei Siemens 3.600 DM netto verdiente, nun ganze 700 DM verdiente im eigenen Entrümpelungsunternehmen, so war es wohl nur im ideologischen Rahmen so, daß die eine Perspektive der anderen haushoch überlegen war. Rein persönlich mag der Programmierer seine frühere Arbeit im Großbetrieb als genauso perspektivlos empfunden haben wie er dies jetzt als Dachboden-Entrümpeler tut. Es wäre allerdings Verlogenheit gewesen, wenn er z.B. nicht die Möglichkeit, in der Kindergruppe - d.h. kommunikativ und in der Gruppe - zu arbeiten, beim Schopfe gepackt hätte.

So ergab sich eine Art Drift in die kommunikativen, pädagogischen und organisatorischen Jobs. Die niedrigen Verdienste in den Handwerksbetrieben bedeuteten, daß die Rechtfertigung für eine solche langfristige Tätigkeit entfallen war, nämlich die, auf diese Weise einen Kapitalstock zu akkumulieren, auf dessen Basis andere Ökonomien aufzubauen waren. [17]

Die "Privatisierung", die dann - nach heftigen ideologischen Wogengängen - beschlossen wurde, war jedoch nichts anderes, als uns auf diejenige gemeinsame Basis zurückzuziehen, die vorhanden war: das war die vergesellschaftete Kommunikation, wurzelnd in der 'freien' Sexualität und in der emotionellen Kommunikation.

Wäre unsere Gruppenbasis nur eine sozialistisch-ideologische gewesen, so wären wir wahrscheinlich zerfallen, bzw. diejenigen, die stärker ideologisch orientiert gewesen wären, hätten sich abgespalten und hätten weitergemacht.

Indem die Kommunarden in ihre alten Berufe zurückgingen bzw. ihre Ausbildung fortsetzten, wurden die Voraussetzungen dafür geschaffen, auf einer neuen Basis wieder mit einer gemeinsamen Ökonomie zu beginnen: mit mehr Qualifikation, besserer Kapitalausstattung, d.h. mit Lebensperspektive und Konkurrenzfähigkeit.

Was allerdings immer gemeinsam organisiert blieb, war der Reproduktionsbereich, die gemeinsame Küche, die Wäsche, Reparaturen usw. Ebenfalls war und blieb die Kindererziehung eine Angelegenheit der ganzen Gruppe.

Hier lagen die ökonomischen Vorteile auf der Hand. H. Schröder hat dies für eine Gruppe in Deutschland empirisch aufgearbeitet. Seine Ergebnisse hinsichtlich der laufenden Arbeiten (Ernährung, Geschirreinigung und Küchenreinigung einer 22-köpfigen Gruppe) sind eindrücklich: Die Arbeitszeit pro Person sinkt auf etwa ein Viertel, verglichen mit einem 2-Personen-Haushalt: [18]

Jahresarbeitszeit pro Person
  bei 2 Personen-Haushalt   401 Stunden
  bei 4 Personen-Haushalt   249 Stunden
  bei 6 Personen-Haushalt   210 Stunden
  bei 8 Personen-Haushalt   186 Stunden
  bei 10 Personen-Haushalt   170 Stunden
  (soweit die KTBL-Daten)
  bei 22 Personen-Haushalt   109 Stunden
  (Schröders Erhebung)

Gläserne Taschen

Daß die Gruppenmitglieder wieder Jobs nachgingen, daß jeder für seinen Versorgungsbeitrag, für den Zuschuß zur Investitionskasse und für seine Ausbildung selbst aufkommen mußte, war aber von Anfang an mehr als eine "Privatisierung". Es war immer auch die Gründung einer neuen, auf Durchschaubarkeit, Kosten- und Preistransparenz beruhenden Gruppenökonomie.

Geld ist Rechen-, nicht "Projektions"-Einheit. Es gibt somit Preise, man kann vergleichen, abwägen, Entscheidungen fällen. Man kann natürlich auch subventionieren, - aber man weiß es. Das Graphikatelier in der Nürnberger Gruppe stiftet dem Kindertheater (der Gruppe) ein professionelles Plakat, ein Gruppenmitglied erhält für drei Monate ein Stipendium, um Klavierunterricht nehmen zu können, Studenten bringen nur das Existenzminimum ein: jeder weiß, was das kostet und welche Alternativen damit wegfallen.

Die PKW's z.B. sind wieder einzelnen Personen zugeordnet. Man leiht sich von ihr/ihm das Auto gegen eine Gebühr aus, Verweigerung muß begründet sein: d.h. wird der Privatbesitz asozial, schreitet die Öffentlichkeit, die Gruppe, ein. Aber alles sind klare, eindeutige, bewußte Entscheidungen, Kampf dem Kuddelmuddel der Versorgungswirtschaft.

Viele Gruppenmitglieder verfügen heute über eine bereits vierjährige Arbeitspraxis in

Unternehmen oder beim Staat. Manuelle Arbeiten sind selten, Fließbandjobs allenfalls vorübergehend, untergeordnete Arbeit jedoch häufig, dies meist in Büros. Durch die Bank sind es aber "echte" Jobs. Und man kann sagen, es wird vergleichsweise "hart" gearbeitet. Bedürfnisse, gemeinsame Betriebe zu machen, sind durchweg vorhanden, kaum jemand betrachtet seine Stelle in der Wirtschaft oder beim Staat als Lebensstellung. Aber es gibt auch niemand, der heute einen alten AAO-Betrieb wieder aufzumachen bereit wäre. Eine ganze Reihe von gemeinsamen Betrieben sind jedoch wieder entstanden.

Die Genossenschaft

Die Entdeckung kommunikativer Kompetenz als ökonomischer Faktor erster Ordnung ist nicht nur geblieben, sie hat sich vertieft. Von daher ist auch bei allen das Bedürfnis geblieben, sich gerade auf diesem Gebiet weiter zu qualifizieren. Die Tendenz, in die Kommunikationsberufe wie Pädagogen, Kindertheater zu gehen, hat sich sogar verstärkt. Um diese kommunikative Ausbildung voranzubringen, hat sich sogar so etwas wie ein neuer Tätigkeitszweig entwickelt: der Gruppenpädagoge. Seine Fähigkeit, offen und öffentlich zu reagieren, zu sprechen, mitzuhalten, sich in der Kommunikation zu verwirklichen, auszubilden, d.h. die kommunikative Vergesellschaftung voranzubringen und an ihr aktiv zu partizipieren, sind sehr gefragt. Die Gruppen des Friedrichshofes haben hierzu eine Schule für Gruppenpädagogik gegründet. Ausgehend hiervon hat sich Zug um Zug ein neues Modell gemeinwirtschaftlicher Praxis entwickelt, von dem jetzt (1982) behauptet werden kann, daß es ohne ideologische Anleihen und in Übereinstimmung mit den gesellschaftlichen Formen der Gruppe voll funktionsfähig ist: die Genossenschaft.

Tatsächlich sind alle Mitglieder der Gruppen Genossen der Genossenschaft. Die Genossenschaft stellt Unterkunft, Verpflegung und z.B. ein den Wünschen der Genossen entsprechendes Kursprogramm zur Verfügung. Die Genossen machen Einlagen bzw. stellen der Genossenschaft ihre Einkommensüberschüsse per Kredit zur Verfügung. Jeder Vorgang bleibt dokumentiert, es ist nachweisbar, wohin die Geldströme geflossen sind. Mit der Partizipation am Kursprogramm wächst das Vermögen derer, die daran teilnehmen: Klare Leistungsströme, ohne daß diese Geldbewegungen "privat" wären, Finanzierung der Infrastruktur ihres genossenschaftlichen Zentrums bei gleichzeitiger Investition in das eigene Human-Capital.

Wir sprechen bisher von der Genossenschaft im inhaltlichen Sinne. Im formalen Sinne bildeten die Friedrichshofer Gruppen 1981 eine Genossenschaft: die Baugenossenschaft 'Gemeinschaftsbau'. Diese Genossenschaft umfaßt Aktivitäten der Friedrichshofer selbst sowie auch die der anderen Gruppen, insofern sie am Friedrichshof zu Erholungs- und Bildungszwecken weilen. Die Genossenschaft ist in diesem Sinne Haushaltsorganisation, nicht Unternehmens-Organisation. Werkstätten wie Tischlerei und Autoschlosserei sind Teile der Reproduktion der Genossen der Genossenschaft. Küche, Wäscherei ebenso. Auch die Schule gehört dazu und natürlich die Bildungseinrichtungen wie Malatelier, Videothek, Bibliothek, gruppendynamische Kursräume und die Tanzwerkstatt.

Genossen, die einem Beruf außerhalb der Genossenschaft nachgehen, sind mit Genossen, die in der Genossenschaft arbeiten, gleichgestellt. Was die "Außenarbeiter" an Einlagen bringen, wird mit der Eigenarbeit der "Binnenarbeiter" verrechnet. Wohnen, Küche und auch die Kindererziehung wird in Form eines Umlagesystems von allen zu gleichen Teilen finanziert. Wer mehr zuschießt, als seinem Verbrauch entspricht, macht eine Einlage bzw. gibt einen Kredit. Zitieren wir aus einer internen Darstellung. [19]

Unsere Aktivitäten in eine gesellschaftliche Form bringen - Genossenschaft

Unser Problem war einmal die Struktur eines größeren Haushaltes und zum anderen, alle wirtschaftlichen Vorgänge (der ganze Haushalt, Eigentum an Grund und Boden, Produktionsbedingungen, Beziehungen nach außen zu anderen Firmen und zum Staat) sowie alle Aktivitäten, die wir sowieso machen, in eine gesellschaftliche Form zu bringen, die allgemein üblich ist. Das hat dazu geführt, daß wir auf die Genossenschaft gekommen sind und zwar mehr aus Not heraus, weil es einfach am günstigsten war, von der Steuer her, von den Krediten, von der Möglichkeit, mit einer gemeinnützigen Baugenossenschaft zusammenzuarbeiten.

Fast wären wir gezwungen gewesen, das Grundstück für unseren Neubau an eine fremde Genossenschaft zu verkaufen, die es uns dann wieder vermietet hätte. Sie hatte uns allerdings versprochen, daß wir den Bau, so wie wir ihn geplant hatten, in Selbstverwaltung durchführen dürfen.

Bei der Lösung dieses Problems haben wir entdeckt, daß die genossenschaftliche Idee die ideale Form ist für sämtliche Aktivitäten, die am Friedrichshof anzutreffen sind, auch für die Besitzform. Früher hatte der Friedrichshof nur einer Person gehört (denn zum Grundbesitz war nur ein Landwirt berechtigt!), nun gehört er allen zusammen in der Genossenschaft. Außerdem hat man durch die Genossenschaft auch Vorteile beim Einkauf, man bekommt hohe Rabatte, wenn man als juristische Person einkauft.

Viele Wohngemeinschaften sind ja zur milden Illegalität gezwungen (Untermieter nicht anmelden, als einzelner eine Wohnung mieten für eine Wohngemeinschaft). Das kommt immer dann zustande, wenn man nicht die richtige Form hat, die die inneren Verhältnisse wiederspiegelt.

Es ist ein genossenschaftliches Prinzip, daß die Mitglieder sehr viel selber machen, ohne daß sie dafür in einem Lohnverhältnis stehen (Eigenleistungen). Die Verhältnisse der Mitglieder untereinander können geregelt werden, wie die Leute es wollen. Das ist in allen Genossenschaftsgesetzen in Europa gleich.

Man kann auch Gemeinschaftseinrichtungen aufbauen, wie gemeinsame Küche, gemeinschaftliche Werkstätten. Dadurch werden dann auch die Ausgaben verringert gegenüber einem normalen Haushalt.

Vieles, was wir in der Praxis schon lange gemacht haben, für das wir aber nie eine gesellschaftliche Form hatten, können wir jetzt in die Genossenschaft einbringen.

Ursprünglich hatten die Gesetze einen revolutionären Gehalt. Sie haben die Herrschaftsstrukturen des Feudalismus abgelöst und stellten eine Befreiungsmöglichkeit für die Bevölkerung dar, die aber viel zu wenig ausgenutzt wird. Es ist wie mit der freien Sexualität, die auch latent vorhanden ist. Das latent vorhandene demokratische Potential der Genossenschaftsgesetze ist gewaltig. Auch wenn man die Gesetzeskommentare von ganz konservativen Leuten liest, geht das daraus hervor; wie z.B.: "Die Genossenschaft ist eine Gesellschaftsform, deren Struktur demokratischen Grundsätzen entspricht. Ihrem rechtlichen Wesen nach ist die Genossenschaft nicht wie die Aktiengesellschaft oder die GmbH eine Kapitalgesellschaft, sondern eine reine Personenvereinigung mit wirtschaftlichen Zwecken, in der dem Kapital aber keine herrschende, sondern eine dienende Rolle zugewiesen ist." Also das Kapital dient den Mitgliedern, die Gemeinschaft ist übergeordnet, das Kapital und die Mittel sind so zu verwenden, daß sie ihnen dienen. Das ist eigentlich das, was wir immer schon praktiziert haben, und dennoch haben wir jetzt eine Art 'echteres' Gemeinschaftseigentum.

Und wenn wir schauen, warum letztlich alle Genossenschaften eingegangen sind oder sich verkapitalisiert haben (z.B. Neue Heimat oder Mutrov), so liegt das daran, daß sie sich von ihrem ursprünglichen Zweck abgelöst haben. Denn der private Haushalt war schon immer abgetrennt vom genossenschaftlichen Betrieb, und der ursprüngliche Zweck geht dahin, die wirtschaftliche Basis im Haushaltsbereich zu verbessern und die Zusammenarbeit der Mitglieder zu verstärken. Solange die Haushalte getrennt sind, hat dies die Tendenz äußerlich zu werden. Auch wenn die verschiedenen Gruppen, die alle zusammenarbeiten, sich wie fremde Haushalte gegenüberstehen würden, dann ist schnell der Punkt erreicht, wo man den anderen nur noch in der Form des Preises sieht.

Renaissance des Genossenschaftsgedankens

Es ist eine Welle in ganz Europa, daß der Genossenschaftsgedanke, ja die Genossenschaftsprinzipien überhaupt wieder auftauchen. Der Gedanke, in Gruppen zu leben, hat verschiedene Erscheinungsformen in der Gesellschaft, dazu gehören z.B. auch die Hausbesetzer. Da sind viele dabei, die gar keinen Wohnungsmangel haben, die Häuser besetzen, weil sie vom Leben, von der Lebendigkeit angezogen werden, die in einer Gruppe herrscht. Sie wollen selber etwas machen, mit anderen zusammen, nicht als einzelner den mächtigen juristischen Personen ausgeliefert sein. Das ist ja die Unterdrückung, daß man als einzelner einem Koloss gegenübersteht. Um da mächtiger zu werden, muß man eben kleine, stärkere Einheiten bilden. Es gibt viele Motive, die in diese Richtung drängen: die Kommunikationslosigkeit, die Sinnlosigkeit von Heirat und Familie, man will sich nicht ein ganzes Leben an eine Partnerin binden. Die genossenschaftliche Organisationsform bewirkt Kommunikation und Sicherheit.

In die Schule gegangen: Was vergesellschaftet nun wirklich?

Sehen wir nun beide Phasen zusammen, die sogenannte Privatisierung (die wegen der

Gruppentransparenz nie eine echte Privatisierung war) und die genossenschaftliche Vernetzung, welche nacheinander seit 1978 bis zur Gegenwart stattfinden. Man kann sagen, daß in diesen vier Jahren die Geschichte der Ökonomie der letzten Jahrhunderte aufgearbeitet wurde (was jeder reale Ökonom in den Alternativ-Betrieben ja ebenso tun muß):

- Mit den Jobs in Staat und Wirtschaft und den darauf fußenden vertragsmäßigen Verhältnissen zueinander; mit dem (zeitweiligen) internen Arbeitsmarkt [19], sowie mit der durchgängigen Kalkulation aller Arbeiten in der Gruppe und aller anderen Kosten auch; kurzum mit dieser Geld, Preise und Kalkulation ausmachenden "Privatisierung" ist die marktwirtschaftliche, betriebswirtschaftliche Technik zu wirtschaften angeeignet worden.

- Mit der sukzessiven Bildung der Genossenschaft sind jene Formen angeeignet worden, die in der Geschichte der Arbeiterbewegung als Alternative zu einer rein privatwirtschaftlichen, d.h. am vereinzelten Gewinnstreben ausgerichteten ausgerichteten Wirtschaft probiert, propagiert, erkämpft und verwirklicht worden sind.

Mit anderen Worten: die Gruppen sind in die wirtschaftliche Schule gegangen. Marktwirtschaftliche und genossenschaftliche Betriebswirtschaft standen im Stundenplan. Die Genossenschaft "Gemeinschaftsbau" wurde zur Matura.

Wenn wir heute die Probleme durchgehen, die geblieben sind, so siedeln sie alle in dem Spannungsfeld beider Gestaltungsprinzipien an, dem marktwirtschaftlichen, "privat" orientierten auf der einen Seite, dem genossenschaftlichen, gemeinwirtschaftlichen auf der anderen Seite. Denn mit der Genossenschaft ist ein Versorgungsdenken insofern angelegt, da im Zuge der Vereinfachung von Einkauf und Verteilung eine Zentralisierung als vorteilhaft erscheint: Je mehr Bedürfnisse per Genossenschaftseinkauf befriedigt werden, umso mehr geht das Bewußtsein vom Kostencharakter des jeweiligen Verbrauches verloren. Je mehr man jedoch die Versorgung wieder in die Kompetenz des Einzelnen legt, umso größer ist der Zeitverlust, der durch die individuellen Käufe entsteht; umso größer sind die finanziellen Verluste, die mit den höheren Einzelhandelspreisen verbunden sind. Durch die beiden großen Phasen - AAO-Gemeinschaftseigentum 1976-1978 und "Privat"-Eigentum 1978-1980 - wurde dies hinlänglich dokumentiert.

So richtig diese beiden Grundtendenzen sind, so vielfältig sind die Vorteile, die aus Kombinationen beider gezogen werden können: individuelle Qualifikation und Engagement bei der personellen Besetzung von Versorgungsstellen, verbunden mit der Perspektive der Job-Rotation. Beispiel: Jemand, der über große Erfahrung in der Küche verfügt, nimmt sich vor, innerhalb eines Jahres die Küche 'echt Spitze' zu machen. Danach wechselt er, mit einiger Sicherheit, in einen anderen Job über. Wobei gilt: je mehr sich jemand an spezialisierter Stelle qualifiziert hat, umso breiter wird das Feld der an ihn herangetragenen Jobs. Jemand landet sein "Gesellenstück" in der Dokumentation und leitet daraufhin als Wirtschaftler das Internat. Vielleicht könnte man sagen: der gesamte gemeinwirtschaftliche Bereich zerfällt in Projekte, die individuell und zeitlich limitiert von Indiviuen geführt werden. Das private, unternehmerische, innovative Moment kann mit dem sozialen, gebrauchswertorientierten Moment verbunden werden. Ohne gemeinsame Konzeption, ohne Zusammenleben, ohne reproduktive Verankerung wäre dies nur ein ideales Modell. Durch die Basis: offene und dadurch viele Beziehungen und individueller Entwicklungsperspektive - kurz: durch Sexualität und Kunst - haben wir den Spielraum, um hier mit viel *trial and error*, mit großen Versuchen und großen Irrtümern vorzugehen. Ein Resultat davon ist z.B.: es entsteht ein immer dichteres Netz an Schattenpreisen und eine Kalkulation, die mehr und mehr Preise speichert, so daß die Zahl der Alternativen, die ohne großen Zeitverlust durchgeprüft werden können, steigt. Zur Zeit wird hier ein weiterer EDV-Einsatz ausprobiert.

Was vergesellschaftet nun wirklich?

Nach unseren Erfahrungen haben die üblichen Vergesellschaftungs-Vorstellungen Fetischcharakter. Eine Zusammenlegung von Eigentumstiteln - sei es im genossenschaftlichen Rahmen, sei es als Verstaatlichung - und die Übertragung der Kompetenzen auf ein Gremium oder eine Person (Vorstand, Aufsichtsrat, Vorsitzender usw.) sind allemal letztlich nur Kapitalvergrößerungsmaßnahmen. Sie unterscheiden sich in ihrer rechtlichen Konstruktion bzw. in ihrer personellen Besetzung eher darin, daß sie mehr oder minder ökonomisch im marktwirtschaftlichen Sinne arbeiten; oder mehr oder minder sozialleistungsorientiert. Aber sie führen nicht zu einer neuen Qualität, was das Produktionsverhältnis selbst anbelangt. Dieses bleibt entfremdet.

Die Entfremdung spielt sich nicht nur zwischen (mindestens) zwei Menschen ab, sie hat auch hier ihre Basis. Sie kann auch nur hier aufgehoben werden - d.h. in der Kommunikation. Zwei Genossenschafter, die Anteile einer und derselben Genossenschaft besitzen, können einander mehr fremd sein als die Manager zweier Aktiengesellschaften. Es ist immer das, was zwischen diesen zwei Genossenschaftern selbst "abläuft" - an Zusammenarbeit, an Arbeitsteilung, an gemeinsamer Erfahrung, Wissen, Zukunft usw. - was sie letztlich vergesellschaftet oder auch nicht. Und wir wissen von tausenden von Beispielen, daß der Kooperationsprozeß der Produktion als solcher nicht hinreicht, damit neue Verhältnisse zwischen den Produzenten entstehen. Die Alternativ-Betriebe sind eine einzige Kette an Beispielen, die alle zeigen, daß sogar gemeinsame Vorstellungen, gemeinsame Politisierungserlebnisse, gemeinsame Frontstellung gegen eine feindliche Umgebung nicht hinreichend vergesellschaftend wirken.

Auf dem schon zitierten Kongreß in Lund im Februar dieses Jahres (1982) zieht sich die Frage, was denn nun die neue Qualität in den alternativen Betrieben sei, d.h. worin denn nun das Vergesellschaftende sich ausdrückt, wie ein roter Faden durch die Diskussion:

All das Gesagte hängt zusammen mit einem grundsätzlichen Selbstbetrug. Dieser beginnt schon bei der Gründung des Kollektivs. Da setzt man das kollektive Arbeiten, was ja ein zu erkämpfendes Ziel darstellt, als gegeben voraus. Das Ziel wird an den Anfang gesetzt und so getan, als ob es die ganzen individuellen Bedürfnisse nicht gäbe. Wir verleugnen sie einfach. Die Bedürfnisse aber schleichen sich heimlich wieder ein."

In der Tat, haben wir doch nichts anderes gelernt, als individuelle Bedürfnisse - im privaten Sinne, wie es hier gemeint ist - zu haben. Weiter heißt es:

Wir werden erst dann Solidarität entwickeln, wenn wir unsere Individualität auch wirklich auf den Tisch packen und nicht aus komischen linken, moralischen Vorstellungen hintern Berg damit bleiben.

Zu welchen verheerenden Wirkungen diese moralisch bleibende Kommunikation führt - und moralisch ist immer der, der mit seinen Bedürfnissen privat ist - führt ein Betroffener so vor:

Ich habe sieben Jahre einen Hof gemacht. Mein Hof ist an meiner Unfähigkeit, mich gegen Träume und Illusionen abzuschirmen, kaputtgegangen. Weil ich mich habe dominieren lassen von Träumen und Illusionen der Stadt-Leute, die auch bei mir gewohnt und gearbeitet haben, hab mich infizieren lassen. Ich habe die Träume und Illusionen übernommen und vor allen Dingen auch den Glauben, daß die Leute genauso verantwortungsbewußt mit der Natur, mit Tieren und Land umgehen. Ich habe immer angeboten, die Verantwortung dahin auszudehnen, diesen Hof finanziell zusammen zu tragen. Und da haben sich alle gegen gesperrt. Das ist auch so ein Problem in den Projekten, so diese Gleichgültigkeit. So, ja gut - gleicher Lohn und möglichst viel Diskussion über Sachen, die im Grunde genommen nicht so wahnsinnig wichtig sind. Ja aber wenn's darum geht, Verantwortung wirklich konkret zu übernehmen, geht's in die Hose. [20]

Dieser Alternative hat sich von den Ideologen erpressen lassen, im Namen irgendeiner linken oder grünen Moral haben sich die Schwätzer eingenistet. Was sie gedacht haben, warum keine finanzielle Verantwortung übernommen wurde, warum der Bauer von "bei mir" spricht, also als Eigentümer, diese ganze Basis blieb offensichtlich nicht ausgesprochen; von einer wirklichen radikalen Offenheit in der Kommunikation keine Rede. Was sich in dieser Kommunikation-ohne-Vorbehalte entwickelt, mag die Ideologen aller Länder die Haare zu Berge stehen lassen, - aber genau dann könnte ein Stück Leben entstanden sein. Nämlich Leben, das sich der Vorplanung, der rationalen Kanalisierung, dem Umbiegen im Namen einer nicht näher durchleuchteten Vernunft entzieht; ein lebendiger Moment, der keiner Berechtigung bedarf, weder der 10 Gebote, noch eines anderen übergeordneten Zwecks und auch nicht im Namen der Weltgeschichte. In der Ökonomie könnten wir vom Gebrauchswert sprechen, der so zur Geltung kommt. Politisch mag es an die Situationisten der 50er Jahre anschließen, philosophisch gar bei Epikur. Menschlich aber knüpft dies an uns selber an, d.h. an unserer Geschichte als individuelle Menschen; deren im Namen irgend eines Historizismus vorgenommenen Präfiguration ein für allemal verhindert wird. In diesem Sinne hört Geschichte auf, weil wir sie machen.

Diese radikale Zurückführung auf die menschliche Basis, d.h. auf die Kommunikation kehrt viele Trends um, die zu den entfremdeten Strukturen der heutigen Gesellschaft führten. Was Gesellschaft ist, wird von der Kommunikation aus, über die Ökonomie neu erforscht. Das war uns ungefragt verbindet, jene Netze, die jeden mit Elternhaus, Schule und Arbeit, mit dem, was Liebe heißen soll und was uns ideologisch einlullt, verknüpft, d.h. all das, was die gigantische Vergesellschaftung ausmacht, welche sich lawinenhaft in den letzten 200 Jahren vollzogen hat, kommt nun auf einen Prüfstand; der, soweit dies noch möglich ist, von uns selbst errichtet wird. In diesem Sinne eines radikalen

Anknüpfens an die Gegenwart, in dessen Mittelpunkt der Mensch steht, können wir auch von einer Ent-Gesellschaftung sprechen.

Anmerkungen

1) Vergleiche den Beitrag "Utopie und Kommune" in diesem Band.

2) Gudrun CYPRIAN, Sozialisation in Wohngemeinschaften, Stuttgart 1978 schreibt S. 124 zu ihren 1974 untersuchten 86 Wohngemeinschaften: "Tatsächlich findet man in kaum einer Gruppe nach mehr als einjähriger Dauer noch alle ursprünglichen Gründungsmitglieder, die Zusammensetzung hat oft bereits mehrfach gewechselt. Unter den 86 Wohngemeinschaften in unserer Population befanden sich zwar 18 Gruppen mit unverändertem Mitgliederbestand, aber 10 von ihnen sind erst zwischen drei und neun Monate zusammen, keine einzige länger als zwei Jahre."
Dieter KORCZAK, Wohnkollektive - Erscheinungsformen und Stabilität eines Familientypus, Dissertation, 1978, S. 249 schreibt: "Lag die durchschnittliche Dauer von Wohnkollektiven im Zeitraum von 1964-73 bei 15 Monaten, so ist sie im Zeitraum von 1973-77 auf 18 Monate angestiegen."

3) Siehe hierzu meinen Beitrag "Utopie und Kommune".

4) HABERMAS, Jürgen, Strukturwandel der Öffentlichkeit, Darmstadt, Neuwied 1962, S. 288f.

5) KORCZAK schreibt (1978, S. 251): "Nach Lehmann haben immerhin ca. 80 % der Kollektivmitglieder das subjektive Gefühl, sich positiv verändert zu haben." Er selbst bestätigt dies mit seiner eigenen Erfahrung (S. 251f).

6) Vergleiche KORCZAK (1978) S. 252

7) NEGT, Oskar und KLUGE, Alexander, Öffentlichkeit und Erfahrung - Zur Organisationsanalyse von bürgerlicher und proletarischer Öffentlichkeit, Frankfurt 1974.

8) HEINSOHN, Gunnar, Wer will eigentlich Sozialismus? in: Freibeuter Nr. 7, 1981, wiederabgedruckt in: Kikikeri, Programmzeitung der Kulturwerkstatt Bremen, August 1982.

9) Vergleiche Joseph HUBER, Wer soll das alles ändern, Berlin 1980, S. 9

10) Constantin BARTNING, Lohnarbeit und Kollektiv, PädExtra Sozialarbeit Nr. 1/1981.

11) Siehe hierzu meinen Beitrag "Utopie und Kommune", Kapitel 1 und 2.

12) Auf die sich hieraus ergebenden Basis-Überbau-Aspekte kann leider nicht explizit eingegangen werden. Dies bleibt einer späteren Arbeit vorbehalten.

13) Siehe hierzu auch Die Zeit vom 18.12.1981 "Viele Alternativen haben einen Sechzehn-Stunden-Tag", "Ausstieg in die Fron".

14) Die Bedeutung der Kommunikation betont auch Gunnar HEINSOHN mit der Funktion, die

der "Klatsch" im Kibbuz hat. Er zitiert Amos OZ: "Der Klatsch spielt bei uns eine wichtige Rolle. Er muß respektiert werden und wirkt so als Treibkraft für unsere Gesellschaftsreform. Seine geheime Macht zieht er daraus, daß wir uns gegenseitig Tag und Nacht beurteilten, - mitleidlos, aber ohne Eifertum. Jeder urteilt und jeder wird beurteilt ... ... Der Klatsch bildet eine Großmacht unseres Lebens, weil unser Leben offenliegt wie ein Dorfplatz unter der Mittagssonne. Gilt der Klatsch anderswo nur als mieser Charakterzug, so beteiligt er sich bei uns an der Verbesserung der Welt." Zitiert aus Gunnar HEINSOHN, Wer will eigentlich Sozialismus? in: Freibeuter Nr. 7, 1981, s.o..

15) U.a. war 1977 eine breite Pressekampagne gegen die AAO in der westdeutschen Presse im Gang.

16) Zur gesellschaftlichen Dimension dieser Problematik siehe auch den Beitrag von Gunnar HEINSOHN und Otto STEIGER, Geld, Produktivität und Unsicherheit in Kapitalismus und Sozialismus, in: Leviathan Heft 2, Jahrgang 1981, S. 164ff.

17) Das ist ein typisches Problem der heutigen Alternativszene. Siehe hierzu Joseph Huber 1981, S. 44 ff.

18) Hans SCHROEDER, Wirtschaftliche und soziale Aspekte der Organisation des privaten Haushaltes in der Form des Großhaushaltes, Diplomarbeit, München 1982, S. 30. Schroeder vergleicht seine in München bei einer 22-köpfigen Gruppe erhobenen Werte mit den Daten der Datensammlung für die Kalkulation der Kosten und des Arbeitszeitbedarfes im Haushalt (KTBL, Datensammlung 1979).

19) Vortrag von Bernd STEIN am 12. April und am 27. Juni 1982.

20) Beide Zitate entstammen der Tageszeitung TAZ vom Februar 1982.

Literatur

BARTNING, Constantin: Lohnarbeit und Kollektiv, in: PädExtra-Sozialarbeit, 1/1981

BLECHSCHMIDT, Aike: Der Friedrichshof, ein Experiment in Entwicklung. Von der AA-Kommune zum Zentrum für Selbstdarstellung, in: Mehrwert Nr. 19/79

CYPRIAN, Gudrun: Sozialisation in Wohngemeinschaften, Stuttgart, 1978.

HABERMAS, Jürgen: Strukturwandel der Öffentlichkeit, Darmstadt und Neuwied 1962.

HEINSOHN, Gunnar und **STEIGER**, Otto: Geld, Produktivität und Unsicherheit in Kapitalismus und Sozialismus, in: Leviathan Heft 2, Jahrgang 1981, S. 164 ff.

HEINSOHN, Gunnar: Wer will eigentlich Sozialismus, in: Freibeuter Nr. 7, 1981.

HUBER, Joseph: Wer soll das alles ändern, Berlin 1980

KORCZAK, Dieter: Wohnkollektive - Erscheinungsformen und Stabilität eines Familientypus, Dissertation, 1978.

NEGT, Oskar und **KLUGE**, Alexander, Öffentlichkeit und Erfahrung, Frankfurt 1974.

Selbstdarstellung Berliner Projekte und Kollektive, Lund/Schweden, Februar 1982.

Michael Pfister

Hausarbeit, Entfremdung und Emanzipation der Frau - Vergesellschaftung und Selbstverwaltung im hauswirtschaftlichen Reproduktionsbereich

1. Einleitung

Eine Antizipation neuer Gesellschaftsformen muß Auskunft geben können über Möglichkeiten künftiger Organisation gesellschaftlicher Produktion und Reproduktion. Während aber bzgl. des Produktionsprozesses viele Überlegungen vorliegen, sind zukunftsweisende Beiträge zu einer künftigen Gestaltung der Reproduktionsbereiche eher selten. Ja, es scheint sogar, als glaubten immer noch viele, daß Unterdrückung, Ausbeutung und Unmündigkeit vom Produktionsbereich her bestimmt sind, daß bei seiner Änderung der Reproduktionsbereich automatisch sich demgemäß mitverändere bzw. sich ohnehin nicht verändern müßte, weil ja nicht er, sondern eben die Produktionsweise die Wurzel des Übels wäre. Dabei war die Auseinandersetzung um eine Vergesellschaftung der hauswirtschaftlichen, familiären Reproduktionsbereiche einmal viel offizieller und anerkannter gewesen und nicht wie heute abgedrängt in die Alternative und die autonome Frauenbewegung.

Diese vergessene Diskussion wird hier wieder in Erinnerung gebracht, auch, daß bereits Ende des 19. Jahrh. der Großteil der Sozialdemokraten dermaßen in bürgerliche Lebenszusammenhänge verstrickt war, daß sie deren Vorstellungen von Ehe und Familie teilten, statt ohne Rücksichtnahme auf überkommene Moralvorstellungen wirkliche Alternativen zu entwerfen. Statt eine sich von den bürgerlichen Werten lösende Kultur zu formulieren, blieb die Sozialdemokratie in einem Ökonomismus hängen, dessen Auswirkungen erst heute voll zum Tragen kommen.

Im folgenden wird der familiäre Reproduktionsbereich vor allem vom hauswirtschaftlichen Arbeitsprozeß her untersucht. Immer noch liegen hierzu wenige Arbeiten vor, was umso erstaunlicher ist, da im allgemeinen für Soziologen der Zusammenhang zwischen Arbeit und Bewußtsein ein Gemeinplatz ist. In diesem Falle aber treffen zwei Umstände zusammen, die jenes Desinteresse erklären und verstehbar machen. Zum einen ist die hier infrage stehende Arbeit Reproduktionsarbeit, eine Arbeit also, die nicht direkt auf einem Markt durch Tauschhandel sichtbar wird. Das reichte bereits für die bürgerlichen Ökonomen und Soziologen aus, sich lieber anderen Problemen zu widmen.

Zum zweiten handelt es sich bei der familiären Reproduktionsarbeit um Arbeit, die im wesentlichen von Frauen besorgt wird und traditionellerweise einer äußersten Geringschätzung unterliegt. Noch nicht lange her ist es, daß Hausarbeit kaum als Arbeit betrachtet wurde. Die Wissenschaft aber, erst bis vor kurzem noch monopolisiert in den Händen der Männer, hat diese Geringschätzung geteilt. Bei der Untersuchung der Stellung der Frau im hauswirtschaftlichen Reproduktionsbereich zeigt ein historischer Rückblick, daß die Entwicklung von der vorindustriellen Großfamilie zur Kleinfamilie der Industriegesellschaften für die Hausarbeiterin sowohl mit einem Verlust an Einsicht in die gesellschaftlichen Produktionszusammenhänge, als auch mit einer zunehmenden Entfremdung ihrer hauswirtschaftlichen Tätigkeit gegenüber verbunden war. Dieser Entfremdungszusammenhang wird zum einen begrifflich abstrakt, zum anderen empirisch konkret untersucht. Dabei wird die These aufgestellt, daß die Befreiung der Frau notwendig mit der Befreiung von Hausarbeit, privatem Kinderaufziehen, kurz: von der familiären Reproduktionsarbeit verbunden ist. Die Versklavung der Frau kann erst durch eine selbstverwaltete Gemeinschaft aufgehoben werden. Erst diese kann durch gemeinsame Entscheidung die gesamte Reproduktionsarbeit vergesellschaften, d.h. in bezahlte, arbeitszeitmäßig ebenso wie andere begrenzte Berufstätigkeit auflösen. Das Modell Friedrichshof ist hierfür ein konkretes Beispiel.

Jeder, der etwas von der Geschichte weiß, weiß auch, daß große gesellschaftliche Umwälzungen ohne das weibliche Ferment unmöglich sind. Der gesellschaftliche Fortschritt läßt sich exakt messen an der gesellschaftlichen Stellung des schönen Geschlechts (die Häßlichen eingeschlossen). (Karl MARX [1])

2. Hausarbeit im Übergang Feudalismus - Kapitalismus

Hausarbeit im Feudalismus

Der hauswirtschaftliche Arbeitsprozeß war in den letzten 300 Jahren großem Wandel unterworfen. Die kapitalistische Produktionsweise hatte einen steten Verfall der Großfamilie [2] bewirkt und in einem klassenspezifisch zu unterscheidenden Entwicklungsprozeß die Kleinfamilie als typische Reproduktionsstätte unserer Gesellschaft etabliert. Für die im Feudalismus noch existierenden verschiedenen Familienformen beschreibt dies ausführlich in ihrer Habilitationsschrift Heidi ROSENBAUM (38).

Vor allem für die Handwerker- und Heimarbeiterfamilien gilt, daß die Einheit von Produktion und Reproduktion im ganzen Haus [3] auseinandergerissen wurde. Abgemildert gilt dies auch für die Bauernfamilie.

Wie hat nun der Arbeitsprozeß der Hausfrauen in diesen Familien ausgesehen? In 8 Punkten zusammengefaßt läßt sich die Arbeit der Hausfrau wie folgt charakterisieren:

1. Nebeneinander von produktiven [4] und reproduktiven Tätigkeiten.
2. Nähe zur produktiven Tätigkeit des 'häuslichen Betriebes'.

3. Bewußtsein von der eigenen Arbeit als eng verknüpft und unabdingbar für die Produktion des 'Ganzen Hauses', sowohl was ihre produktive, als auch was ihre reproduktive Tätigkeit anbelangt.
4. Durch zahlreiche Mitbewohner großes soziales Umfeld; sogar, was die 'Herrin' betrifft, eine Ehren- und Machtstellung.
5. Teilweise kollektive Arbeitsformen.
6. Ausgesprochen weites Verantwortungsgebiet innerhalb der zu leistenden Produktions- und Reproduktionsarbeit.
7. Weitgehend selbstbestimmte Arbeitseinteilung bzw. unmittelbare Einsicht in die Rationalität der Arbeitseinteilung.
8. Weitgehend selbstbestimmter Arbeits- und Lebensrhythmus, bzw. unmittelbare Einsicht in die Rationalität desselben.

Als Mitglied des 'Ganzen Hauses' hatte die hauswirtschaftende Ehefrau des Bauern, des Handwerksmeisters bzw. des heimarbeitenden Mannes völlige Einsicht in die Zusammenhänge des 'häuslichen Betriebes'. Nicht nur, daß sie unentbehrliches Mitglied des 'oiken-Gesamtarbeiters' [5] war, ihr war überdies jeder Arbeitsgang eines jeden Hausmitglieds in seiner Bedeutung für die Gesamtproduktion transparent. Es bedeutete für sie keinerlei Mühe, das Zustandekommen der 'Hausprodukte' sich bis in die kleinsten Produktionsschritte erklären zu können. Dies ist heute selbst dem produktiven Lohnarbeiter in der Fabrik kaum nachvollziehbar.

So hatte die Hausarbeiterin ein relativ verschleiertes Bewußtsein vom Funktionieren der gesamtgesellschaftlichen Produktion. Denn diese beruhte schließlich auf Mikro-Produktionsstätten wie ihrem eigenen 'Ganzen Haus', bzw., was den Bauernhof anbelangt, auf dem ihr durchsichtigen System der Grundherrschaft, der ihr Hof untertan war.

Das Nebeneinander der von ihr verrichteten produktiven und reproduktiven Tätigkeiten bedeutete zudem eine Klarheit über den Charakter ihrer Reproduktionsarbeit. Der Charakter ihrer Produktionsarbeit, die sich ja in einem Produkt des 'häuslichen Betriebes' kristallisierte wie etwa die zur Abgabe an den Feudalherren bestimmten Textilien, war ohnehin offenkundig. Dabei war ihr die enge Verknüpfung von Reproduktion und Produktion stets vor Augen, sah sie doch z.B., daß die von ihr erstellten Vorräte nötig waren, damit man im Hause weiter existieren und produzieren konnte.

Hausarbeit im Übergang

Mit der Verallgemeinerung der kapitalistischen Produktionsweise dividierte sich nun der Lebens- und Arbeitszusammenhang des 'Ganzen Hauses' auseinander: einerseits in die Sphäre der gesellschaftlichen Produktion und des Austausches und andererseits in die Sphäre privater Reproduktion:

Ein Produktionsakt nach dem anderen wird nun aus der Hauswirtschaft losgelöst und der gesellschaftlichen Produktion übertragen. Und damit hat der Familienhaushalt die bedeutsame Rolle, die ihm doch so viele Jahrhunderte hindurch vor allen Elementen der

Arbeitsorganisation zugefallen war, endgültig ausgespielt. ... Die häusliche Tätigkeit erleidet eine bedeutsame Entwertung. Dieser häusliche Tätigkeitsbereich besaß früher einen hohen Wert und einen weiten Umfang. ... Von diesen zahllosen Tätigkeiten sind der Familie die meisten verloren gegangen. ... So wurden also, zuerst nur unerheblich durch das Gewerbe, dann aber in besonders hohem Grade durch die kapitalistische Organisation die wirtschaftlichen Aufgaben des Familienhaushaltes stark eingeschränkt. (26/234-236)

Im Zuge jener Entwicklung geht nun der hauswirtschaftenden Frau das Vermögen, die eigene Tätigkeit gesamtgesellschaftlich einzuordnen, verloren. Die Trennung von Wohnung und Arbeitsstätte, die Herausbildung der 'freien' Lohnarbeit konstituiert eine scharfe geschlechtsspezifische Arbeitsteilung in männliche, produktive Lohnarbeit auf der einen Seite und in weibliche, reproduktive Hausarbeit auf der anderen.

Begreift man nun aber das Voranschreiten der gesellschaftlichen Arbeitsteilung als wesentliche Ursache für die Herausbildung von der Entfremdung des Menschen zur Arbeit [6], so wird deutlich, daß mit dem Entstehen der kapitalistischen Produktionsweise, mithin der 'freien' Lohnarbeit, *zwei* Typen entfremdeter Arbeit neubegründet werden, nämlich solche im Produktionsprozeß und solche im Reproduktionsprozeß. [7]

Die soziale Macht, d.h. die vervielfachte Produktionskraft, die durch das in der Teilung der Arbeit bedingte Zusammenwirken der verschiedenen Individuen entsteht, erscheint diesen Individuen, weil das Zusammenwirken selbst nicht freiwillig, sondern naturwüchsig ist, nicht als ihre eigene, vereinte Macht, sondern als eine fremde, außer ihnen stehende Gewalt, von der sie nicht wissen, woher und wohin, die sie also nicht mehr beherrschen können, die im Gegenteil nun eine eigentümliche, vom Wollen und Laufen der Menschen unabhängige, ja dies Wollen und Laufen erst dirigierende Reihenfolge von Phasen und Entwicklungsstufen durchläuft. (MARX, ENGELS: 24/34)

Außerdem ist auf folgendes aufmerksam zu machen: Die Frau im 'Ganzen Haus' besaß ein ausgesprochen weites Verantwortungsgebiet, sowohl was einzelne 'produktive' Tätigkeiten wie Produktion der Textilien, etc., als auch was reproduktive Tätigkeiten, wie Kranken- und Altersversorgung, usw. anbelangte. Dieses Verantwortungsgebiet schrumpfte zusammen. EGNER spricht diesbezüglich von einer Entleerung der Hauswirtschaft von produktiven [8] Tätigkeiten und häuslichen Dienstleistungen (10/82). Somit reduzierte sich die Identifikationsmöglichkeit der Hausarbeiterin mit der Hausarbeit. Auch die unmittelbare Einsicht in die Rationalität der Arbeitsteilung, d.h. zu welcher Zeit welche Arbeitsgänge erforderlich sind, die in der Großfamilie durch die Anforderungen der Produktion gegeben war, ging verloren. Ebenso wich der einseitige Lebens- und Arbeitsrhythmus des 'Ganzes Hauses' dem aus der Sicht der Hausarbeiterin fremdbestimmten Lebensrhythmus des außer Hauses lohnabhängigen Ehemanns.

Der soziale Rahmen, in dem die Frau innerhalb der Großfamilie arbeitete, bot ihr Kommunikation und teilweise sogar kollektive Arbeitsformen (z.B. beim Einkochen, Waschen, Textilproduktion usw.), wohingegen ihr die kleinfamiliäre Struktur weitgehende Isolation aufzwang. All dies bewirkt, daß der Übergang von der vorindustriellen Großfamilie zur Kleinfamilie der industriell entwickelten Gesellschaft für die Frau sowohl mit einem Verlust an Einsicht in die gesellschaftlichen Produktionszusammenhänge als auch mit einer zunehmenden Entfremdung ihrer hauswirtschaftlichen Tätigkeit gegenüber verbunden war.

Dieser Prozeß, Trennung von Produktion und Reproduktion, Schrumpfung der Groß- zur Kleinfamilie, ist allerdings je nach den schichtspezifischen Familientypen zu unterschiedlichen Zeiten abgelaufen. Der Übergang von der Groß- zur Kleinfamilie entwickelte sich bei wohlhabenden Bauernfamilien mit Haus- und größerem Grundbesitz fließend. Die bäuerliche Produktion blieb in Deutschland sogar noch im 19. Jahrh. weitgehend von der kapitalistischen Entwicklung, die zuerst die gewerbliche Produktion affizierte (38/117), unbeeinflußt. [9]

Der Wechsel zur Kleinfamilie geschah für die ländliche Unterschicht sehr viel früher, in Deutschland z.T. bereits zu Anfang des 16. Jahrhunderts. [10] Entweder in kargen Lehmhütten wohnend oder für einen Bauern arbeitend, oder direkt als Inlieger beim Bauern lebend, nicht der Familie angeschlossen die Miete abarbeitend, kannten sie keine Geborgenheit in einer Großfamilie. [11]

Die in Deutschland im 18. Jahrhundert sprunghaft angewachsene Schicht der Gärtner und Häusler, Familien mit Haus und zur Lebensversorgung zu geringen Landbesitz (oft Neusiedler), lebten meist von vornherein in einer Kleinfamilie.

Die beginnende Industrialisierung, die ursprüngliche Akkumulation wirkten sich vor allen Dingen auf die grundbesitzlose bäuerliche Unterschicht aus. Sie wanderten entweder in die Städte ab und verkauften dort ihre Arbeitskraft direkt oder aber verschafften sich ihren Broterwerb mit Heimarbeit, die sehr bald im Rahmen des Verlagswesens ablief.

Diese Heimarbeiterhaushalte konnten sich somit auf ganz vom Boden losgelöster Grundlage gründen. Das verstärkte die Tendenz zur Kleinfamilie, "da die junge Generation sich nun früh wirtschaftlich verselbständigen konnte" (EGNER: 10/69).

Die Verproletarisierung, in den Städten bei den Tagelöhnern und den Kleinhandwerkern beginnend, auf dem Land zuerst bei den Besitzlosen, dann die Gärtner und Häusler, sowie die Heimarbeiter erreichend, traf also bereits auf kleinfamiliäre Haushalte. Sie stürzte jene in existenzielle Not und wirkte meist derartig verheerend, daß im Grunde jeglicher familiärer Zusammenhang zerstört wurde. Den Höhepunkt jener "erzwungenen Familienlosigkeit" (MARX, ENGELS: 25/478) bildete die Eingliederung der Frauen und Kinder in die Mehrwertauspressung, [12] welche für die Produktionsmittelbesitzer Senkung der Lohnkosten bedeutete.

Die gänzliche Zerstörung des familiären Zusammenhanges der Arbeiterklasse, welche selbst beim Nachlassen des Anstiegs der Frauenerwerbstätigkeit, beim Rückzug der Arbeiterinnen in die Heimindustrie und Heimarbeit bis in die unmittelbare Zeit nach dem 1. Weltkrieg fortdauerte, wird in vielen zeitgenössischen Berichten deutlich. [13] Der Heißhunger des Kapitals nach Mehrwert zerriß den proletarischen Familienzusammenhang.
Die Lohnarbeiterfamilie war zur Zeit der ursprünglichen Herausbildung des Kapitalismus nurmehr als Zerfallsprodukt zu bezeichnen. (HAGEMANN-WHITE/WOLF 15/220)

Erst als die rücksichtslose Auspressung der Arbeiterklasse gemindert werden mußte, um nicht das gesamte Potential der Arbeitskräfte zu zerstören und sich damit die kapitalistische Mehrwertproduktion zu verunmöglichen, erlaubte man dem Proletariat wieder (in diesem Zusammenhang auch der 10-Stunden-Arbeitstag, Verbot der Kinderarbeit etc.) eine einigermaßen die Ware Arbeitskraft erhaltende und reproduzierende Reproduktionsstätte, die Kleinfamilie. Jene Verbesserungen der Lebensumstände stellen also durchaus keine Konzessionen des Kapitals an die Arbeiterklasse dar, obwohl diese sie sich erkämpfen mußte. Interessanterweise wird die dem Interesse des Kapitals nach optimale Arbeitsökonomie dem gezwungenermaßen irrational operierenden Einzelkapital von der Arbeiterschaft aufgezwungen.

Während also der Übergang der hausfraulichen Tätigkeit im Rahmen der Großfamilie beim Großbürgertum, dem Handwerk und dem wohlhabenden Bauerntum fließend war, schob sich den der Verproletarisierung unterworfenen Frauen ein quasi familienloser Zustand dazwischen.

Hier ist ein Übergang von der Kleinfamilie zur zerfallenden Familie und wieder zur Kleinfamilie zu beobachten.

Zur Vergesellschaftung der Reproduktionsbereiche im 19. Jh.

Zusammenfassend ist bis hierhin festzustellen, daß mit der Entwicklung vom Feudalismus zum Kapitalismus über einen sehr großen Zeitraum hinweg sich Produktion und Reproduktion im "Ganzen Hause" trennten. Die Produktion wurde aus dem Hause nach außen verlegt und reine Männersache, die häusliche Arbeit nahezu aller produktiver Tätigkeiten beraubt und reine Frauensache. Die Großfamilien schrumpften zur Kleinfamilie. Die Urbanisierung der Gesellschaft zerstörte überdies allmählich die Dorfgemeinschaften [14]. Es trat eine industrielle Vergesellschaftung ein. Diese muß nun näher analysiert werden. Sie bewirkte vor allem die Vergesellschaftung der Produktion: die Arbeit wurde nicht mehr individuell verrichtet, sondern unter der Regie eines Unternehmers, der die verschiedenen Arbeitsvermögen in einer Fabrik zusammenfaßte. Die früheren Einzelproduzenten verloren ihr Privateigentum an Produktionsmitteln und waren zum Verkauf ihrer Arbeitskraft auf dem Arbeitsmarkt gezwungen. Der industrielle Vergesellschaftungsprozeß des Reproduktionsbereiches diktierte den Wandel der Reproduktionssphäre. Hier findet eine äußerst zwiespältige Entwicklung statt.

Die Entwicklung der Städte bedeutete nämlich ohne Zweifel eine extreme Vergesellschaften [15] der Reproduktionssphäre. Eine im Vergleich zur dörflichen Gemeinschaft ungeheuerlich große Anzahl von Familien wird auf engstem Raum zentriert, gemeinsame Kanalisation, Wasserversorgung, Heizung usw. macht gesellschaftlich, was vorher jede Großfamilie hatte lösen müssen. Auch der kulturelle Bereich, Theater, Oper, Sportveranstaltungen, Konzerte, Publikationen wie Zeitungen, Bücher etc. wurde nun großen Massen zugänglich gemacht. Die immer dominanter werdende kapitalistische Produktionsweise vereinheitlichte überdies den familiären Reproduktionsbereich. Die in den verschiedensten Ebenen ablaufenden Vergesellschaftungsprozesse bewirkten, daß "in zunehmendem Maße gesamtgesellschaftliche Normen und Ideologien auf die Familienformen einwirken" (38/482) konnten. Das bürgerliche Familienideal setzte sich allgemein durch. Andere Familienformen wurden bedeutungslos. [16]

Auch dies ist als Vergesellschaftungsprozeß zu begreifen. Andererseits führte der Aufstieg des Kapitalismus "zur Isolation der Familie von der vergesellschafteten Produktion und schuf eine historisch gesehen neue Sphäre des Privatlebens unter der Masse der Bevölkerung" (ZARETSKY: 51/31). Die materielle Vergesellschaftung der Reproduktionsbereiche ging einher mit einer zunehmenden Vereinzelung der Individuen. Die Großstadt bedeutet zwar Vergesellschaftung, Versorgungszentrum, aber gleichzeitig Anonymität und Individualisierung. [17]

Diese Dialektik der Vergesellschaftung der Reproduktionsverhältnisse ist meines Wissens bisher ungenügend analysiert worden. Sie gilt es genauer zu fassen.

Die kapitalistische Produktionsweise hatte einen langen Weg zurücklegen müssen, um sich durchzusetzen. Auf diesem Wege realisierte sie Stück um Stück Bedingungen für ihre Weiterentwicklung. Doch dieser Prozeß ist nicht linear zu sehen. Kaum hat sich das eine historisch durchgesetzt, kann es auch schon bereits wieder überholt und der gesellschaftlichen Entwicklung nicht mehr gemäß sein. So war beispielsweise gerade die Einheit von Produktion und Reproduktion in der Familie ursprünglich ein bürgerliches Ideal (ZARETSKY: 51/45), welches mit der wachsenden Industrialisierung zerstört werden mußte.

Ähnlich ist es mit der Individuierung und dem Entstehen von abgeschlossenen Privathaushalten. Auf der einen Seite war die von der kapitalistischen Produktion hervorgerufene Vergesellschaftung gobal. Die Familie als Reproduktionseinheit der privatakkumulierenden, miteinander in Konkurrenz stehenden Einzelunternehmer konnte dabei allerdings nicht in Frage gestellt werden. Überdies war vor allem in den Anfängen der Industrialisierung eine hohe Mobilität der Arbeitskräfte notwendig, die ebenfalls die Entwicklung zur proletarischen Kleinfamilie verstärkte.

Bereits Ende des 19. Jh. allerdings kam bereits sowohl im Bürgertum als auch im Proletariat Kritik an der bürgerlichen Doppelmoral und der durch das Familienleben hervorgerufenen Vereinzelung auf. Privatheit, bürgerliche Familienideologie und Besitzdenken einerseits, die Anforderung nach kollektiver Lösung gesellschaftlicher Probleme und die Erinnerung an einstig engere kollektive Zusammenhänge andererseits waren in Widerspruch geraten.

So können wir sowohl im Produktionsbereich als auch im Reproduktionsbereich eine starke Vergesellschaftung beim Übergang vom Feudalismus zum Kapitalismus konstatieren. Es ist eine "zentralisierende Vergesellschaftung", die in den Reproduktionsbereichen zur Zerstörung kollektiver Kommunikationsstrukturen und zur Vereinzelung führt. Dies ist quasi der Preis, der für die kapitalistische Vergesellschaftung der Arbeit zu zahlen war.

Aber in dem Maß, in dem die Widersprüche jener unvollkommenen, weil eben immer noch ohne Selbstverwaltung, auf Privatinteresse basierenden Vergesellschaftung im

Produktionsbereich aufbrechen, in dem Maße erstarken eben jene bereits beschriebenen Tendenzen zur weiteren, aber selbstverwalteten Vergesellschaftung der Reproduktionsbereiche.

3. Polit-ökonomisches zur entfremdeten Hausarbeit [17]

Der Aufstieg der Bourgeoisie bewirkte zwar zum einen, daß die Familie einen höheren Status als je zuvor (ZARETSKY: 51/20) hatte, auch schwächte das Auseinanderfallen von Produktion und Reproduktion die innerfamiliäre Position des Mannes.

Aber andererseits waren die Frauen ab nun mehr denn je an den inneren Bereich des Hauses gefesselt:
Im Wirtschaftsleben des mittelalterlichen England waren die Frauen der Gleichheit mit Männern näher als später im Kapitalismus. Beispielsweise gehörten Frauen im 14. Jahrhundert vielen Zünften als gleichberechtigte Mitglieder an. BEARD, 1971 (234). Mit Beginn des Kapitalismus wurden sie ausgeschlossen ... (ZARETSKY: 51/44).

Vom Arbeitsprozeß her hatte sich die Situation der Frau, wie vorne beschrieben, also extrem verschlechtert. Die erzwungene häusliche Isolation bedeutete für sie geistige und materielle Entmündigung, die über 100 Jahre anhalten sollte. Während nämlich für die Frau der vorkapitalistischen Gesellschaft im "Ganzen Haus" produktive und reproduktive Tätigkeiten noch überschaubar eng beieinander lagen, übernimmt sie nun in der kapitalistischen Gesellschaft die Produktion und Reproduktion der Ware Arbeitskraft, ohne aber direkt für den Markt zu produzieren und ohne in einem direkten Vertragsverhältnis zu einem Kapitalisten zu stehen. So leistet sie zwar Mehrarbeit, aber nicht reell dem Kapital subsummiert, ist sie nur indirekt-produktiv und nur indirekt-mehrwertproduzierend. [18]

Hausarbeit und Lohnmystifikation

Die Einsicht in die kapitalistischen Produktionsverhältnisse ist ihr somit nahezu unmöglich gemacht. [19] Die Hausarbeit erscheint ihr als wertlos und nur die Arbeit ihres lohnarbeitenden Ehemannes als "wert"-voll und Einkommen-schaffend.

Wäre sie hingegen direkte Verkäuferin dieser Ware Arbeitskraft, dann läge auch auf der Hand, *was* verkauft würde: nämlich die reproduzierte Arbeitskraft und nicht die im Lohnverhältnis geleistete Arbeit. [20]

Eine doppelte Lohnmystifikation verschleiert also ihr Bewußtsein: zum einen ist es ihr verwehrt zu begreifen, daß es nicht die Arbeit ist, die der Kapitalist vom lohnabhängigen Ehemann kauft, sondern dessen Arbeits*kraft*. Zum zweiten ist es ihr verwehrt zu begreifen, daß in der Arbeitskraft des Ehemannes *ihre* wertschöpferische Arbeit mit enthalten ist und die von ihr mitproduzierte Ware Arbeitskraft vom Kapital angeeignet und ausgebeutet und damit auch sie selbst ausgebeutet wird.

Der Kapitalist kauft also mit dem Lohn den Lohnarbeiter zur Produktion und Reproduktion des Kapitals und dessen Ehefrau zur Produktion und Reproduktion der Ware Arbeitskraft [21]. Dabei greift das Kapital gleichsam durch den Lohnarbeiter hindurch und beutet außer dessen Arbeitsvermögen auch noch dasjenige des Hausarbeiters aus [22]. Der Ausbeutung durch das Kapital schiebt sich also der lohnarbeitende Ehemann dazwischen, der damit selber als Ausbeuter erscheint, ohne es real zu sein.

Dies zu erkennen ist der vorherrschenden Nationalökonomie [23] und auch der gängigen Hauswirtschaftslehre versperrt, weil die gemeinhin der Grenznutzenlehre folgende Theorienbildung in der Volkswirtschaftslehre nahezu ausschließlich sich auf das unmittelbare Marktgeschehen konzentriert und außerhalb des kapitalistischen Marktes sich abspielende Produktionstätigkeiten bedauerlicherweise vernachlässigt.

Das Problem der Hausarbeit bei MARX

Ebenso ist auch von marxistischer Seite recht wenig zu diesem Problem beigetragen worden, da MARX von einer Auflösung der Familie ausging [24] und daher die wertschöpferische Arbeit der Reproduktionsarbeiterinnen für nur vorübergehend und offenbar von daher als vernachlässigbar ansah. Er erwartete im Zuge der Weiterentwicklung der Produktivkräfte die Eingliederung der Arbeiterfrauen in den kapitalistischen Produktionsprozeß. Daß sich jene Entwicklung bisher in der kapitalistischen Gesellschaft nicht vollzog und sich auch nicht in dieser Konsequenz vollziehen wird, liegt an der Kompliziertheit der Produktion und Reproduktion der Ware Arbeitskraft, die vor allen Dingen bezüglich der Reproduktion der Produktions*verhältnisse* der Einrichtung der Familie bedarf. In einer bereits an anderer Stelle [25] erklärten Konzentration auf die Produktionssphäre entging ihm das reproduzierende Potential der Frauen. So vernachlässigten die orthodoxen Marxisten deren wertschöpferische Arbeit und ihre Unterworfenheit unter eine doppelte Lohnmystifikation konnte unentdeckt bleiben.

4. Beiträge der empirischen Sozialforschung zum Hausarbeitsprozeß

Wurde in den vorangegangenen Abschnitten also die historische Entwicklung und die gesamtgesellschaftliche Einordnung der hauswirtschaftlichen Reproduktionsarbeit untersucht, sowie die ökonomischen Hintergründe der objektiven Entfremdung, so sollen nun die Überlegungen konkretisiert und die Auswirkungen objektiver und subjektiver Entfremdung auf die Hausarbeiterinnen dargelegt werden. [26]

Soziologische Forschung hat sich mit der hauswirtschaftlichen Tätigkeit der Frau nur äußerst selten beschäftigt. Die wenigen hierzu existierenden Ansätze sind überdies noch durchdrungen von dem, was Ann OAKLEY 'Sexismus in der Soziologie' nennt: das Hausfrauen-Sein wird traditionell als Teil der Frauenrolle begriffen, wobei nicht zufällig der Aspekt der Arbeitsrolle übersehen wird. Dies findet seine scheinbare Rechtfertigung darin, daß es sich bei hauswirtschaftlicher Tätigkeit nicht um entlohnte Arbeit handelt.

Die gesellschaftliche Geringschätzung der Hausarbeit, das Leugnen des Arbeitscharakters hauswirtschaftlicher Tätigkeit, hat seine Auswirkungen bis in die soziologische Forschung.

Die wichtigsten Resultate der bisherigen wissenschaftlichen Untersuchungen zur Hausarbeit, vor allem auch im Hinblick auf das Bewußtsein der Hausarbeiterin, sollen nun in Kürze dargestellt werden.

Zeitbudget-Untersuchungen

Nach einer von Helge PROSS 1973 durchgeführten repräsentativen Untersuchung über die nicht-erwerbstätigen Ehefrauen in der BRD, in der 1219 Personen im Alter von 18 bis unter 55 Jahren befragt wurden (34), beansprucht die 'reine' Hausarbeit nach den Schätzungen der Frauen 50 Stunden in der Woche, die Arbeit für die Kinder 21 Stunden, Kranken- und Altenpflege 11 Stunden. Unter Berücksichtigung bestehender Überschneidungen bei den verschiedenen Tätigkeiten kommt H. PROSS zu dem Ergebnis eines Wochendurchschnitts von 60 Stunden, was bei einer 6-stündigen Arbeitszeit am Samstag und einer 4-stündigen Arbeitszeit am Sonntag eine Arbeitszeit von 10 Stunden für jeden Werktag bedeutet.[27] Diese Durchschnittsbildung gilt für die nicht-erwerbstätige "Durchschnitts-Hausfrau", die zwei schulpflichtige Kinder hat und in einer Vier-Zimmer-Wohnung mit Küche und Bad lebt.

Bei einer Aufteilung der Tätigkeiten in solche, die in den Pflicht- und solche, die in den Freizeitbereich fallen, kommen STAPF und HEIDEMANN (45) zu dem Ergebnis, daß die 15 Stunden zwischen 7.00 und 23.00 in 11 durch Pflichttätigkeiten festgelegte Stunden und in 4 Freizeit-Stunden zerfallen. Von den Pflichttätigkeiten wurden dabei 9 Stunden innerhalb und nur 2 Stunden außerhalb der Wohnung erbracht, während von den 4 Freizeitstunden ganze 1,5 Stunden losgelöst vom häuslichen Bereich genutzt werden können.
Dieses Ergebnis verdeutlicht, wie sehr die Hausfrau durch ihre Tätigkeit auf die Wohnung verwiesen ist ... Auch wenn uns vergleichbare Daten bezüglich anderer Personengruppen nicht zur Verfügung stehen, möchten wir unseren Befund als Bestätigung gleichartiger Ergebnisse v. Rosenbladt's ansehen, der die Hausfrauen als 'immobilste Gruppe' innerhalb des städtischen Tätigkeitssystems bezeichnet. (45/126)

Hier wird bereits ein für die hauswirtschaftliche Reproduktionsarbeit typisches Entfremdungsmerkmal sichtbar. Die indirekte produktive Reproduktion der Ware Arbeitskraft zwingt der Hausarbeiterin mit der Häuslichkeit zugleich weitgehendste Abstinenz von gesellschaftlichem Kontakt auf. Mit der Begrifflichkeit des frühen Marx gesprochen bedeutete dies für die Hausarbeiterin eine weitaus schärfere 'Entfremdung der menschlichen Gattung gegenüber', als sie den produktiven Arbeitern widerfährt. [28]

Das Zeitbudget der 'Nur-Hausfrau' verdeutlicht die bereits in einem früheren Kapitel getroffene Aussage, die Situation der Hausarbeiterin sei ökonomisch als Ausbeutungssituation anzusehen. Die Mehrarbeitszeit des Reproduktionsarbeiters ist zudem um einiges höher als die durchschnittliche Mehrarbeitszeit des produktiven Lohnarbeiters.

Die Zeitbudget-Untersuchungen bzgl. erwerbstätiger Hausfrauen [29] ergeben überraschenderweise, daß bei gleichem Alter und gleicher Zahl der Kinder die erwerbstätigen Frauen im Wochendurchschnitt einschließlich Wochenende fast ebenso viel Zeit für häusliche Pflichten aufwenden wie die nicht-erwerbstätigen (35/426).

Diese erhebliche Mehrbelastung bewältigt die erwerbstätige Hausfrau vor allem dadurch, daß sie das, was sie werktags nicht schafft, am Wochenende erledigt (35/417).

Dies verdeutlicht, was bei der "Nur-Hausfrau" weniger offenkundig erkennbar ist: Die Hausarbeit wird der Frau "wesensmäßig" zugeschrieben. Die Arbeitsteilung zwischen Mann und Frau in einer Durchschnitts-Familie ist nicht rational, sondern unterdrückerisch. Es ist gleichgültig, ob sie nun beruflich belastet ist oder nicht: Hausarbeit ist ihr Job, auch wenn sie dabei eine Wochenarbeitszeit von 80 Stunden hat. Die Geschlechtsrollendefinition [30] macht sie zur Haussklavin, ob sie nun erwerbstätig ist oder nicht.

Entfremdung und Arbeitszufriedenheit

Aus den Untersuchungen von Ann OAKLEY (29/182), Helge PROSS (34/169f.), RAINWATER (36/32f.) und anderen gehen konkrete Aussagen über die Arbeitszufriedenheit und die Entfremdungserscheinungen hervor, die unmittelbar aus der physischen Reproduktion der Ware Arbeitskraft resultieren. Die Produktion der Ware Arbeitskraft, d.h. die Aufzucht der Kinder, als auch die psychische Reproduktion und Produktion der Ware Arbeitskraft ist dabei noch unberücksichtigt gelassen:

1. "Die zeitlichen Marksteine des Alltags werden durch außerhäusliche Instanzen gesetzt: durch den Arbeitsbeginn des Mannes und durch den Schulbeginn." (34/79) So ist der Tagesrhythmus der Hausfrau stets gleichförmig und fremdbestimmt. Überdies ist die Arbeitszeit der Hausarbeiterin ungewöhnlich hoch.

2. Die Hausarbeit wird von der Hausfrau als monoton empfunden, die einzelnen Arbeitsprozesse als unzusammenhängend. Dabei steht sie in ihrer Arbeit stets unter Zeitdruck.

3. Die Hausarbeit nur in äußerst geringem Ausmaß die Möglichkeit zu sozialen Kontakten während der Arbeit zu. So fühlt sich ein großer Teil der Hausfrauen sehr einsam und isoliert.

4. Um die Zerrissenheit der Arbeitsprozesse erträglich zu machen, stellt die Hausfrau ein Normen- und Regelsystem auf, mit dem sie sich die Arbeit zusammenhängend

macht. Gleichzeitig fungieren diese Regeln auch als Selbstbelohnungssystem. [31] Dies wird zur Notwendigkeit, da der gesellschaftlichen Geringschätzung der Hausarbeit wegen die Hausarbeiterin keine von außen kommende Bestätigung findet. Diese selbstgesetzten Regeln und Normen werden mit der Zeit als von außen her kommend empfunden und zwanghaft befolgt.

5. Der größte Teil der Hausfrauen ist mit der Hausarbeit unzufrieden und empfindet die reine Hausarbeit als den negativsten Aspekt des Hausfrauendaseins. [32] Die Betreuung von Haushalt und Familie läßt den Hausarbeiter psychisch unausgefüllt. [33]

Es verwundert wohl nicht, daß diese Entfremdungserscheinungen, unter denen nahezu alle Hausarbeiterinnen zu leiden haben, in der Unterschicht am stärksten ausgeprägt sind. So ist der Arbeitstag der Unterschichtsfrauen etwas länger (34/108), das Gefühl der Monotonie der Hausarbeit (36/32) und die Angst vor Isolation extremer.

Dies liegt zum einen an der sozio-ökonomisch benachteiligten Lage der Arbeiterklasse, zum anderen an der in der Arbeiterklasse rigideren Geschlechtsrollendefinition.

Alles in allem jedoch stimmen die Ergebnisse von PROSS und OAKLEY darin überein, daß bei der Untersuchung der Situation der Hausfrauen überraschend wenig schichtspezifische Unterschiede festzustellen waren. [34]

Die Produktion der Ware Arbeitskraft

Es soll nun näher auf die Produktion der Ware Arbeitskraft, d.h. auf die Kinderziehung und -betreuung eingegangen werden. Dabei interessiert vor allem die Einstellung der Hausarbeiterin zur aufs Kind bezogenen Arbeit. Von den verheirateten Frauen, die zusammen mit ihrem Mann leben, haben in der BRD 52,3 % Kinder unter 18 Jahren und 46,6 % Kinder unter 15 Jahren. Insgesamt gilt für die BRD im Durchschnitt, daß aus den Ehen etwa 2 Kinder hervorgehen. [35]

Die Zeitbudget-Forschung ergab bei den nicht-erwerbstätigen Frauen einen wöchentlichen auf die Kinder bezogenen Arbeits-Zeitaufwand von 21 Stunden gegenüber 14 Stunden bei erwerbstätigen Müttern. Dieser hohe Zeitaufwand signalisiert bereits die Bedeutung, die die Kinder für die Hausfrauen haben:
Was immer sie tut: Kochen, Putzen, Waschen, sie tut es zuerst und vor allem der Kinder wegen. Der Kinder wegen ist sie Hausfrau geworden, der Kinder wegen Hausfrau geblieben. Über nichts und niemand wird häufiger gestritten. Die Familienfrau dient nicht dem Mann, sie dient den Kindern. (34/231) [36]

Jene Fürsorglichkeit Kindern gegenüber ist Resultat einer geschlechtsspezifischen Sozialisation, die die Frau auf ihre spätere Situation als Nur-Ehefrau und Mutter vorbereitet und beide Rollen, Hausfrauen- und Mutterrolle, zum festen Bestandteil der weiblichen Persönlichkeitsstruktur werden läßt. [37]

A. OAKLEY stellte in ihrer Untersuchung fest (29/123, 132), daß ein hoher

Zwang besteht, dem Klischee-Bild einer guten Mutter und Hausfrau zu entsprechen. Dieser lastet auf der Arbeiterfrau besonders stark, weil sie einer besonders rigiden Geschlechtsrollensozialisation unterworfen war.

Beide, die Unterschichts- und die Mittelschichtsfrau, haben das Gefühl, ständig geben zu müssen, keine Liebe und Bestätigung zu bekommen, sondern stattdessen sich opfern zu müssen:
Den Satz 'Als Hausfrau und Mutter muß man mehr geben, als man zurückerhält', haben zwei Drittel der Befragten ohne Einschränkung und weitere elf Prozent einschränkend bestätigt. Sogar die dramatischere Formel: 'Als Hausfrau und Mutter ist man der Dienstbote seiner Familie', fand noch die volle oder bedingte Unterstützung der Majorität.
...
Die meisten Familienfrauen glauben, sie übten eine Verzichtrolle aus. Sie halten sich für Partner eines Vertrages, in dem ihnen nicht das volle Äquivalent dessen, was sie hergeben, zurückerstattet wird, indem sie mehr Helfende als Hilfsempfänger sind. (34/174-175)

Hier gerät also die Mutter und Hausfrau in einen Konflikt: auf der einen Seite besteht der starke gesellschaftliche, vor allem über die eigene Sozialisation vermittelte Druck, die zugewiesenen Rollen zu erfüllen. Demgegenüber steht auf der anderen Seite die gesellschaftliche Geringschätzung der Hausfrauenrolle und das durch die extreme Entfremdungssituation im häuslichen Bereich bedingte Unzufriedensein mit der eigenen Lebenssituation.

Dazu kommt für Mütter die totale Überforderung bei der Sozialisation ihrer Kinder. Selbst mit psychischen Schwierigkeiten kämpfend kann sie dem Kind kein Vorbild sein, zumal sie auch unsere Gesellschaft gänzlich unvorbereitet für diese schwierige Aufgabe läßt. Dieses Versagen spürt sie bewußt oder unbewußt. Es verstärkt den oben beschriebenen Konflikt.

So konstituiert sich eine psychische Spannung, die im sozialen Leben nicht ausgeglichen werden kann. Denn werden die eigenen Bedürfnisse geäußert, so ist die Frau eine 'schlechte' Hausfrau und Mutter, werden sie aber verdrängt, so führt dies zu latenten Aggressionen und psychischen Erkrankungen.

In der Untersuchung von RICHTER und BECKMANN (37) ergaben sich Resultate, die den vorangegangenen Gedankengang stützen:
Im Mittel erleben sich die Frauen als ängstlicher, depressiver und erotisch gehemmter als die Männer. ...
Dabei glauben sie, daß sie sich viel Mühe im Leben schaffen, und sie beschreiben sich auch als ordentlicher und fürsorglicher als die Männer. ...
Die Frauen bestätigen im Mittel, daß sie mit ihren Bedüfnissen zu kurz kommen. Sie können sich offenbar mit ihren Wünschen nur mangelhaft sozial entfalten. Deshalb auf der weiblichen Seite das Übergewicht von Gehemmtheitsgefühlen und Neigung zu gedrückter Stimmung.[38]

RICHTER und BECKMANN fanden weiterhin, daß dieser psychische Druck sich

vermehrt, je älter die Frauen werden. Der oben beschriebene Konflikt hat mit zunehmender Zeit einen kumulativen Effekt:
Die Frau leidet mehr als der Mann, und dieses Leiden nimmt im mittleren Alter zu. Mit diesem Befund steht die Tatsache in Einklang, daß Frauen im Mittel häufiger über vegetative Beschwerden klagen. Diese vegetativen Beschwerden gehen ja, wie wir heute wissen, unmittelbar mit psychischen Belastungsmomenten einher.[39]

Bei ihren Untersuchungen ergab sich, daß Frauen häufiger unter Kreislaufstörungen, Darmträgheit, Abgespanntheit, Nervosität und Schlaflosigkeit leiden, ab 40 auch häufig mit Magenbeschwerden zu kämpfen haben.

Es ist ein teurer Preis, den die Frauen zahlen müssen. Durch geschlechtsspezifische Sozialisation auf ihre künftige Rolle vorbereitet, werden sie durch das Gefühl der Liebe[40] an einen Mann fixiert. Ist dann die Familie gegründet, überschüttet sie eine Lawine von Pflichten und Rollenerwartungen, daß es keinen Ausweg mehr aus dem Hausarbeitersklavendasein zu geben scheint.

Obwohl die Frauen zum Teil erhebliche 'Tricks' anwenden, um mit ihrer entfremdeten Situation fertig zu werden (wie etwa das bereits erwähnte System der Selbstbelohnung etc.), sind die ihnen übriggebliebenen Problemlösungsstrategien zu gering, um, ohne Schaden zu nehmen, ihre 'gesellschaftliche Aufgabe' erfüllen zu können. Sie erscheint ihr selbst dazu verdammt, ihre Rolle zu erfüllen. Und viele, die den Widerspruch zwischen ihrer Lebenssituation und den eigenen Bedürfnissen erahnen, blockieren sogleich jenen Erkenntnisprozeß. Sie befürchten nämlich, ein Begreifen der eigenen Situation triebe sie in einen für sie unlösbaren Konflikt hinein. Dies kennzeichnet eine Schwierigkeit bei der Selbstbefreiung der Frau, sowohl der Hausarbeiterin als auch der jungen Noch-Nicht-Hausfrau: Das Bewußtsein des Unterdrücktseins, das Bewußtwerden der Sklavenhaftigkeit der eigenen Existenz müßte die Konsequenz der Loslösung von ihrer Kleinfamilie, bzw. die Verweigerung zur Gründung einer solchen nach sich ziehen. Schwierig ist dies deshalb, weil damit ein Versagen in den bürgerlichen Rollen wie der Mutterrolle, der Hausfrauenrolle und der Ehefrauenrolle eingestanden werden müßte.

Außerdem müßte die Frau auf die scheinbare materielle Sicherheit der Kleinfamilie, die sie ja gegenüber der materiellen und psychischen Unsicherheit des Alleinlebens tatsächlich hat, verzichten. Gelingt es ihr aber, diese Hindernisse zu überwinden, aus dem Karussell der Monotonie, Isolation und Langeweile auszusteigen, bzw. erst gar nicht das Hausfrauendasein in Kauf zu nehmen, dann kann sie sich den schrecklichen Automatismus der eigenen Verdummung ersparen.

5. Phänomenologische Bemerkungen zur Hausfrauenarbeit

Im folgenden sollen weitere konkrete Entfremdungserscheinungen beschrieben werden:

Fetischisierung und statusorientierte Tauschwertdemonstration

Die Reproduktionsarbeiterin hat mit dem Haushaltsgeld ein Mittel in der Hand, mit dem sie außer dem Erwerb von Haushaltwaren auch eine nicht zu unterschätzende Möglichkeit zur Kompensation besitzt.

Die Anschaffung von im Haushalt verwendeten Gütern ist nämlich nicht, wie es zunächst den Anschein hat, bloß gebrauchswertorientiert. Das erscheint auf den ersten Blick verwunderlich, denn die Hausfrau muß doch bei dem Produktionsprozeß der Reproduktion und Produktion der Ware Arbeitskraft den rationalen Anforderungen, die die Organisation eines komplexen Arbeitsprozesses an seinen Dirigenten stellt, voll genügen.

Dennoch ist der Erwerb von Waren durch die Hausarbeiterin in einem Maße von irrationalen Beweggründen beeinflußt, wie dies bei einem einen Betrieb leitenden, der kapitalistischen Konkurrenz ausgesetzten Unternehmer, undenkbar wäre.

Anders als bei diesem ist, wie gesagt, der Erwerb von Waren für den Reproduktionsbereich tauschwertorientiert, und zwar in einer besonderen Art: im Unterschied zur Tauschwertorientieung im Produktionsbereich, die auf Eingliederung in den Zirkulationsprozeß des Kapitals ausgerichtet ist, ist die Tauschwertorientierung der warenkaufenden Hausfrau ausgerichtet auf die Demonstration der Höhe des Tauschwertes zwecks Statusdemonstration. [41]

Besonders krass ist dies zum Beispiel beim Silberbesteck. An und für sich Gebrauchswert, steht dieser jedoch völlig im Hintergrund, zumal der Familie ein Alltagsbesteck zur Verfügung steht und das Silberbesteck nur bei besonderen Anlässen benutzt wird.

Dabei hat dann die Verwendung des Silberbestecks bei einer festlichen Mahlzeit mehrere Funktionen.

Zum einen wird mit dem Vorzeigen von Gebrauchswerten mit hohem Tauschwert demonstriert, daß der Eigentümer dieser Waren ein erfolgreicher Mensch unserer Gesellschaft ist. Diese *statusorientierte Tauschwertdemonstration* ist bei vielen Haushaltsgegenständen zu finden wie z.B. beim Wandschmuck, Zimmerschmuck etc.

Aber auch bei direkten Produktionsmitteln zur Reproduktion der Ware Arbeitskraft, wo der Gebrauchswertcharakter voll erhalten ist, wie z.B. beim PKW, bei Möbeln, Teppich etc., ist die statusorientierte Tauschwertdemonstration wesentlicher Bestandteil beim Erwerb dieser Güter. Die statusorientierte Tauschwertdemonstration soll also die Zugehörigkeit der jeweiligen Kleinfamilie zu einer Schicht signalisieren, die entweder die Schicht ist, der sie tatsächlich aufgrund von Herkunft, Nettoeinkomen etc. angehört. oder aber soll signalisieren die Zugehörigkeit zur (meist) nächsthöheren Schicht, also zu der, der die Kleinfamilie gerne sich zuordnen würde.

Zur Tauschwertdemonstration wird also nicht die zur Abdeckung eines nötigen Gebrauchswertes ausreichende Ware erstanden (z.B. ein strapazierfähiger Bodenbelag), sondern eine teurere (repräsentativer Teppichboden).[42]

Zum zweiten ist aber noch hinzuzufügen, daß die Statusorientierung beim Warenerwerb durch die Hausarbeiterin nicht bloß auf Tauschwertdemonstration ausgerichtet ist, sondern daß die Schichtzugehörigkeit auch durch den Erwerb bestimmter Güter mit hohem Symbolgehalt demonstriert wird, deren Tauschwert dann sekundär ist (wie z.B. Kaufhausbilder, Wandwappen etc.).

Die Hausarbeiterin ist also beim Erwerb von Gütern zur Produktion und Reproduktion der Ware Arbeitskraft nicht dem Kapitalisten in seiner rationalen Produktionsgestaltung vergleichbar. Sie steht in Konkurrenz zu anderen Kleinfamilien bzw. gibt sich in sie hinein, ohne direkt dazu gezwungen zu sein. Sie mißt sich mit den anderen Hausarbeiterinnen, um der Konkurrenz willen, aus Selbstzweck, weil sonst ihr das Leben zu fade würde und ihr der Sinn für die Hausarbeit unklar würde, die Konkurrenz ersetzt also einen Teil der Sinngebung für ihre Hausarbeit und verhindert soziales Verhalten. So kauft sie sich eine Waschmaschine, die die der Nachbarin aussticht, so daß sie nicht auf den Gedanken kommen muß, daß es ohnehin unsinnig ist, in einem Mietshaus 50 kleine Waschmaschinen in Wohnungen stehen zu haben statt 3 großer im Waschraum im Keller.

Die Organisation des Arbeitsprozesses im Reproduktionsbereich ist gesellschaftlich unsinnig - das muß die Hausarbeiterin verdrängen, will sie nicht durch das prinzipielle Infragestellen der gesellschaftlichen Organisation des Reproduktionsbereiches in große Konflikte geraten. Denn diese Arbeitsprozeßstruktur ist derart mit der Ideologie der Kleinfamilie verhaftet, daß ein Anzweifeln des Arbeitsprozesses bei der Reproduktion der Ware Arbeitskraft einem Anzweifeln der kleinsten gesellschaftlichen Reproduktionseinheit, nämlich der Kleinfamilie selber, gleichkommt.

Fetischisierung und Sauberkeit

Das Saubermachen im Haushalt ist zunächst eine gebrauchswertorientierte Dienstleistung. Es hat die Funktion der Hygiene zur Vermeidung von Krankheiten, sowie, was Aufräumen anbelangt, die Funktion des leicht zugänglich-Machens der Produktionsmittel zur Produktion und Reproduktion der Ware Arbeitskraft.

Der leicht gemachte Zugriff zu den Produktionsmitteln wie etwa das Geschirr, die Bestecke, den Pfannenwender in der Küche oder den Besen, die Schaufel, den Staubsauger etc., zu den Büchern, den Zeitschriften usw. erleichtert den Alltag und spart Zeit.

Alles was an Konzentration auf die Sauberkeit darüber hinausgeht, fällt in den Bereich der Fetischisierung. Diese läßt sich analog dem oben Gesagten in zwei Phänomene unterteilen: zum einen gibt es analog zur statusorientierten Tauschwertdemonstration beim Warenkauf für den Haushalt die statusorientierte Tauschwertdemonstration bei Dienstleistungen: es soll die in der Sauberkeit geronnene Arbeitszeit sichtbar werden; die übertriebene Sauberkeit stellt einen Problemlösungsmechanismus dar, um mit der empfundenen Sinnlosigkeit der Hausarbeit fertig zu werden.

Sauberkeit wird zum Ziel an und für sich, ohne daß dabei der ursprüngliche Zweck noch eine Rolle spielt.[43] Die Sauberkeit als Wert sowie die Konkurrenz mit den anderen

Reproduktionsarbeiterinnen um den saubersten Haushalt ersetzt fehlenden sinnvollen Inhalt und Motivation bei der Reproduktionsarbeit. Der saubere Haushalt gehört zum System der Selbstbelohnung, einem wichtigen Problemlösungsmechanismus, den Ann OAKLEY genau beschrieben hat.

A high specification of housework rules can be seen as common response to a common problem - the problem being how to make sense of work that is intrinsically unsatisfying under conditions where less an less of it need be done (though automation, 'convenience' foods, better housing conditions, etc.), but where the structural pressures which assign women to be the home remain as strong as ever. (Ann OAKLEY: 29/111)

Der wesentliche Punkt ist die hierbei stattfindende Externalisierung der ursprünglich selbst gesetzten Regeln:

The paradox is that although standards and routines are, in the first instance, subjectively defines, they become curiously externalizes. The housewife refers to them as external obligations to which she feels a deep need to conform. A second paradox follows. This process of objectification effectively robs the housewife of her much-prized autonomy. She becomes bound by the costraints of pre-set work rhythms. (Ann OAKLEY: 29/106)

Der zweite Grund der Fetischisierung der Sauberkeit steht im Zusammenhang mit der Verdrängung sexueller Bedürfnisse. Einmal global formuliert:

Das tradierte Geschlechtsrollenverhalten - einst durch Erziehung der eigenen Mutter angelernt - bietet einen Lösungsmechanismus für die permanente real und tagtäglich erfahrene sexuelle Frustration. Wenn schon sexuell unbefriedigte Frau, dann wenigstens erfolgreiche Hausfrau und Mutter, dann wenigstens perfekt sein in dem Ausfüllen der vorgegebenen Geschlechtsrolle.

Daneben ist die übertriebene Sauberkeit jedoch außerdem eine konkretere Verdrängungsleistung, nämlich die Verdrängung des Partialtriebs der Analität. Die rigide vermittelte Reinlichkeitserziehung, die dem Kleinkind schon in den ersten Lebensjahren ein hohes Maß an Disziplin abverlangt und dies mit starkem Druck physischer und psychischer Art erzwingt, hinterläßt eine unbefriedigte Analität.

Dies gilt es abzuwehren und die Übertreibung der Sauberkeit ist ein Bollwerk gegen Unterdrückte, an die Oberfläche drängende anale Triebwünsche.

Der eigentlich harmlose Fleck auf dem Teppich kann so zur Katastrophe werden: nicht nur, daß er die Hausfrau in der Konkurrenz zu den anderen Reproduktionsarbeiterinnen zurückwirft und ihr System der Selbstbelohnung durchkreuzt, er symbolisiert überdies einen Triebdurchbruch, ein Malheur, ein Sich-gehen-lassen, eine Befleckung der Reinheit.

Je rigider die Reinlichkeitserziehung der Hausfrau war, desto zwanghafter betreibt sie das Sauberhalten und Aufräumen der Wohnung, wie z.B. das tägliche Putzen der Toiletten und des Bades, die zwanghaft gleichbleibende Anordnung der Kissen in der Sitzecke, der Knick in der Kissenmitte, das Kämmen der Teppichfransen etc.

Anomie

Ein der Fetischisierung ähnlich kollektiver Problemlösungsmechanismus ist für die Reproduktionsarbeiterin die Flucht in die Krankheit und die Flucht in die Droge.

Eine schon oben erwähnte Untersuchung von RICHTER und BECKMANN (37) ergab, daß Frauen häufiger unter Kreislaufstörungen, Darmträgheit, Abgespanntheit, Nervosität und Schlaflosigkeit leiden und ab vierzig auch häufiger mit Magenbeschwerden zu kämpfen haben als Männer. Der Ausweg in die psychosomatische Krankheit ist wie bei neurotischen und psychopathologischen Erkrankungen als Verdrängung sexueller Wünsche, aber auch als Arbeitsverweigerung zu begreifen.

Die Hausarbeiterin, die mit den Aufgaben als Hausfrau, Ehefrau und Mutter nicht fertig wird, verwandelt sich zum hilfebedürftigen, kranken Kleinkind, das naturgemäß keine Verantwortung mehr tragen kann.

Sehr präzise umschreibt G. VINAI die Notwendigkeit der Anomie bei der Problemlösung innerhalb der Familie:
Um als Produktions- bzw. Reproduktionsstätte der Arbeitskraft dienlich zu sein, muß die Familie strukturelle Defekte aufweisen, die der Irrationalität der Produktionssphäre in bestimmter Weise entsprechen. (48/75)[44]

Die Anzahl der psychosomatischen Erkrankungen der Frauen (und überhaupt) wächst ständig an, sie kann den psychischen und physischen Belastungen im Arbeitsprozeß des Reproduktionsbereiches nur dadurch ausweichen, daß sie Symptome von Erkrankungen produziert, mit denen ihr Körper gegen ihre Unterdrückung und gegen die Irrationalität des Reproduktionsarbeitsprozesses protestiert.

Demgegenüber sind die in der letzten Zeit rapide anwachsenden neurotischen und psychopathologischen Erkrankungen vor allem auf die sexuell unbefriedigte und isolierte Situation der Hausarbeiterin zurückzuführen; die Sexualstauung läßt sich vom Über-Ich nicht länger eindämmen und es kommt zu unkontrollierten Triebdurchbrüchen bzw. zu Wahrnehmungstrübungen etc.[45] Die Flucht in die neurotische und psychopathologische Erkrankung stellt insofern einen Problemlösungsmechanismus zur Aufrechterhaltung des Systems der Kleinfamilie dar, als er ein Verzicht der Reproduktionsarbeiterin auf aktive Umstrukturierung des Reproduktionsbereiches in Richtung auf Verbesserung ihrer sexuellen Situation bedeutet. Die Organisation der Reproduktion in der Kleinfamilie wird als unveränderliche Lebensbedingung begriffen, in der die Hausarbeiterin entweder bestehen kann oder versagt.

Klammheimlich läuft zudem in den deutschen Familien in immer stärkerem Maße eine weitere typische, entindividualisierte Reaktion der Hausarbeiterinnen auf ihre Lage im Reproduktionsbereich ab. Immer mehr Hausfrauen greifen zum Alkohol und immer mehr werden bewußt und auch unbewußt medikamentenabhängig.
Der Dogenmißbrauch hat in den letzten Jahren in der Bundesrepublik Deutschland in besorgniserregendem Maße zugenommen. Rechnete man 1969 noch mit 600 000 Alkoholkranken, so muß jetzt von 1,2 bis 1,8 Millionen - das sind 2 - 3 % der Bevölkerung - ausgegangen werden. Der jährliche Pro-Kopf-Verbrauch an reinem

Alkohol stieg von 3,2 Liter im Jahr 1950 auf 12,2 Liter im Jahre 1973. Alkoholkranke und Drogenabhängige stellen inzwischen 30 % der Aufnahmen der psychiatrischen Krankenhäuser. Die Zahl der Alkoholdelirien, welche in psychiatrischen Krankenhäusern aufgenommen wurden, stieg innerhalb weniger Jahre um 700 % an. Jüngere Menschen und Frauen sind zunehmend gefährdet. (9/13)

Und zur Medikamentenabhängigkeit:
Während in einer von LADEWIG und MA (1969) untersuchten Stichprobe Medikamentenabhängiger das männliche Geschlecht bis 1958 deutlich dominierte, kam es in den folgenden Jahren durch eine Zunahme der weiblichen Patienten zu einer Verminderung des Übergewichts der Männer. Ergebnisse aus der Hamburger Universitätsklinik weisen daraufhin, daß bei den Medikamentensüchtigen, die zwischen 1953 und 1957 aufgenommen wurden, Männer und Frauen schon praktisch gleich häufig vertreten waren. (BOCHIK et al. 1959) (8/16)

Die Drogenabhängigkeit, die, wie bereits erwähnt, lange vor dem ersten Kontakt mit dem Arzt beginnt und oft im Versuch der Beseitigung bzw. Betäubung von psychosomatischen Symptomen ihren Anfang nimmt (8/24), ist ähnlich der Flucht in die Krankheit eine individuelle Bankrotterklärung, eine Resignation an der Wirklichkeit, ein Aufgeben, die Realität doch noch bewältigen zu können. Konsequenterweise sind diese Reaktionsmechanismen auch die Vorläufer der totalen Aufgabe, der konsequentesten gegen sich selbst gerichteten Aggression, des Selbstmordes.

Im Unterschied hierzu ist der Ausweg in die Kriminalität, vor allem für die Unterschichtsfrauen, eine letzte Möglichkeit, die angestauten Aggressionen nach außen zu lenken. Die Kriminalität ist eine Opposition gegen den Staat und gegen den Vater, der in der eigenen Kindheit Repräsentant der gesellschaftlichen Ordnung war. Gestaute Sexualität und Aggression sind die Ursachen für Kriminalität; nur selten, und dann nur in der Unterschicht, materielle Not.

So ist es z.B. weniger diese, die die Hausfrauendiebstähle anwachsen lassen, es ist vielmehr der sexuelle Nervenkitzel, der die Faszination beim Diebstahl für die kleptomanische Hausfrau ausmacht, Folge von sexueller Unausgeglichenheit und Isolation in der Kleinfamilie.

Zusammenfassend lassen sich also die Formen 'falschen Bewußtseins' innerhalb der Hausarbeiterinnen-Subkultur als kollektive Versuche verstehen, alternative Wert- und Verhaltensmuster zu entwickeln, um die Verdrängung der eigenen Bedürfnisstruktur und unangenehmer Erkenntnisse zu leisten. Denn zum einen hat die Isolation der Reproduktionsarbeiterinnen deren sexuelle Verelendung zur Folge, die es erfolgreich zu kompensieren gilt. Zum anderen spürt die Hausfrau als zentrale Figur im Reproduktionsbereich dessen Fehlorganisation am genauesten und muß daher der an und für sich als unsinnig erkannten Hausarbeit im nachhinein einen Sinn geben, um nicht psychisch in eine ausweglose Situation zu geraten.

Zur Verschleierung realer, durch die Lage der Reproduktionsarbeiter vorgegebener Widersprüche treten als kollektive Problemlösungsstrategien Fetischisierungen, sowie Flucht in Krankheit und Drogenabhängigkeit auf.

6. Familiäre Reproduktionsarbeit und Emanzipation der Frau

Eine grundlegende Befreiung der Frau kann nicht erfolgen, solange es noch eine geschlechtsspezifische Arbeitsteilung gibt, die der Frau die unbezahlte, private Hausarbeit zuweist. Die Arbeitsteilung ist noch immer ein Grundpfeiler der Unterdrückung der Frau. Das hat Geschichte. Denn sie war offenbar bereits seit Anbeginn der Menschheit dem Mann untergeordnet. Als vor ca. 1 Million Jahren der homo erectus sich aufrichtete, hatte das anatomische Folgen.

Die Becken wurden schmaler, die Köpfe wurden größer. So mußte das menschliche Baby früher geboren werden als die Kinder anderer Säugetiere. Der Zeitraum, für den die hilflose, eigentlich den Mutterleib noch benötigende menschliche "Frühgeburt" den engen Kontakt zur Mutter braucht, ist dadurch größer geworden. Das nennt man Neotenie. Es scheint die biologische Grundlage zu sein für die erste geschlechtsspezifische Arbeitsteilung, die den Männern die Jagd, der Frau die Aufzucht der Kinder, das Sammeln von Beeren und Früchten und die Essenszubereitung zuwies.

Bereits bei den Jägern und Sammlern der Urzeit waren die Frauen Menschen zweiter Klasse. Wesentliche Ursache dieser Unterdrückung war eine geschlechtsspezifische Arbeitsteilung. Diese und die später mit Privatbesitz verbundene Familie sind die ursprünglichen Gründe der Entfremdung des Menschen zum Menschen, bzw. der Frau zum Mann. Dabei scheint die Stellung der Frau vor der Existenz von Privateigentum noch relativ gut gewesen zu sein. Doch mit dem Ackerbau, der Entwicklung der Familie und des Privatbesitzes verschlechterte sich ihre Position zusehends.

Es soll hier kein Überblick über die ethnologischen Ergebnisse und Überlegungen zu dieser Frage gegeben werden, zumal hier eine ausgezeichnete Darstellung von Uwe WESEL [46] vorliegt. Wichtig ist es nur, sich zu vergegenwärtigen, was die Bedingungen der Frauenunterdrückung waren, um zu wissen, welche Bedingungen zur Aufhebung derselben herzustellen sind.

Hausarbeit versklavt. Es sind vorne ausführlich die Folgen beschrieben worden, die die unbezahlte, private, isolierte Hauswirtschaft im Rahmen eines Zwergenhaushalt auf die Frauen hat. Und es ist auch gezeigt worden, daß die scheinbar emanzipierende Berufstätigkeit im Rahmen eines Kleinfamilienhaushalts vor allem Mehrbelastung bedeutet. [47] Sicherlich ist die Frau dadurch gesellschaftlich integrierter, aber die geschlechtsspezifische Arbeitsteilung bleibt aufrechterhalten. Sie ist auch nicht im Rahmen der Kleinfamilie abzuschaffen.

Im Studium, im Beruf, wo immer auch: die Frau ist absorbiert von der unsinnigen privaten Kindererziehung. Bei eigenen Kindern ist an Eigenentwicklung gar nicht mehr zu denken. Kein Wunder, daß die befragten Frauen das Gefühl haben, immer nur die Gebenden zu sein. [48] Es stimmt ja auch. Und es ist auch kein Wunder, von welcher Seite die meiste Übereinstimmung zu diesen Thesen kommt, nämlich aus der Frauenbewegung, von denen also, die als direkt Betroffene ihre Thesen aus der Praxis entwickelten, statt am Schreibtisch.

Im Rahmen der Kleinfamilie ist die Befreiung der Frau nicht praktizierbar. Der Arbeitsaufwand für Kinder und Haushalt ist so groß, daß der rein biologisch vorgegebene Unterschied zwischen zeugendem Mann und kindergebärender Frau stets wieder eine unterdrückerische geschlechtsspezifische Arbeitsteilung erzeugt. Der Mann rächt sich gewissermaßen für sein Gebunden-Sein an Frau und Kindern.

Dies hat u.a. Shulamith FIRESTONE [49] klar gesehen. Aus der Praxis gesellschaftlich diskriminierter Frauen heraus konnte sie die scheinbar biologisch universale Frauenunterdrückung analysieren und die Unmöglichkeit einer Befreiung innerhalb der Familie erkennen. Bezgl. des Problems des Kinderaufwachsens aber fehlte ihr eine Lebenspraxis, die ihr eine Lösung vorgezeichnet hätte. So postuliert sie die Zerschlagung der biologischen Familie durch künstliche Geburten, ein absurder, amerikanischer Gedanke.

Dabei ist das Problem durch eine umfassende Vergesellschaftung des Reproduktionsbereiches, wie das Beispiel Friedrichshof zeigt, gesellschaftlich vollständig zu lösen. Die Hausarbeit ist vollständig abgeschafft. Kochen, Nähen, Kindererziehung sind Berufe geworden wie andere auch. Die Mütter werden bezahlt und erhalten in der ersten Zeit eine Kinderhilfe, um ihre Arbeitszeit auf gleichem Niveau wie das aller Friedrichshof-Bewohner zu halten.

Die Versklavung der Frau durch Hauswirtschaft und Kindererziehung kann erst durch eine selbstverwaltete Gemeinschaft aufgehoben werden. Erst diese kann durch gemeinsame Entscheidung die gesamte Reproduktionsarbeit vergesellschaften; [50] d.h. in bezahlte, arbeitsmäßig ebenso wie andere begrenzte, versicherte Berufstätigkeit auflösen. Sie auch erst hat die Kraft, das Kinderaufwachsen derart durch Erzieher zu unterstützen, daß der Mutter Zeit genug bleibt, sich erstens bereits vor der Geburt genauestens auf ihre späteren Aufgaben vorzubereiten, zweitens sich auch nach der Geburt ständig pädagogisch weiterzubilden und trotzdem noch Zeit für sich zu haben.

Dies bedeutet auch die Minderung des Sexualtabus. Denn es ist nun unnötig geworden, durch Sexualtabus die Stabilität der Mann-Frau-Kind-Beziehung zu sichern, um die die Kindererziehung zu gewährleisten. Diese Sicherung wird durch die Gemeinschaft übernommen, die Sexualität kann deshalb auch in der Gemeinschaft gemeinsam sein.

Das ist der entscheidende Punkt für die Befreiung der Frau: Befreiung von der privaten Hausarbeit, der privaten Kinderaufzucht, Auflösung der Familie, Auflockerung der Sexualtabus, gemeinsame Sexualität der Gemeinschaft. Die Geschichte der menschlichen Gesellschaft zeigt, daß dies stets eine Stärkung der Situation der Frau bedeutet. *Die verhältnismäßig große sexuelle Freiheit bei Sammlern und Jägern kann als Gradmesser gelten für die Stellung der Frauen. Regelmäßig ist die Situation der Frau um so besser, je größer die sexuellen Freiheiten sind.* WESEL (49/83)

Dies zeigt sich auch am Friedrichshof, wo die Frauen dominante Stellungen haben. Bei den Hopi's, einem Indianerstamm der Pueblo-Indianer im Südwesten der Vereinigten Staaten, waren die Frauen ebenfalls gleichberechtigt:
Die starke Stellung der Frau manifestiert sich auch darin, daß es bei ihnen kaum Gewalttätigkeiten gibt, weder von Männern gegen Männer, noch von Männern gegen Frauen [51] *(EGGAN 1950, 108), und daß früher die sexuelle Freiheit ziemlich groß*

gewesen ist, bis die amerikanischen Behörden einschritten (DUBERMANN u.a. 1979, WESEL 19/206).

Glücklicherweise sind in dieser Hinsicht einige Regierungen heutzutage einsichtiger, wenn sich auch hin und wieder Unverständnis gegenüber der Freiheit der Friedrichshofer untereinander in juristischen Attacken, Gründung von Bekämpfungsvereinen und sonstigen anachronistischen Aktionen äußert.

Jedenfalls bestärken diese ethnologischen Ergebnisse die Friedrichshofer Erfahrungen. Es könnte vom Friedrichshof kommen, wenn WESEL über Jägergesellschaften und segmentäre Gesellschaften äußert (49/120):
Tatsächlich läßt sich beobachten, daß die Benachteiligung von Frauen umso größer wird, je stärker die Bindung der Familie ist. Die Situation von Frauen ist regelmäßig um so besser, je leichter sie sich aus dieser Bindung lösen und eine neue eingehen können. (WESEL: 49/120)

Für die Männer bedeutet dies natürlich auch einen Fortschritt: Frei von der Bindung an eine einzige Frau liefert sein ökonomischer Beitrag nun die Sicherheit für alle Frauen und Kinder, ohne ihn in seiner sexuellen Freiheit zu beeinträchtigen. Dennoch hat jedes Kind am Friedrichshof seinen eigenen, leiblichen Vater, der gemeinsam mit der Mutter dem Kind emotionelle Sicherheit bietet, sich kümmert und ihm/ihr ein Vorbild ist, ohne eben die sonst damit verbundene Sexualtabuisierung und restringierende Privatisierung der Sozialisation. Insofern besteht also gewissermaßen das gesellschaftlich veraltete, die Familie, im Neuen, der Gemeinschaft, fort, ohne die altertümlichen Nachteile mit sich zu schleppen. So gesehen wäre die Lebensgemeinschaft Friedrichshof eine wirkliche gesellschaftliche Weiterentwicklung.

Die Befreiung der Frau ist notwendig mit der Befreiung von Hausarbeit, privater Kindererziehung, kurz: mit der familiären Reproduktionsarbeit verbunden. Denn die Wurzel ihrer Unterdrücktheit liegt in der gesellschaftsspezifischen Arbeitsteilung.
Wie in archaischen Jägergesellschaften der Altsteinzeit leben Mann und Frau in der ökonomischen Einheit der kleinen Familie. Auch dort hat die Frau nicht nur für den Haushalt und die Familie gesorgt. Wie es heute oft geschieht, hat sie außerhalb gearbeitet, zum Lebensunterhalt beigetragen. In Höhe von sechzig Prozent durch das Sammeln pflanzlicher Nahrung. Ihre Benachteiligung heute ist größer, zum Teil aus historischen Gründen. Die Lösung für die Zukunft jedenfalls ist die Aufhebung jeglicher Arbeitsteilung, nicht nur außen, in der Art der Berufe und ihrer Bezahlung, sondern auch im Innern der ökonomischen Einheit der Familie, im Haushalt und bei der Versorgung der Kinder. (WESEL: 49/148)
Erst die Organisation der "Brutpflege" überwindet die Urzeit.

Sicherlich sind Vergleiche aus unserer heutigen Zeit mit ethnologischen Befunden fragwürdig und haben auch keine Beweiskraft. Sie sollen hier auch mehr als Anregung dienen, eine andere Lebenskultur, und dies stellt der Friedrichshof ohne Zweifel dar, einmal mit anderen Augen zu sehen.

Die Feststellung aber, daß es ohne Vergesellschaftung des familiären Reproduktionsbereiches in selbstverwalteten Formen keine Befreiung der Frau gibt, scheint aus allem

Vorangegangenem genügend belegt: Ohne Auflösung des Zwergenhaushalts wird es keine Befreiung der Frau, und ohne die Befreiung der Frau wird es keine höhere Gesellschaftsform geben.

Diese Einsicht wird naturgemäß, wie oben bereits erwähnt, vor allem aus der Frauenbewegung heraus geteilt. 1972 schrieb die Frauenrechtlerin Susan SONTAG [52]:
Ein großer Teil der Hausarbeit könnte wirksamer und angenehmer in einer Wohngemeinschaft verrichtet werden - wie es in den vorindustriellen Gesellschaften noch oft der Fall ist. Ist es nötig, daß jede Familie - wenn sie es kann - ihre Waschmaschine, ihr Auto, ihre Geschirrspülmaschine, ihren Fernseher hat? Was sind die wirklichen Gründe dafür, wenn nicht Egoismus und Angst? Nichts stünde einer Kollektivierung dieser Maschinen im Wege [53], wenn das Ehepaar als Konsumeinheit nicht das oberste Prinzip dieser Gesellschaft wäre. Dabei wäre das eine Möglichkeit, die Konkurrenzkämpfe, die Produktion, die Erwerbssucht und letztlich auch die Verschwendung zu bremsen.
...
Die moderne Familienzelle ist eine Gefängniszelle mit repressivem sexuellen Reglement, ein Spielplatz ohne wirkliche Freude, der Hüter des Besitzinstinktes, der Produzent des Schuldbewußtseins, die Schule des Egoismus, also der Ort der fatalen psychischen und moralischen Konflikte.
...
Die Glorifizierung der Familie ist nicht nur ein schönes Beispiel für Heuchelei, sondern deckt auch einen wichtigen strukturellen Widerspruch in der Ideologie und den Mechanismen der kapitalistischen Gesellschaft auf. Sinn der modernen Familie ist die Manipulation ihrer Mitglieder - was aber nicht heißt, daß wir alles, was in ihr passiert, verwerfen können, weil es eine Lüge wäre.
...
Die Neukonstruktion der Familie müßte ein Teil der Entwicklung neuer Formen von erweiterten menschlichen Gemeinschaften sein. Gerade auf diesem Gebiet können sich die Frauenbewegungen als besonders wichtig erweisen: nämlich indem sie im Rahmen der Gesellschaft Institutionen schaffen, die zu der Alternative einer neuen Praxis des Gruppenlebens führen.

Genau das hat die Frauenbewegung leider nicht geschafft, obwohl diese Einschätzung der Familie von vielen wie z.B. dem Arbeitskollektiv der Sozialistischen Frauen Frankfurt geteilt wurde:
Die patriachalische Kleinfamilie ist die Instanz der Privatsphäre, die die Unterdrückung der Frauen institutionell absichert ...
Die Organisation der Reproduktion in der Einheit Familie verstellt die Möglichkeiten zur Entwicklung neuer Bedürfnisse (bei Männern wie bei Frauen) und die Bewußtwerdung von Ausbeutung. (1/11)

Noch Anfang der siebziger Jahre war die Kritik an der Familie wach, zahlreiche mißlungene Versuche alternativer Lebenspraxis haben sie verstummen lassen (s.a. PFISTER: 32, in diesem Buch). Der Frauenbewegung ist es dabei nicht anders gegangen wie den Ausläufern der Studentenbewegung. [54] Der alte revolutionäre Elan ist dahin, eben gerade weil es nicht gelang, von der Kritik zum konstruktiven Aufbau alternativer

Lebenspraxis zu kommen. Und auch nur dies hätte die wahrhaft notwendige Kritik am familiären Reproduktionsprozeß wachgehalten.

Diesen Aufgaben sollte sich die Bewegung verstärkt widmen, da nur durch gemeinsame Anstrengungen neue Gesellschaftsformen antizipiert werden können.

7. Historische Positionen der Sozialdemokratie zur Vergesellschaftung der privaten Hauswirtschaft

Dabei waren einst die Diskussionen um Möglichkeiten einer Vergesellschaftung des familiären Reproduktionsbereiches sehr verbreitet und populär. Worüber man heute nicht mehr gerne redet, nämlich über Einküchenhäuser, Zentralhauswirtschaft, Wirtschaftsgenossenschaften von Hausbewohnern, das war vor dem 1. Weltkrieg und auch noch danach Gegenstand zahlreicher Auseinandersetzungen in der Sozialdemokratie, hervorgerufen - und dies wundert nach dem bisher gesagten kaum noch - vor allem von der bürgerlichen und sozialistischen Frauenbewegung.

Die Diskussion darüber ist scheinbar in Vergessenheit geraten, aber auch, wie weit der Diskussionsstand und das tatsächlich Erreichte bereits einmal war. Auf jene Verdrängung von diskutierten und z.T. auch durchgeführten Reformprogrammen haben vor allem NOVY, UHLIG und PIRHOFER in ihren wertvollen Veröffentlichungen aufmerksam gemacht. Die Verdrängung von Reformbewegungen umfaßt die Genossenschaftsarbeit, die Einküchenhäuser und anderes mehr.

Was ist dafür die Ursache?

Offenbar hat die Sozialdemokratie am Aufleben einer solchen Diskussion das Interesse verloren. Im Unterschied nämlich zu damals ist der Standpunkt zur Lebensform der Familie noch konservativer geworden, teils, weil sich das bürgerliche Familienideal durch jetzt über 100 Jahre Lebenspraxis so verfestigt hat, daß andere Lebensformen gar nicht mehr vorstellbar sind. Teils vielleicht auch wieder einmal im kurzfristigen Hinblick auf die Wählermassen, die ein Infragestellen der Familie zunächst nicht honorieren würden. Daß bei solchem Attentismus die Sozialdemokratie ihre Anziehung auf die Jugend verliert, ist nur allzu verständlich. Denn die Jugend ist keineswegs so felsenfest von der familiären Lebensform begeistert, wie dies die jüngeren Umfragen bestätigen.[55]

Vor dem 1. Weltkrieg und in den 20er Jahren aber war die Tendenz zur Vergesellschaftung der Reproduktionsbereiche sowohl innerhalb der Sozialdemokratie als auch in wissenschaftlichen Veröffentlichungen noch sichtbar, der Widerstand gegen die verdummenden Zwergenhaushalte und die Formulierung von konkreten Utopien waren noch nicht völlig aus den Parteidiskussionen und den wissenschaftlichen Publikationen verdrängt.

So schrieb der Soziologe MÜLLER-LYER 1911 ausführlich über eine eventuelle

Umgestaltung des privaten Haushaltes, wobei er auf einen Umstand aufmerksam macht, der als weiterer Beleg für die Irrationalität des privaten Haushalts gelten muß. Die private Hauswirtschaft stellt nämlich gesamtgesellschaftlich eine ungeheuerliche Verschwendung an Arbeitskräften und an Gütern dar. MÜLLER-LYER:
Von all den vielen häuslichen Verrichtungen, die früher der Familie aufgebürdet waren, sind ihr, wie schon gesagt wurde, nur noch wenige geblieben, Kochen, Waschen, Flicken, Scheuern, Kleiderreinigen, Einkaufen usw. und auch diese hat der Haushalt nicht aus innerer Zweckmäßigkeit, sondern durch die Macht der Trägheit und des Herkommens behalten. Denn der Haushalt der Kleinfamilie ist, wirtschaftlich genommen, ein veralterter Zwergbetrieb, durch den täglich Millionen des Nationalvermögens verschleudert werden und der ebenso, wie der Handwebstuhl der Textilfabrik hat weichen müssen, früher oder später wenigstens bei einem großen Teil der Bevölkerung durch den Großbetrieb der Zentralhaushaltung verdrängt zu werden bestimmt ist, wie folgende Betrachtung zeigen dürfte.
Jetzt werden in 60 Kleinhaushalten 60 Herdfeuer entzündet, die Speisen werden in 2-300 kleinen Töpfchen und Tiegelchen zubereitet, die dann alle wieder mit der Hand gespült werden müssen. 60 Hausfrauen laufen mit dem Korb am Arm auf den Markt, kaufen in winzigen Portionen (klein = teuer und schlecht) Fleisch, Gemüse, einen Eimer Kohlen usw., erfüllen die ganze Wohnung mit Küchengeruch, putzen die Schuhe mit der Hand in der Küche, weil kein anderer Platz da ist, - vergeuden in kleinlicher, geistabstumpfender Arbeit Zeit, Geld und Kraft, denn Maschinen lassen sich in einem solchen Kleinbetrieb kaum verwenden. In einer organisierten Großhaushaltung dagegen würde der zehnte Teil der Frauen hinreichen, um alle diese Arbeiten besser, billiger und müheloser zu bewältigen. Denken wir uns die 60 Kleinbetriebe organisch verbunden, so könnte eine einzige große Zentralküche, der ein wirklicher Meister der Kochkunst, ein richtiger Künstler vorstünde, eine reichlichere und mehr abwechselnde Nahrung um den halben Preis herstellen. Eine jede Familie stände mit dieser Zentrale in Verbindung durch einen Aufzug, der ihr zu jeder Zeit die gewünschten Speisen und Getränke wie ein Tischlein-deck-dich zuführen würde. In diesem Großbetrieb könnten nun auch die arbeitssparenden Haushaltungsmaschinen, die alle längst erfunden sind, aber unbenutzt bleiben mußten, ihren Einzug halten: eine Spülmaschine reinigt und trocknet in kurzer Zeit Hunderte von Töpfen und Tellern, ein Vakuumreiniger stäubt die Wohnung aus, eine Stiefelputzmaschine übernimmt das Wichsen der Schuhe. Und während jetzt den Winter hindurch in einer einzigen Kleinfamilie mehrere hundert Ofenheizungen stattfinden und aus jedem einzelnen Ofen wieder die Asche herausgeholt werden muß und sich jede einzelne Familie der Plage des Wäschereinigens hingibt, würden dort Zentralheizung, Zentralwaschanstalt, Kalt- und Warmwasserleitung, elektrische Beleuchtung usw. der Hausfrau alle jene elenden und kleinlichen Tätigkeiten abnehmen, die jetzt ihren Geist verstumpfen und trotzdem eine ungeheure Vergeudung der nationalen Arbeitskraft zu bedeuten haben. - Die Beschäftigung mit der gemeinen Materie würde auf ein Minimum reduziert werden. Außerdem könnte sich die Hausfrau bei eintretender Krankheit sofort schonen und pflegen lassen, während sie jetzt oft so lange weiter arbeiten muß, bis der Schaden unheilbar geworden ist; denn ohne sie stockt sofort der ganze Kleinbetrieb. - Telephonische Verbindung stände im Großhaushalt jedermann zur Verfügung; ebenso Dunkelkammern zum Fotografie-

ren, Werkstätten aller Art, Bäder, die im Kleinhaushalt so schwer Platz finden, würden die allgemeine Reinlichkeit auf eine jetzt unerhörte Höhe erheben; Gastzimmer stünden den besuchenden Freunden offen, die Kleider könnten in besonderen Mottenkammern verwahrt werden; schalldichte Musikzimmer würden uns vor der unerträglich gewordenen sog. Klavierpest befreien; Bibliotheken und Lesesäle würden die Bildung des ganzen Volkes, die jetzt so tief steht, in ungeahntem Maße fördern; und die Kinder könnten sich in weiten Hallen, Höfen und Gärten austollen, ohne die Erwachsenen in ihren Beschäftigungen zu stören.

Die individuelle Freiheit würde durch die Einrichtung der Großhaushalte mächtig gesteigert werden, und mit der Freiheit die Entfaltung der persönlichen Eigenart. Dies um so mehr, als die Großhaushalte die verschiedenartigsten Formen annehmen können; familiale Formen, in denen die einzelnen Familien streng voneinander abgeschlossen leben wollen; klosterartige Formen, die innige Gesinnungs- und Lebensgemeinschaften bilden; klub- und boardinghouseartige Formen für die Beweglichen; Phalansteres nach der Art Fouriers, die nicht nur Konsumtions-, sondern zugleich auch Produktivgenossenschaften wären; 'gemischte Betriebe', deren Bewohner im Sommer vorwiegend Landwirtschaft, im Winter vorwiegend Industrie betreiben usw. (26/321-323) [56].

Und MÜLLER-LYER nimmt an, daß jener "genossenschaftliche Großhaushalt", der "in ökonomischer, geneonimischer, ethischer und überhaupt kultureller Hinsicht eine höhere Organisationsform ist als der Zwerghaushalt der Kleinfamilie" (26/373) bald neben jenem coexistieren wird. Der Bauhausarchitekt GROPIUS sollte sich dann 10 Jahre später auf MÜLLER-LYER berufen. [57]

Inspiriert war MÜLLER-LYER bei diesen Überlegungen mit Sicherheit von den sozialdemokratischen Frauen wie z.B. Lily Braun und Therese Schlesinger.

Lily BRAUN unterbreitet bereits 1901 anläßlich des Lübecker Parteitages der SPD ein Modell der Zentralisierung der Hauswirtschaft, die sie sich im Rahmen einer Wirtschaftsgenossenschaft vorstellte:
Ich stelle mir ihr äußeres Bild folgendermaßen vor: In einem Häuserkomplex, der einen großen, hübsch bepflanzten Garten umschließt, befinden sich etwa 50 bis 60 Wohnungen, von denen keine eine Küche enthält; nur in einem kleinen Raum befindet sich ein Gaskocher, der für Krankheitszwecke oder zur Wartung kleiner Kinder benutzt werden kann. An Stelle der 50 bis 60 Küchen, in denen eine gleiche Zahl Frauen zu wirtschaften pflegt, tritt eine im Erdgeschoß befindliche Zentralküche, die mit allen modernen arbeitssparenden Maschinen ausgerüstet ist. Gibt es doch schon Abwaschmaschinen, die in drei Minuten zwanzig Dutzend Teller und Schüsseln reinigen und abtrocknen! Vorratsraum und Waschküche, die gleichfalls selbsttätige Waschmaschinen enthält, liegen in der Nähe; ebenso ein großer Eßsaal, der zu gleicher Zeit Versammlungsraum und Tags über (sic!) Spielzimmer der Kinder sein kann. Ein kleineres Lesezimmer schließt sich ihm an. Die ganze Hauswirtschaft steht unter einer erfahrenen Wirtschafterin, deren Beruf die Haushaltung ist; ein oder zwei Küchenmädchen stehen unter ihrer Aufsicht. Die Wohnung dieser Haushaltungsbeamten sind im selben Stock wie die Wirtschaftsräume, sie umfassen auch noch das Zimmer der Kinderwärterin, die ebenso

wie die anderen von allen Bewohnern gemeinsam angestellt ist. Die Mahlzeiten werden, je nach Wunsch und Neigung, im gemeinsamen Eßsaal eingenommen oder durch besondere Speiseaufzüge in alle Stockwerke befördert. Die Erwärmung der Wohnungen erfolgt durch Zentralheizung, so daß auch hier 50 Öfen durch einen ersetzt werden. Während der Arbeitszeit der Mütter spielen die Kinder, sei es im Saal, sei es im Garten, wo Turngeräte und Sandhaufen allen Altersklassen Beschäftigung bieten, unter Aufsicht der Wärterin. Abends, wenn die Mutter sie schlafen gelegt hat und die Eltern mit Freunden plaudern oder lesen wollen, gehen sie hinunter in die gemeinsamen Räume, wo sie sich die Unterhaltung nicht durch Alkoholgenuß zu erkaufen brauchen, wenn sie kein Bedrüfnis danach haben. [58]

Dies entsprach auch den Bemerkungen von August BEBEL, der in seinem vielgelesenen Buch "Die Frau und der Sozialismus" (1887, 1929, S. 469-482) "die Centralküche propagiert, sie jedoch erst der 'Frau der Zukunft' (S. 474f) dezidieren möchte." UHLIG (46/63).

Aber dennoch wurde Lily BRAUN mit diesem Vorschlag scharf angegriffen, wohl in der Tradition jenes Gedanken, der in einer Reformpolitik die Schwächung der Arbeiterklasse beim entscheidenden Kampf vermutet. (siehe PFISTER: 32/Abschnitt 4).

Vor allem Clara ZETKIN formulierte dies in Antwort auf Lily BRAUN deutlich. Sie "lehnte die Ausrichtung auf Reformarbeit entschieden ab und hielt die Verwirklichung sozialistischer Ideale im Kapitalismus für unmöglich. 'Als wichtigste That, um den Sozialismus aus der Theorie in die Praxis zu überführen, erscheint mir noch immer die 'Predigt' der sozialistischen Ideale unter den proletarischen Massen und deren Organisation und Schulung für den schärfsten Kampf gegen die kapitalistische Ordnung.' " [59]

Die Ablehnung der Vorstellungen von Lily BRAUN hatte wohl auch noch tiefere Gründe. Denn eine Umgestaltung des materiellen familiären Reproduktionsbereichs würde die Familie selbst auflösen zugunsten "sinnlich-solidarischer Verhaltensmuster im alltäglichen Wohnzusammenhang" einer Gegenkultur.

Dahinter stand aber der Großteil der sozialdemokratischen Genossen nicht mehr. Nicht nur die bereits beschriebene Fixierung auf den Produktionsbereich [60] und die Sammlung der Kräfte für den 'revolutionären Endsieg' ließ sie die Familie unangetastet lassen.

Sie selber waren bereits derartig verstrickt in die bürgerlichen Verkehrsformen, daß sie im wesentlichen die bürgerlichen Vorstellungen von Ehe, Familie und Sexualität teilten, anstatt ohne Rücksicht auf traditionelle Moralvorstellungen wirklich radikale Alternativen zu entwickeln.

Clara ZETKIN zum Beispiel, wichtigste Figur der sozialdemokratischen Frauenbewegung vor dem 1. Weltkrieg, war eher 'bürgerlicher' als die Bürger, denen sie Verlogenheit vorwarf, selbst ihre eigenen Vorstellungen von Familie, Ehe und Sexualität nicht tatsächlich zu leben. Sie kritisierte also eher die bürgerliche Inkonsequenz, die Doppelmoral, als prinzipiell das bürgerliche, private Familienideal anzugreifen. Diesen Fehler teilte sie mit fast allen Sozialdemokraten:

Ihr Zukunftsideal von der Ehe unterscheidet sich inhaltlich kaum von dem der

bürgerlichen Frauenbewegung, die auch Liebe an die Stelle ökonomischer Erwägungen, Gleichberechtigung an die Stelle von Unterdrückung und freiwillige Monogamie an die Stelle der Doppelmoral setzen wollte.
...
Bei Clara Zetkin fand sich - wie bei anderen Sozialdemokraten - (...) das Bestreben, moralischer, anständiger zu sein als das Bürgertum (NIGGEMANN: 27/241)

Das familiäre Sein bestimmt eben auch das Bewußtsein. Was ist schon an Revolutionierung der Reproduktionsbereiche zu erwarten von einer Parteileitung, in der etwa Wilhelm LIEBKNECHT es ablehnte, Inserate für Verhütungsmittel und Heiratsannoncen aufzunehmen. Auch der Aufnahme moderner Literatur in die "Neue Welt" widersetzte er sich, weil dort auch sexuelle Themen berührt wurden. "Die Schweinerei gehört nicht in die 'Neue Welt' hinein" [61].

Auch die Reaktion auf Scheidungen innerhalb der Partei waren äußerst moralisch, so daß sogar nach der Scheidung KAUTSKY's (seine Frau ging danach übrigens als Sekretärin zu ENGELS nach London) dessen Verhältnis zu ENGELS dauerhaft beeinträchtigt war. (NIGGEMANN: 27/279)

Auch im Familienleben waren die führenden Sozialdemokraten alles andere als frei oder gar revolutionär. BEBEL's Frau Julie z.B. pflegte bei Besuch stets die Frauen in ein Nebenzimmer zu nötigen, damit die Herren ungestört über Politik plaudern konnten. Sie selbst war in der Tat unpolitische Bewunderin ihres Gatten. (NIGGEMANN: 27/276)

Sicherlich sind solchen Bemerkungen über das Privatleben nicht soviel Wert beizumessen. In unserem Zusammenhang verdeutlichen sie aber, welchen Hintergrund die offiziellen Statements der Sozialdemokratie zum Reproduktionsbereich haben.
Schon Marx und Engels erkannten das Beharrungsvermögen überkommener Vorurteile und Rollenfixierungen nicht in ihrer vollen Tragweite, und unter ihren Nachfolgern wie Kautsky und Zetkin findet sich häufig ein Determinismus, der all diese Probleme auf die Zeit nach der Revolution vertagen will. So konnten gerade im privaten Bereich, in Stellungnahmen zu Ehe, Familie und Sexualität Residuen bürgerlichen Denkens wirksam werden. (NIGGEMANN: 27/291)

Zu glauben, daß sich die Probleme der Ehe, der Familie automatisch durch den Kapitalismus ergeben würden, ist allerdings nur ein Vorwand dafür, alles laufen zu lassen, wie es ist, weil man sich ohnehin daran bereits gewöhnt hat und Veränderung zu mühevoll wäre.

Wie auch noch heutzutage ist es da in Österreich etwas lockerer und progressiver. [62] Die SPÖ war (und ist) weitaus weniger philisterhaft.

Hier war die Initiative zur Vergesellschaftung des hauswirtschaftlichen Reproduktionsprozesses vor allem mit dem Namen von Therese SCHLESINGER verbunden.

Auch sie war von der Notwendigkeit der Schaffung einer eigenen Kultur überzeugt und schrieb 1912 über die Vergesellschaftungsproblematik:
Sollen wirklich in diesen Häusern dem alten häuslichen Jammer der besitzlosen Klasse neue Heimstätten errichtet werden? Soll dort die gleiche Vergeudung von Kraft, Zeit

und Material vor sich gehen wie in den traurigen Wohnhöhlen, die das private Kapital den Arbeiterfamilien bietet? Sollen auch dort in zwanzig engen Küchen auf zwanzig kleinen Herden zwanzig dünne Suppen brodeln, darüber auf zwanzig Wäscheleinen flüchtig gereinigte Windeln, Kinderhemden und Abwischtücher trocknen und die Zeit und Kraft von zwanzig abgeplagten Weibern schmählich mißbraucht werden? Oder wäre es nicht vielmehr an der Zeit, daß die Arbeiterschaft auch hier an die Erfüllung einer Kulturmission schreiten würde, die ihr sicher keine andere Klasse abnehmen wird, und daß sie im Kampf gegen die Wohnungsnot zugleich Sturm liefe gegen Einrichtungen, durch die die Wohnungsnot noch unendlich verschärft wird, gegen die herrschende, unrationelle und kulturwidrige Form der proletarischen Hauswirtschaft.' [3]
Sie stellt die Forderung nach einer rationaleren Organisation des Wohnens, die sie von den bürgerlichen Modellen übernimmt, in den Rahmen eines kulturellen Emanzipationsprozesses im Alltagsleben der proletarischen Familie und instrumentiert die Technologie nicht nur für die Freisetzung von Arbeit (analog zur bürgerlichen Utopie des 'Tischlein-deck-dich', das die lästigen Dienstboten ersetzt, sondern für die Entwicklung kooperativer und egalitärer Arbeitsformen. So würden nach Schlesinger 'Zentralküche, genossenschaftliche Wäscherei, Zentralheizung, Badeeinrichtung, elektrisches Licht, Vakuumcleaner usw. die häuslichen Arbeiten auf ein geringes Maß herabsetzen, das, wenn alle Familienmitglieder zugreifen (!), ohne Mühe erledigt werden könnte. [64]

Zu der Zentralküche muß der Speiseaufzug, die Zentralwäschereinigung und Aufbesserung, das Bad, Zentralheizung, Warmwasserversorgung, elektrisches Licht, elektrischer Staubsauger hinzukommen, aber auch Kinderbewahranstalt, Jugendhort, Spielplätze und Spielsäle für Kinder und Erwachsene (!), Vortrags- und Lesesäle und noch manches andere, das den sich allmählich geltend machenden Bedürfnissen entsprechen mag.

Diese Gedanken wurden dann später, 1919, von Otto BAUER in seine Konzeption der "Sozialisierung der Haushaltungen" nahezu wörtlich aufgenommen. Aber:
Auch die österreichische Sozialisierungsbewegung scheiterte als zentralstaatliche Reformpolitik an der Dialektik von Reformdruck, Ausweichreaktion und Gegenreform (Novy 1978, S. 2) und mündete wie die deutsche ab 1924 in eine reformkonforme Konzeption der Entfesselung der Produktivkräfte, mit der den gestiegenen Reformkosten und den erweiterten Reformerwartungen durch Mobilisierung aller Produktivitätsreserven entsprochen werden sollte. In doppelter Hinsicht unterschied sich die österreichische Entwicklung von der in Deutschland: die Solidarisierungsaktion, der Bauer die o.g. wohnkulturellen Reformlinien einzeichnete, war zwar als gesamtstaatliche Politik der Reform "von oben" ein Mißerfolg, sie setzte sich aber im kommunal sozialistischen Ausbau Wiens fort. Der Wiener Gemeindewohnungsbau nahm in seinen architektonischen Elementen die Stränge der Kulturdebatte auf und setzte sie, unter allerdings reduktiven Bedingungen, in den Höfen und Gemeinschaftseinrichtungen der Wohnblocks in die Wirklichkeit um, ohne sie indes konsequent als Zentralküchenhaus des Bauer'schen Entwurfes zu konzentrieren (Pirhofer 1977). Eine der Voraussetzungen für die erstaunliche Leistung des Wiener Gemeindewohnungsbaus in quantitativer wie

reformpolitischer und wohnkultureller Hinsicht war der 2. Unterscheidungspunkt zur deutschen Entwicklung, der darin bestand, daß die Distanz geringer war, die die deutsche Sozialdemokratie zu den anderen "2 Säulen der Arbeiterbewegung", der Genossenschafts- und Gemeinwirtschaftsbewegung und zu den Gewerkschaften in Deutschland immer wieder aufreißen ließ. (46/89)

Die Auseinandersetzung um die Vergesellschaftung der hauswirtschaftlichen, familiären Reproduktion war also einmal viel offizieller und anerkannter gewesen. Nicht wie heute abgedrängt in die Alternativbewegung und die autonome Frauenbewegung. Doch sind diese Diskussionen wie auch konkret durchgeführte Projekte ebenso in Vergessenheit geraten, wie die starke Genossenschaftsbewegung nach dem 1. Weltkrieg. [65]

Das Einküchenhaus war eine authentische Konzeption der SPD gewesen, sie ist aber in der Schere zwischen Abkopplung des sozialutopistischen Erbes und der neuen attentischen Periode verlorengegangen. Als die SPD dann an die Macht kam, konnte sie sich auf nichts beziehen als auf das, was die bürgerlichen Sozial- und Wohnungsreformer schon längst als ihre ultima ratio vorgelegt hatten; auf Kleinhaus und auf die (von bodenreformgereinigte) Gartenstadt. (UHLIG: 46/69) [66]

Statt eine sich von den bürgerlichen Werten lösende Kultur zu formulieren, wie dies Alexandra KOLLONTAI mit ihrer Propagierung der Auflösung der Ehe und für "freie Liebesverhältnisse" (16/198 und 218f) [67] getan hatte, blieb die Sozialdemokratie in einem Ökonomismus hängen, dessen Auswirkungen erst heute voll zum Tragen kommen. *Der Verzicht auf die kritische Weiterführung der Marxschen Ansätze und die unvollkommene Rezeption seiner Methode ließen die sozialistische Familientheorie unvollkommen bleiben und machten sie zu einem von vormarxistischen Gedanken durchzogenen Bestandteil einer vulgärmarxistischen Ideologie. (27/243)*

8. Das Modell Friedrichshof als Beispiel selbstverwalteter Vergesellschaftung der materiellen Reproduktionsbereiche

Es soll nun ein Eindruck von der hauswirtschaftlichen Vergesellschaftung gegeben werden, wie sie im Modell Friedrichshof bereits verwirklicht ist. Hier sind die Vorstellungen der sozialistischen Frauen wie Lily Braun und Therese Schlesinger ebenso annähernd verwirklicht, wie es das Problem der entfremdeten hauswirtschaftenden Frau durch Auflösung der privaten Hauswirtschaft bewältigt.

Der umfassenden Analyse der Organisation des Reproduktionsbereiches am Friedrichshof müßte allerdings eigentlich eine eigene umfangreiche wissenschaftliche Untersuchung gewidmet werden. In Bezug auf die Vergesellschaftung der Hauswirtschaft im städtischen Bereich einer dem Friedrichshof angeschlossenen Gruppe hat dies Hans SCHROEDER bereits geleistet (40).

In diesem Zusammenhang soll und kann allerdings lediglich ein Eindruck gegeben werden, welche Möglichkeiten in der kollektiven selbstverwalteten Organisation des Haushaltsbereiches und des Bereiches des Kinderaufwachsens gegeben sind. Dieser Abschnitt bleibt rein deskriptiv.

Viele Vorteile der Vergesellschaftung der hauswirtschaftlichen Reproduktionsarbeit werden nicht behandelt. Weder die Arbeitszeitverkürzung [68], die die Vergesellschaftung der Reproduktionsbereiche mit sich bringt, noch die finanzielle Ersparnis durch reduzierten Konsum und Großeinkäufe, noch die Energieeinsparung, noch die Vorteile durch permanente berufliche Weiterbildung der Reproduktionsarbeiter in ihrer Arbeitszeit können hier eingehend behandelt werden. So versteht sich dieser Abschnitt als Anregung, sich mit diesen Problemen näher auseinanderzusetzen und eine Andeutung dessen, worin die Leistung des Friedrichshofes bzgl. der Vergesellschaftung der hauswirtschaftlichen familiären Reproduktionsbereiche besteht.

Die Situation und Organisationsstruktur am Friedrichshof ist einem äußerst raschen Wandel unterworfen. Das liegt u.a. an der schnellen Expansion, sowohl was die inzwischen genossenschaftlich organisierte Bautätigkeit, als auch was die Zahl der hier lebenden Genossenschaftsmitglieder anbelangt. September '82 beispielsweise ist ein neues Kinderhaus mit insgesamt ca. 460 qm Wohn- und Wirtschaftsräumen fertiggestellt. Dann stimmen natürlich die ganzen Zahlen für den Reproduktionsbereich des Kinderaufwachsens nicht mehr. Denn ein neues Gebäude ändert auch die Organisationsstruktur. Gleiches gilt für die im Bau befindliche Wohnanlage der Friedrichshofer Bau-Genossenschaft "Gemeinschaftsbau", mit 36 Wohneinheiten zu je 110 qm eines der größten Projekte dieser Art im Burgenland.

Ist sie fertiggestellt, voraussichtlich Anfang 1983, dann sind bereits alle hier gemachten Angaben als veraltet zu betrachten. Und doch nicht. Denn aus dem Beschriebenen wird ein Vergesellschaftungsniveau sichtbar, das bereits für sich ein Beispiel darstellt. Nach Inbetriebnahme der neuen Bauten wird die Organisation der Vergesellschaftung der Reproduktionsbereiche eine neue Qualität erreichen.

Die Angaben über die Organisation des Reproduktionsbereiches (Stand Mai 82) beziehen sich auf folgende momentan sich am Friedrichshof aufhaltende Personen:

116 Erwachsene und 50 Kinder leben ständig am Friedrichshof, 35 Genossenschaftsmitglieder verbringen am Friedrichshof ihren Urlaub, 20 Personen sind als Kursteilnehmer am Friedrichshof zu Gast und 38 Personen kommen täglich von den umliegenden Dörfern, um hier angestellt zu arbeiten. Die folgenden Angaben beziehen sich also auf ca. 260 Personen.

Der hier behandelte Reproduktionsbereich kann bzgl. des Friedrichshofes in drei Teilbereiche unterteilt werden. Zum einen der Haushaltsbereich, zum zweiten der Kinderbereich und zum dritten der kulturelle Bereich.

Haushaltsbereich

Die Haushaltsorganisation umfaßt folgende neun Unterbereiche:

1. Großküche
2. Wäscherei
3. Näherei
4. Raumpflege
5. Gesundheitsbetreuung
6. Reisen und Autos
7. Verwaltung
8. Magazin
9. Häuserverwaltung

Großküche

Die Großküche befindet sich in einem eigenen Küchengebäude von ca. 100 qm. Das Küchengebäude ist unterteilt in eine Kochküche, eine Vorbereitungsküche, einen Abwaschraum, in 2 Kühlzellen von je 14 cbm Rauminhalt, ein Trockenlager und ein Gerätelager.

Zur Verantwortlichkeit der Großküche gehört ferner ein Speiseraum (ca. 80 qm) mit Selbstbedienungs-Essensausgabe und eigenem Abwaschbereich. Die Küche ist ausgerüstet, die volle Verpflegung (Menü etc.) für bis zu 450 Personen zu übernehmen. Die wichtigsten Großküchengeräte sind eine Kippbratpfanne, ein Konvektomat, 2 Dampfkochkessel, eine Universalküchenmaschine, ein Bain-Marie (Warmhaltegerät) und anderes mehr.

Die Küchenarbeit wird von zehn Personen geleistet: einem Küchenleiter, sechs sich täglich in verschiedenen Arbeitsgebieten abwechselnden Personen (Rotationssystem), drei Hilfskräften. Ihre Arbeit umfaßt folgende Leistungen: Sie kochen für ca. 210 Personen täglich ein Frühstück, Jause, Mittag- und Abendessen, stellen für die 50 Kinder ein spezielles Kinderessen her und zusätzliche Diätessen für Kranke. Außerdem fertigen sie auch außerhalb der Essensausgabe, die ebenfalls von ihnen geleistet wird, Mahlzeiten für individuellen Bedarf an. In der Arbeit der Essensausgabe ist außer der Ausgabe im Speisesaal auch der Essenstransport in verschiedene Gebäude eingeschlossen. Die Reinigung der Küchenräume, der mehrmals tägliche Abwasch, die Verwaltung der Lager gehören ebenso zu den Aufgaben des Küchenteams wie die Erstellung des Speiseplans, (in Zusammenarbeit mit der Gesundheitsbetreuung) sowie dem Einkauf und der Budgetabrechnung.

Wäscherei

Die Wäscherei ist ein ca. 35 qm großer Raum mit drei Industriewaschmaschinen (eine â 15 kg, zwei â 7 kg), zwei Großtrocknern (â 10 kg und â 7 kg), einer Schleuder und einer Mangel. 2,5 Personen waschen dort die Privatwäsche aller Friedrichshof-Bewohner und der Kinder, sowie die Arbeitskleidung der Arbeitsgruppen. In der Pflege der Kleider ist Handwäsche und Bügeln miteinbegriffen.

Näherei

In einem Raum von ca. 25 qm arbeiten 1,5 Personen mit einer Bernina-Industrienähmaschine und 2 Haushaltsnähmaschinen. Dort werden sowohl Ausbesserungsarbeiten aller Art als auch Neuanfertigungen wie Vorhänge, Kindermützen und ähnliches hergestellt.

Raumpflege

Drei Personen putzen täglich 11 Kursräume zwischen 25 und 50 qm, 1 Versammlungsraum von ca. 100 qm, diverse Gästezimmer (Einzel- und Mehrbettzimmer), 1 Sauna, 11 Büroräume, 20 WC's, ca. 10 Naßräume (Duschen und Bäder) und diverse Gänge und Treppenhäuser. Die Privatzimmer werden von den Bewohnern selbst gereinigt, doch einmal in der Woche gründlich vom Putzteam.

Gesundheitsbetreuung

In zwei Räumen, einem Büro und einem Untersuchungszimmer arbeiten 4 Personen. Zu ihren Leistungen zählen die Verwaltung der Krankenscheine und die Organisation der Ärztetermine. Seit nun 4 Jahren wird kontinuierlich eine Kranken- und Zahnkartei geführt, sowie Ärztekontakte hergestellt.

Die Krankenversorgung der Erwachsenen und der Kinder ist eine weitere wesentliche Aufgabe der Gesundheitsbetreuung. Bei den Kindern umfaßt dies u.a. das Überprüfen von Vorsorgeuntersuchungen und Impfterminen, sowie Säuglingspflege.

Die Gesundheitsbetreuung arbeitet stark prophylaktisch, u.a. in der Unfallverhütung, der Schwangerschaftsbegleitung usw. Vor allem im Bereich der Vorsorge, der Wohnhygiene, der Verhütung und der Ernährung wurde ein eigener Forschungsbereich aufgebaut, der nunmehr seit 4 Jahren auf dem Gebiet der Gesundheitsbetreuung für Gruppen neue Erkenntnisse zu sammeln versucht.

Ein Ziel des Gesundheitssystems, welches im ständigen Kontakt mit mehreren Medizinern innerhalb und außerhalb der den Friedrichshof angeschlossenen Gruppen steht, ist es, durch Demokratisierung des Wissens um Gesundheit und Krankheit ein Bewußtsein für gesundes Leben zu wecken. Dies wird zum einen durch Vorträge und Bildungsarbeit, zum anderen durch ein offenes Verhältnis vom Kranken zum gesundheitlichen Betreuer hergestellt.

Reisen und Autos

Dieser Bereich umfaßt eine KFZ-Werkstatt von ca. 122 qm, eine Diesel Tankstelle, einen Waschplatz mit Ölscheider sowie ein Büro. Folgende Fahrzeuge werden von dort aus eingesetzt und gewartet: 1 Kipper, 2 Fordbusse (jeweils für 9 Personen zugelassen), 1 Jeep, 1 VW-Pritsche, 1 R4 Kastenwagen, 5 PKW's. In der Reiseorganisation und KFZ-

Wartung arbeiten 5 Personen, darunter ein Fahrtenorganisator, 2 Fahrer und 2 Mechaniker.

Der Friedrichshof liegt in der Parndorfer Heide, 8 km entfernt kommt erst das nächste Dorf; Wien, in dem viele Gäste ankommen, liegt 60 km nördlich vom Friedrichshof. Jeder Einkauf, Arztbesuch, Ämterkontakt, jede Privatfahrt, Fahrt zu den Verkehrsverbindungen wie Flughafen, Bahn und Bus für Gäste und Genossenschaftsmitglieder muß und wird von der Fahrtenorganisation koordiniert.

Darüberhinaus organisiert der Fahrtenorganisator auch längere Reisen, erledigt Buchungen, besorgt Tickets, Schlafwagenplätze etc., erkundet die günstigsten Reiserouten und billigsten Verkehrstarife. Von ihm aus werden die Fahrzeuge eingesetzt, wozu mit 2 Fahrern nahezu ein Liniendienst zu den wichtigsten Orten der Umgebung eingerichtet ist.

Verwaltung des gesamten Fuhrparks und Kontrolle der Fahrtenbücher ermöglichen außerdem, daß dieses hervorragende Beispiel für Energie- und Kosteneinsparung durch Vergesellschaftung reibungslos funktioniert. Denn die Fahrten von 260 Personen mit 9 Fahrzeugen (der Kipper wird fast ausschließlich im Produktionsbereich benutzt) zu bewältigen, ist nur durch perfekte Koordination erreichbar.

Die Mechaniker sorgen außer für die Wartung und Reparatur des Friedrichshofer Fuhrparks auch für die Reparatur und den Service der Fahrzeuge aus den dem Friedrichshof angeschlossenen 35 Gruppen. Die gesamte Wartung der Maschinen am Friedrichshof, sowohl kleiner Maschinen als auch der Maschinen der Arbeitsgruppen (z.B. Bohrmaschinen vom Bau etc.) wird von hier aus erledigt.

Die KFZ-Arbeitsgruppe ist weiterhin sowohl für die Abfuhr des Mülls verantwortlich, als auch für Schneeräumung im Winter (mit Schneepflugvorsatz am Kipper). Für den gesamten Fuhrpark besorgen die Mechaniker die Kalkulation und die Kostenrechnung für die Fahrzeuge.

Verwaltung

In einem Büro (ca. 20 qm) arbeitet eine Person, zu deren Aufgabenbereich es gehört, die Personaldokumente der Friedrichshof-Bewohner zu verwalten, Behördengänge zu erledigen, Postein- und -ausgänge zu besorgen. Von hier aus wird sowohl das Haushaltsgemeinschaftsvermögen verwaltet, als auch Bankkontakte und Kontakte zu Kreditinstituten unterhalten. Die Verwaltung der Finanzen, die Regelung der Investitionen werden nach den Grundsätzen der betriebswirtschaftlichen Haushaltsführung, der EDV-Buchhaltung, der Budgetplanung, der Kostenkontrolle, der statistischen Auswertungen und der Monats- und Jahresabrechnung geführt.

Magazin

Im Magazin (ca. 70 qm) arbeitet 1 Person, die einen Kleiderflohmarkt organisiert, sowie den Kleidereinkauf (auch Unterwäsche, Bettwäsche, etc.) besorgt. Das Magazin ist wie ein kleines Warenhaus, das den teuren, zeitaufwendigen privaten Einkauf in der Stadt erspart. Außer dem Verkauf von Büromaterial wird von hier aus auch eine Drogerie betrieben, die die Versorgung mit Hygieneartikeln wie Seife, Zahnpasta, Rasierwasser etc. übernommen hat. Außerdem ist der Magazinverwalter gleichzeitig der "Dorffriseur".

Hausverwaltung

Eine Person besorgt die Häuserverwaltung nebst Reparatur- und Wartungsdienst. Sie übernimmt Zimmerrenovierungen und Reparatur kaputter Geräte. Kleinmöbel werden bei ihr bestellt.

Bemerkungen zum Haushaltsbereich

Eine solche Aufzählung könnte den Eindruck einer fast starren Überorganisation vermitteln. Dem ist aber nicht so. Es existieren unter den genannten Aufgabenbereichen nur äußerst wenige, die von einer Person länger als 4 Monate ausgeführt werden. Dann findet ein Wechsel statt, der sich aber naturwüchsig ergibt, ohne daß diese Flexibilität zu einem selbst wieder starren Rotationsprinzip geführt hätte.

Auf die Selbstverwaltung am Friedrichshof kann in diesem Rahmen nicht länger eingegangen werden. Einer solchen Darstellung müßte gesondert umfangreichen Platz gegeben werden. Hier nur kurz dazu folgendes: Einmal wöchentlich treffen sich die Bewohner des Friedrichhofes zu den sog. Haushaltsvollversammlungen (die Friedrichshofer bilden - Stand Mai 82 - gemeinsam 7 Haushalte). Die jeweils gewählten Haushaltsvertreter tragen dann die Anliegen ihres Haushaltes im Friedrichshofer Haushaltsrat vor.

Eine weitere Bemerkung scheint notwendig. Der aufmerksame Leser wird bemerkt haben, daß bei dieser Darstellung zwischen Produktions- und Reproduktionsbereichen nicht sauber getrennt wurde. Was soll z.B. die Reinigung der Arbeitskleidung, der Kipper bei der KFZ-Wartung im Reproduktionsbereich? Diese Trennung ist in der Tat schwerer als sonst scharf zu ziehen, weil am Friedrichshof die gewöhnliche Trennung zwischen Produktion und Reproduktion wieder weitgehend aufgehoben und zu einer Einheit geworden ist, ähnlich wie im "Ganzen Haus" in einer noch funktionierenden Dorfgemeinschaft, nur eben mit höherem Kommunikationsniveau und höherer Technologie. Wichtig zu erwähnen ist wohl auch, daß die Friedrichshofer internen Leistungsverkehr nicht mit Geld regeln. Gegebene Leistungen werden lediglich notiert.

Kinderbereich [69]

Die Kinder leben vor allem im Kinderhaus, wo auf 220 qm Einzel- und Gruppenzimmer, Kindergarten und Spielräume untergebracht sind. In den 120 qm der Privatschule werden die Kinder in 4 Volksschul- und 1 Hauptschulklasse unterrichtet. Für das Schuljahr 1981/82 hat die Schule um das Öffentlichkeitsrecht angesucht.

Das sog. "Kinderland", ein Abenteuerspielplatz mit von Kindern gebauten Hütten etc. mit ca. 300 qm und der Spielplatz, ca. 400 qm mit Turngeräten, Schaukeln, Kletterstangen etc. müssen in diesem Zusammenhang ebenfalls genannt werden.

Die 50 Kinder werden von (Stand Mai 1982) 22,5 Personen betreut. Die Kinder teilen sich auf in 2 Kleinkinder (0-2 Jahre), 5 "Minis" (2-3 Jahre), 9 "Maxis" (Kindergartenkinder, 4-5 Jahre), 11 Vorschulkinder (5-6 Jahre) und 20 Schulkinder (6-11 Jahre), sowie 3 behinderte Kinder, die in die jeweiligen Kindergruppen integriert sind.

Die Kinder leben bis zum Alter von 4 Jahren bei ihren Eltern und ziehen dann ins Kinderhaus (Internat), wo sie aber weiterhin von ihren Eltern nach dem Kindergarten betreut und ins Bett gebracht werden.

Ab dem Alter von 6 Jahren bilden die Kinder unter sich sogenannte Familien (ca. 4 Kinder), die von den Familienbetreuern, bzw. den Eltern betreut werden. M.a.W. haben die Kinder bis zum Alter von 6 Jahren stets die Eltern als feste Bezugspersonen, ab 6 Jahre werden sie dann in einer Kleingruppe von 4 Kindern betreut.

Die 22,5 Personen, die im Kinderbereich arbeiten, haben folgende Aufgabengebiete: für die Kleinkinder und die Minis stehen 4 Pädagogen zur Verfügung. Das ist die entscheidenste Entlastung für die Mütter am Friedrichshof, die dadurch eben nicht das Schicksal der Mütter-Hausfrauen in den Kleinhaushalten, wie oben ausführlich beschrieben, erdulden müssen.

Für berufstätige Mütter und nebenberufliche pädagogische Hilfskräfte ist je nach Bedarf eine Arbeitszeitreduzierung auf 20-25 Stunden/Woche üblich. Die Maxis und die Vorschulkinder werden von jeweils 2 Pädagogen betreut, für alle gibt es den sogenannten Pädagogenspringer, der an den freien Tagen der anderen Pädagogen diese ersetzt.

Die Behindertenpädagogik nimmt einen immer größeren Platz am Friedrichshof ein. Um die drei behinderten Kinder kümmern sich außer den Eltern 4 Behindertenpädagogen. Vier Pferde stehen für alle Kinder zum Reiten zur Verfügung, das stets unter Aufsicht eines Reitlehrers auf einer ca. 110 qm großen Reitkoppel erfolgt. Eines der Pferde ist ein ausgebildetes Pferd für Behindertenreiten. 1 Musiklehrer und 1/2 Kunstlehrer geben täglich Einzelstunden und Gruppenunterricht für alle Kinder.

Im Schulbereich sind 4 Lehrer, davon ein Sonderschullehrer, sowie eine Schulsekretärin beschäftigt. Die Neigungsgruppen innerhalb der Ganztagsschule für die 20 Schulkinder werden am Nachmittag von 2 Pädagogen angeleitet. Schon oben erwähnt wurde, daß Essen, Wäschereinigung und Kleider für die Kinder von der Großküche, der Wäscherei und Näherei miterledigt werden. Das Bewirtschaften und das Reinigen der Schule und des Kinderhauses wird von 4 Personen besorgt, die überdies die Essensausgabe, Kleiderpflege und Hygiene für die 45 Kinder betreuen.

Bemerkung zum Kinderbereich

In dieser Beschreibung kommt ein gewisser Reichtum zum Ausdruck, der verwundern könnte. Doch des Rätsels Lösung ist einfach. Die Kinder am Friedrichshof sind den

Bewohnern sehr wichtig. Ihnen kommt u.a. zugute, daß im Bereich des üblichen Konsums der Kleinhaushalte die Friedrichshofbewohner enorme Einsparungen machen. Man denke bloß an die Stereoanlagen, die PKW's, die Fernsehgeräte, den gesamten Hausstand, den es fast in jedem Kleinhaushalt gibt, was aber im Großhaushalt Friedrichshof erspart wird. Das kommt natürlich zum großen Teil den Kindern zugute, und auch dem dritten und letzten Bereich, nämlich dem kulturellen.

Kultureller Bereich

Der kulturelle Bereich umfaßt 1 Bibliothek (ca. 7000 Bücher) mit ca. 80 qm, eine Skript-Abteilung und eine Video- und Kassettothek.

In der Bibliothek arbeiten 2 Bibliothekare, davon leitet einer die Bibliothek, der andere ist bei der noch im Aufbau befindlichen Bibliothek mit der Registrierung der Bücher befaßt. Die Bibliothek ist eine inzwischen anerkannte öffentliche Genossenschaftsbibliothek mit Ausleihdienst. Ein aktueller Zeitungsdienst, ca. 30 Tages- und Wochenzeitungen in verschiedenen Sprachen, informiert den Besucher. 2 weitere Personen sind damit beschäftigt, für alle Friedrichshofbewohner ständig Bildungsskripten zu erstellen. Vorträge und Diskussionen werden mit dem Tonband aufgenommen, abgetippt, vervielfältigt und verteilt.

Die Video- und Kassettothek wird von einer Person geführt, die wichtige Fernsehprogramme, vor allem Bildungsfilme aufnimmt. Diese werden dann zu für alle günstigen Terminen mit eigenem Sender sozusagen als "TV-Programm Friedrichshof" ausstrahlte. Die Kassettothek sorgt für Musik bei Tanzabenden etc.

Für alle steht ein Kunstlehrer zur Verfügung, der halbtags für die Erwachsenen und halbtags, wie bereits erwähnt, für die Kinder arbeitet. Davon unabhängig ist für alle Friedrichshof-Bewohner ein Bildungsangebot eingerichtet, welches täglich einen Malkurs und 2 Grundlagenwissen vermittelnde Vorträge umfaßt.

Bemerkungen zur Darstellung der Reproduktionsbereiche

Diese bewußt sehr deskriptiv, sachlich gehaltene Beschreibung der Vergesellschaftung der materiellen Reproduktionsbereiche am Friedrichshof soll, wie gesagt, einen bloßen Eindruck geben von den großen Möglichkeiten einer Vergesellschaftung und von der Befreiung der Frau, die eben nur auf einer solchen Basis möglich ist. Die selbstverwaltete Vergesellschaftung des materiellen Reproduktionsbereiches ist nämlich Grundvoraussetzung für die Aufhebung der Entfremdung der hauswirtschaftenden, kindererziehenden Frau.

Vieles hat in diesem Zusammenhang nicht genügend Erwähnung gefunden wie z.B. die biologische Kläranlage oder etwa die Landschaftsgestaltung, bei der alleine im Frühjahr 1982 ca. 1.500 Bäume und 1.000 Sträucher neu eingepflanzt wurden.

Auch dies gehört ja im Grunde zur Reproduktion. Aber ich hoffe, daß jene Beschreibung dem Leser zumindest ein kleines Bild von dem Leben am Friedrichshof gegeben hat.

9. Zur Sexualität auf dem Friedrichshof

Das Beispiel Friedrichshof steht hier für andere Modelle, die die Hauswirtschaft vergesellschafteten (siehe "Konkrete Utopien" von Aike BLECHSCHMIDT, in diesem Buch) bzw. sich auch heute damit befassen (Fabrik-Kommune UFA-Gelände in Berlin, Kritenbarg in Hamburg, aber vor allem die israelischen Kibbutzim).

Noch ein weiterer notwendiger Schritt zur Emanzipation des Menschen ist bisher nur angedeutet worden. Die Ausdehnung der Vergenossenschaftung der Reproduktionsbereiche auf die menschlichen Beziehungen. Wenn nämlich bisher nur von der Vergesellschaftung der *materiellen* Reproduktionsbereiche gesprochen wurde, dann war dies kein Zufall. Denn Sexualität und Kommunikation sind ebenso unabdingbar mit der Reproduktion des Menschen verbunden wie Hauswirtschaft und Kinderaufziehen.

Was die Kommunikation anbelangt, so ist für die meisten eine genossenschaftliche Vergesellschaftung noch einigermaßen leicht vorstellbar. Es bedeutet schließlich nichts anderes als Selbstverwaltung, als gemeinsame Freizeitgestaltung, als eine Öffnung der Menschen in Bereichen, die früher durch die sogenannte Privatsphäre außer einem Menschen anderen für immer versperrt blieb. Im Friedrichshofer Beispiel bedeutet es auch Tanzen, Malen, Theaterspielen in Gruppen, Aufhebung der Isolation und Abgeschiedenheit.

Während also die Vergesellschaftung der Kommunikation als Teil der Vergesellschaftung der Reproduktion relativ leicht gedanklich nachvollziehbar scheint, so ist dies für die tabubeladene Sexualität ungleich schwerer. Was heißt eigentlich hier "Vergesellschaftung der Sexualität"?

Und ist es denn wirklich so, wie es der Bremer Soziologe Gunnar HEINSOHN in seinem Aufsatz "Wer will eigentlich Sozialismus?" (15a) befürchtet, daß die freie Sexualität das Ende des Kommunismus bedeuten könnte, daß hier eine quasi natürliche Grenze der Gemeinsamkeit erreicht ist?

Das permanente Wissen um die Bevorzugten, die Vernachlässigten und die ganz Übersehenen, um die Gewinner und die Verlierer in der freien Sexualkonkurrenz, um diejenigen die Genuß, und die anderen, die Enttäuschung ernten - dieses Wissen muß den Verpflichtungskonsensus einer gleichberechtigten Produktions- und Lebensgenossenschaft zersetzen. Denn wie soll sich die Solidarität der Unglücklichen für den Glücklichen, der erfolglosen Liebhaberin für die erfolgreiche Schöne auf Dauer halten?
...
Den Triumph der Attraktiveren auf dem sexuellen Felde zuzulassen, würde sich noch zerstörerischer auswirken als - natürlich undenkbare - private Villen oder Bankkonten für den momentan gewählten Fabrik- oder Plantagenverantwortlichen. Freie Liebe, also die nicht endende Konkurrenz um Sexualpartner, passt in die freie Assoziation ebensowenig wie freie Konkurrenz um Löhne. (15a)

Die Praxis am Friedrichshof ist allerdings geeignet, diese Furcht vor der "freien Liebe" zu nehmen. Weder ist die gemeinsame Sexualität am Friedrichshof, d.h. die Abwesenheit ausschließlicher Zweierbeziehungen, orientiert an bürgerlicher Ästhetik, noch das Ende eines Kommunismus.

Aus Gunnar Heinsohns Gegenüberstellung der "erfolglosen Liebhaberin" mit der "erfolgreichen Schönen" spricht die herkömmliche Verpackungswahrnehmung der Waren-Scheinwelt. Am Friedrichshof ist aber der oder die sexuell Beliebte nicht notwendig "schön". Es haben sich vielmehr im Laufe des nunmehr 10-jährigen Zusammenlebens Kriterien der Wahrnehmung entwickelt, die vielleicht mit dem Wortspiel zu beschreiben sind, daß im Deutschen das Wort "häßlich" von Haß kommt, daß also schön der ist, der "ohne Hass" ist, nicht der, der ein symmetrisches Gesicht hat oder irgendwelche abstruse Idealmaße.

Aus Gunnar Heinsohns Ausführungen spricht weiterhin die Vermutung, die "freie Liebe" bedeute die Auflösung von Sexualmoral und deren Überführung in einen archaisch ungeregelten, brutalen Konkurrenzkampf. Dies würde allerdings in der Tat zu einem schnellen Verfall führen, auch zu einem Ende solidarischen Verhaltens. Es ging jedoch in der Geschichte des Friedrichhofes von Anbeginn an um die Konstitution einer neuen, aber sexualbejahenden Sexualmoral, die durchaus viele Regeln kennt, die aber alle im Dienst gemeinsamer Sexualität stehen.

So wäre es z.B. in einer Gruppe, in der sich eine Situation von mehr Frauen als Männer ergäbe, undenkbar, daß stets die gleichen Frauen alleine schlafen müßten und stets die sexuell Beliebten bevorzugt würden. Solcherlei Auswirkungen freier Sexualkonkurrenz wäre kapitalistischer Marktwirtschaft nachempfunden und hätte mit gemeinsamem Leben nicht viel zu tun. Auch bei selbstkritischer Überprüfung ergibt sich ein anderes Bild: denn betrachten wir die, die aus unserer Gemeinschaft ausgezogen sind, so sind es gerade nicht die herkömmlich betrachtet "Unattraktiven" gewesen.

Es sind eher solche, denen der äußere Schein in der Anonymität der Großstadt-Gesellschaft mehr sexuelle Chancen einzuräumen scheint, als in der Gemeinschaft, wo wir ja offen über Sexualität reden und wo das sexuelle Verhalten eines jeden also auch in der Öffentlichkeit nicht unbekannt ist. Dies kennt z.B. der Kibbuz nicht. Er kennt nur den sogenannten "Klatsch", der durch seine Privatheit oftmals verletzend wirkt, während am Friedrichshof das Öffentlichmachen von Privatem, subjektiven Emotionen durch Zuhilfenahme künstlerischer Medien wie Rollenspiel, Theater, Gesang etc. seine Peinlichkeit bzw. das Verletzende verliert. Der Emotionalität wird dadurch ein Rahmen gegeben, indem sie sich ausdrücken kann, ohne daß die in ihr gebundene Energie weiterhin unterdrückt werden muß.

Durch jenen Gestaltungsprozeß wird die Emotion dem Verstand und der Öffentlichkeit zugänglich, ohne dabei ihren energetischen Charakter zu verlieren. Die am Friedrichshof entwickelte Öffentlichkeit umfaßt also alle Bereiche der Persönlichkeit. Beliebtheit, Kommunikationsfähigkeit und auch Sexualität sind öffentlich und nicht ausgespart, tabuisiert, wie etwa im Kibbuz, wo derjenige hohen Status besitzt, der viel leistet.

Wichtig hierbei ist, daß sich mittlerweile das Bewußtsein entwickelt hat, daß sexuelles Beliebtsein keine statische Sache ist, sondern, wie vieles andere auch, erlernbar. Diesbezüglich hat sich eine Art Sexualpädagogik entwickelt. Wird z.B. ein Mann in seiner Sexualität kritisiert, so muß er damit jetzt nicht alleine fertig werden. Er wird vielmehr zugleich mit der öffentlichen Kritik erzogen, in diesem Fall von den Frauen, die schließlich ein großes Interesse daran haben, daß er hinzulernt und ein beliebter Sexualpartner wird. Dies erzeugt im übrigen eine sehr flexible Einstellung zur Sexualität. Jeder am Friedrichshof hat erfahren, daß Sexualität keine biologisch oder soziale Konstante ist, und viele Beispiele sind präsent von Personen, die in diesem Bereich erstaunliche Veränderungen zu ihren Gunsten gemacht haben und nun in der Gemeinschaft sehr beliebt sind. Das erzeugt natürlich eine Hoffnung, auch in denen, die zunächst noch nicht so beliebt sind wie andere, aber wissen, daß sie es mit der Zeit sein können. Eine solche Sexualpädagogik erfolgt zum einen in unserer ständigen Lebenspraxis, zum anderen in Rollenspielen, in gemeinsamen "Palavern" etc.

Schlußwort

Die Liebe jedenfalls und die private Hauswirtschaft lassen das schöpferische Potential der Frau in der Gesellschaft nicht wirksam werden. Wie die Basis einer solchen Befreiung aussehen kann, ist am Beispiel des Friedrichshofes beschrieben worden, wo die Frauen dominant sind und wesentliche Funktionen der Gruppe innehaben. Ihre Kommunikationsfähigkeit, durch die geschlechtsspezifische Erziehung meist gefördert, macht sie zunächst oft dem Mann, der vor allem auf das Bestehen von Konkurrenzen sozialisiert wurde, in der Gemeinschaft überlegen.

Dies ist in einer Gesellschaft mit privat-organisierten Kleinhaushalten offenbar möglich. Die Untersuchung der familiären Hauswirtschaft in der Entwicklung von Feudalismus bis heute hat dies überdeutlich gemacht: Die Befreiung der Frau ist notwendig verknüpft mit der Vergesellschaftung der Reproduktionsarbeit durch eine selbstverwaltete Gemeinschaft. Marx' Worte über die Stellung der Frau in seinem Brief an Kugelmann sollten allen denen im Ohr klingen, die sich mit Überlegungen und der Praxis einer neuen Lebensform befassen.

Was wäre nun wissenschaftlich zu tun, in den hier angesprochenen Fragen weiterzuforschen? Ein weites, unbearbeitetes Feld hat sich aufgetan, bei dem die konkrete Untersuchung derjenigen Ansätze, die bereits Vergesellschaftungsschritte für die Reproduktionsbereiche gewagt haben, als wichtigstes erscheint. Die Vergesellschaftung in den Friedrichshofer Gruppen beispielsweise müßte detailliert erforscht und dokumentiert werden, u.a. auch deshalb, damit die gesellschaftliche Relevanz eines solchen Modells für unsere heutige Zeit sichtbar werden kann.

Anmerkungen

1 Brief an KUGELMANN, 12.12.1968, MEW 32, 582 f
2 Genaueres zur Entwicklung des "Ganzen Hauses" und zur Großfamilie s. PFISTER (31/22)

und ROSENBAUM (38/489); (die erste Zahl bezieht sich auf die Nummerierung im Literaturverzeichnis, die zweite auf die Seitenzahl)

3 Eine konkrete Beschreibung der hausfraulichen Arbeitsprozesse findet sich in Heidi ROSENBAUM (38), Michael PFISTER (31), EGNER (10), OSTNER (30), MÜLLER-LYER (26)

4 Hier ist der Terminus "produktive Arbeit" nicht marxistisch gemeint, sondern im Sinne von Arbeit, die nicht zum Eigenverbrauch verausgabt wurde

5 von oikos = Ganzes Haus

6 Siehe Karl MARX, Pariser Manuskripte (21/546f)

7 In diesem Zusammenhang ist es auch zu verstehen, daß G. BOCK und B. DUDEN (5/122) die These formulieren, die Hausarbeit sei erst im 17./18. Jahrhundert entstanden:
Hausarbeit ist relativ neuen Ursprungs, sie hat ihre Anfänge im 17. und 18. Jh. mit den Anfängen des Kapitalismus und entfaltet sich, ungleichzeitig in verschiedenen Ländern und Regionen, in dem Zeitraum nach der industriellen Revolution. In dieser Zeit scheint sich fast alles, was Hausarbeit heute ausmacht, verändert zu haben: was es ist, wer sie tut, wie sie getan wird; die Einstellung zu ihr, ihre sozio-ökonomische Bedeutung, ihre Beziehung zur gesellschaftlichen und natürlichen Umwelt. Selbst der Begriff Hausarbeit scheint vor dieser Zeit nicht zu existieren, wie auch der moderne Begriff Familie im Europa des 17. und 18. JH. entsteht

8 EGNER's Begriff von produktiver Arbeit ist kein marxistischer

9 H. ROSENBAUM kennzeichnet die Sozialform des 'Ganzen Hauses' wie folgt (38/116):
"- die Einheit von Produktion und Haushalt
- die lohnlos mitarbeitenden 'Familienangehörigen'
- das in den Haushalt einbezogene Gesinde
- die Herrschaft des Hausvaters über alle Angehörigen des Hauses".
Zur Kennzeichnung des Wandels der Bauernfamilie vom Feudalismus zu heute stellt sie dann fest (38/120), daß die beiden letzten Kennzeichen heute weggefallen sind und das zweite Merkmal, lohnlos mitarbeitende Familienangehörige, nicht mehr uneingeschränkt gilt

10 Siehe M. PFISTER (31/22ff.)

11 Eine genauere Differenzierung der Familien auf dem Lande und in der Stadt nach Größe und Einkommen bzw. Stand findet sich auch bei SHORTER (43/I. Kapitel), ebenso eine regionale Differenzierung. Allgemein läßt sich dazu sagen, daß die Familien umso größer waren, je reicher sie waren, daß auf dem Lande mehr Generationen in einem Hause lebten als in der Stadt und daß die Haushalte im Osten Europas größer als im Westen waren

12 Siehe O. RÜHLE (39)

13 Siehe O. RÜHLE (39)

14 *Lebten zu Beginn des Untersuchungszeitraumes, um 1800, ca. 80% der deutschen Bevölkerung auf dem Lande, so hatten sich an seinem Ende die Verhältnisse nahezu umgekehrt: am Vorabend des 1. Weltkrieges wohnten fast zwei Drittel der Bevölkerung in der Stadt.* (ROSENBAUM: 38/481)

15 Zu dem Vergesellschaftungsprozeß im 19. Jh. vergleiche ROSENBAUM (38/476ff).

16 Siehe auch Abschnitt 7 und PFISTER (31/21f)

17 Dies wurde oft gegen den Kollektivdrang der Bevölkerung erzwungen. Eindrucksvoll schildert PIRHOFER (33/19):
Eine materialintensive Studie hätte die Spuren der utopistischen Gegengesellschaft im Alltagsleben der Massen, die Versuche und Phantasien einer eigenen autonomen Kultur und

den Widerstand gegen den massiven Kulturkampf von oben herauszuarbeiten. Noch um 1874 schien eine alternative Entwicklung virulent. Die starken Tendenzen zur Herausbildung eines kollektiven Lebenszusammenhanges im Proletariat und auch im Kleinbürgertum, von Sozialreformern wie Sax mit Klagen über die 'widerstrebende Gewohnheit' und eine Situation in Wien, in der 'der Drang der Not bereits zur Sitte, zur allgemeinen Lebensform geworden war', im Dunkeln gelassen, mag eine Bemerkung D' Avigdors erhellen: 'Ein glänzendes Resultat ist von der Einführung des Einzelsystems bei Wien kaum zu hoffen, erstens weil es innerhalb der Linien wegen der teueren Gründe nicht möglich und dermaßen die Kommunikation noch schwierig und ungenügend ist, zweitens weil die sozialen Verhältnisse gar nicht dieselben sind; dagegen haben die Arbeiter-Hotels eine Zukunft. Hier ist der Hang zum geselligen Leben zu groß, daß es äußerst schwer fallen würde, die Leute an das Einzelsystem zu gewöhnen'.

In der Tat bedurfte es jahrzehntelanger Disziplinierungsarbeit und Kriminalisierungsdrohung, um den Typus der hermetisch abgeschlossenen Kleinfamilie herauszubilden und zu verallgemeinern, den die 'Kleinwohnung' dann ökonomisch und sittlich sanktionieren konnte. Die Ridigität der Hausordnungen der 'Musterhäuser' und die Konflikte, die sich fortlaufend daran entzündeten, indizieren die Langwierigkeit des Sozialisationsprozesses, der noch um 1900 keineswegs abgeschlossen war. Als 1897 H.Rauchberg die 'Kaiser Franz Josef I - Jubiläumsstiftung für Volkswohnungen und Wohlfahrtseinrichtungen' vorstellt, zitiert er eine Wohnungsbefragung aus dem Jahre 1893, nach welcher 13,3 Percent der Bevölkerung Wiens in fremden Wohnungen leben und durch ihre bloße Anwesenheit dazu bei(tragen), das Familienleben derjenigen zu zersetzen, deren Haushalte sie teilen. Daß unter solchen Umständen die Geschlossenheit und Reinheit des Familienlebens in jenen Schichten nicht gewahrt werden kann, bedarf keiner weiteren Darlegung. Es bildet sich anstatt dessen ein anderer ganz eigenartiger Gemeinschaftsbegriff, welcher direkt zu Lebens- und Gemeinschaftsformen hinüberführt, die mit den Grundlagen unserer Gesellschaftsordnung in gefährlichem Widerspruch stehen und nur jene nicht schrecken, welche darin eine vielleicht nicht unwillkommene Überleitung zu dem sehr erweiterten sozialistischen Familienideal erblicken. Es scheint, es sind hier historische Möglichkeiten vergeben worden, welche die konservativen Sozialreformer in ihren Strategien präzise zu behindern wußten.

17b   Siehe hierzu PFISTER (31/Kap. IV "Polit-ökonomische Einschätzung der Hausarbeit").

18   Zur Diskussion, ob Hausarbeit produktive Arbeit im marxistischen Sinne ist, siehe PFISTER (31/39ff).

19   Siehe hierzu auch I. OSTNER (30/167).

20   Siehe hierzu MARX (22/207), MARX (20/47) und W. SECOMBE (42/12); auch OSTNER in (30/243):
Die Arbeit der Frau ist nur 'Aufopferung'; die Frau 'fließt nur aus', sie ist abstrakt identisch mit ihrem Arbeitsgegenstand, ohne ihn jemals aneignen zu können: Kinder und Mann gehören ihr nicht, sie dürfen ihr gar nicht gehören.

21   Siehe auch KONTOS/WALSER (17/75) und BOCK/DUDEN (5/177).

22   Siehe auch Dalla COSTA (7/41).

23   Siehe hierzu PFISTER (31/69f), Kap. V: "Die Stellung der Nationalökonomie und der Hauswirtschaftslehre zur Hausarbeit."

24   Siehe hierzu MARX, Kommunistisches Manifest (25/51), Deutsche Ideologie (24/164) und ENGELS in "Der Ursprung ...", (11/182), Das Kapital (22/514).

25   PFISTER, "Die gescheiterte ... " (32/Abschnitt 4).

26 Siehe hierzu PFISTER (31/69f), Kap. V: "Die Stellung der Nationalökonomie und der Hauswirtschaftslehre zur Hausarbeit."

27 Diese Stundenzahl ist eher noch zu gering veranschlagt, vergleicht man sie mit den Ergebnissen von Ann OAKLEY (29/93) und den von ihr zitierten Untersuchungen (29/94).

28 Zur schichtspezifischen Differenzierung dieser Aussagen siehe PFISTER (31/97f).

29 Hier die Untersuchung im Auftrag der Kommission für Wirtschaftlichen und Sozialen Wandel Ende 1974 (35/3851) und die nicht-repräsentative Untersuchung von ZANDER (50/60f).

30 Zur Mithilfe des Mannes bei der Hausarbeit siehe PFISTER (31/121f).

31 Siehe auch Abschnitt 5.

32 "Aus den Stellungnahmen der befragten Frauen ist zu ersehen, daß fast drei Viertel aller verheirateten Frauen, beinahe zwei Drittel der Nur-Hausfrauen und etwa 85 Prozent der erwerbstätigen Frauen das Gefühl haben, die Betreuung von Haushalt und Familie könne ihr Leben nicht ausfüllen." HOFSTÄTTER in der Zusammenfassung einer für die städtische Bevölkerung repräsentativen Untersuchung über die Einstellung verheirateter Frauen im Alter von 18 bis 55 Jahren zur Erwerbstätigkeit (35/347).

33 Sehr richtig schreibt A. OAKLEY zu dem Problem der Unzufriedenheit mit der Hausarbeit: "For those who are dissatisfied with housework, a statement of this feeling is problematic because the break between socially acceptable behaviour and individual experience has first to be made." (29/68)

34 Siehe dazu (29/187-188) und PFISTER (31/113).

35 Siehe PFISTER (31/114, 184).

36 Siehe Fragen 2-4, 15, 24, 29-32, 34-37, 39, 40, 60 a-e, 86 c, 102, 113 und 123 im Tabellenband zu (34).

37 Siehe dazu u.a. PFISTER (31/134), LOCHMANN (19/50) und TASCH, zitiert bei LEHR (18/27), OAKLEY schreibt: "Through the integration of feminine role learning with self-definition, housekeeping behaviours tend to be developed as personality function." (29/114).

38 In: RICHTER, Horst: "Konflikte und Krankheiten der Frau", in: Archiv für Gynäkologie (1973), S. 1-16, hier Seite 2-3.

39 RICHTER, H., op.cit, S.3.

40 Siehe dazu M. PFISTER "Liebe, Autorität und die Philosophie der Aufklärung" in diesem Buch.

41 Die hier beschriebene Konkurrenz der Hausarbeiterinnen ist weniger hervorgerufen durch die kapitalistische Konsumgesellschaft, als vielmehr eine Erscheinungsform.

42 Die Verdinglichung - das Wesen - drückt sich in der Unterordnung des Gebrauchswertes unter den Tauschwert aus. Das Erscheinungsbild ist dabei das Statusdenken.

43 Eine besonders deutsche Variante ist die Verknüpfung von Sauberkeit und Moral, der "saubere" Charakter; umso niederschmetternder die Kritik des Mannes an mangelnder Sauberkeit der Frau.

44 Hier wäre noch zu ergänzen: ... die der Irrationalität auch und gerade der Reproduktionssphäre in bestimmter Weise entsprechen.

45 Überdies schafft die aus dem Konsumtionsbereich herkommende ideologische Verwendung sexueller Assoziationen eine für die Hausfrau kaum überwendbare Diskrepanz zu der ihr tatsächlich möglichen sexuellen Betätigung.

46 Uwe WESEL, Der Mythos vom Matriarchat (49).
47 Siehe S. 57.
48 Siehe S. 58.
49 Shulamith FIRESTONE, Frauenbefreiung und sexuelle Revolution (12).
50 Wichtig dabei ist der Selbstverwaltungs-Charakter der Vergesellschaftung. Wie grausig verstaatlichte Vergesellschaftung des familiären Reproduktionsbereiches ausfallen kann, belegt die russische Erfahrung direkt nach der Oktoberrevolution. Siehe Claudie BROYELLE (6/53f).
51 Dies trifft auch für den Friedrichshof zu, an dem es seit 12 Jahren niemals zu Gewalt gegen Menschen kam.
52 In: Alice SCHWARZER (41/166ff).
53 Dies ist am Friedrichshof und allen ihm angeschlossenen, im Moment ca. 35 Gruppen (Stand Mai 1982) der Fall.
54 Zur historischen Dimension alternativer Lebenspraxis siehe den Beitrag "Utopie und Kommune" von A. BLECHSCHMIDT in diesem Buch.
55 Z.B. Shellstudie (13).
56 So etwa sieht es auch in den 35 (Stand Sommer 82) städtischen Gruppen aus, die dem Friedrichshof angeschlossen sind. Sie haben Einküchenhäuser aufgebaut, die gemeinschaftlich betrieben werden. Siehe dazu auch Hans SCHROEDER, "Wirtschaftliche und soziale Aspekte der Organisation des Privaten Haushaltes als Großhaushalt". (40)
57 Nach UHLIG (46/166).
58 Nach UHLIG (46/166).
59 NIGGEMANN (27/246), der Clara ZETKINs Artikel in der 'Gleichheit' vom 28.8.1901 zitiert.
60 Siehe hierzu auch die Kritik von Karl KORSCH:
Nach dem Motto 'Leerformeln sind Friedensformeln' hatte vor allem das Wort von der 'Vergesellschaftung der Produktionsmittel', das alle Sozialisten im Munde führten, die faktische Funktion, die Partei durch Ausklammerung strittiger Fragen zusammenzuhalten, Karl Korsch (1912, S. 18) nannte die Vergesellschaftung der Produktionsmittel eine Leerformel, 'die gemeinsame Formel für Staatssozialisten, Syndikalisten, Genossenschaftler und mannigfache andere Richtungen.' (UHLIG: 46/59).
61 Nach NIGGEMANN (27/265).
62 Über die deutsche Sozialdemokratie soll George Bernhard SHAW einmal diesen schönen Satz gesagt haben: "Sie ist die konservativste, die respektabelste, die moralischste und die bürgerlichste Partei Europas. Sie ist keine rohe Partei der Tat, sondern eine Kanzel, von der herab Männer mit alten Ideen eindrucksvolle Moralpredigten halten." Zitiert bei Lily BRAUN, Memoiren II, S. 476, zitiert nach NIGGEMANN (27/272).
63 Therese SCHLESINGER, Eine Aufgabe der Arbeiterbaugenossenschaften, in: Der Kampf, Wien, 1. Dezember 1912, 133, zitiert nach PIRHOFER (33/20, 21).
64 Ebenda, S. 134, zitiert nach PIRHOFER (33/21).
65 Z.B. das Berliner Einküchenhaus-Projekt Lankwitzer "Verein für gemeinnützige Einküchenwirtschaft". UHLIG: (46/95f).
66 Zur Geschichte des "Einküchenhauses" sowie der sozialdemokratischen Haltung hierzu siehe vor allem UHLIG (46).

Zur Entwicklung der Kollektivhäuser in Schweden vor allem Dick Urban VESTBRO (47).
67 "Die Situation der Frau", Ffm 1975 (16).
68 Siehe A. BLECHSCHMIDT, "Kommune - Haushalt ...", in diesem Buch.
69 Hierzu siehe: Aike BLECHSCHMIDT und Gertrud GRAF: "Rollenspiel im und außerhalb des Unterrichts - Erfahrungen an der Schule Friedrichshof" erschienen in: Bund Deutscher Psychologen, Kongreßband 1981 (3); Gertrud GRAF und Aike BLECHSCHMIDT "Kindergruppe-Rollenspiel-Aggressionsbewältigung", in: Ernst MEYER (Hrsg.), "Kinder und Jugendliche in seelischer Not", Braunschweig 1982; Gertrud GRAF und Aike BLECHSCHMIDT, "Privatschule Friedrichshof: Leben in der Kindergruppe", in: Erziehung Heute, Heft 11/12 Dez. 81, Innsbruck (4).

Literatur

(1) Arbeitskollektiv der sozialistischen Frauen Frankfurt, "Frauen gemeinsam sind stark". Frankfurt a.M. 1972.

(2) Bebel, August, "Die Frau und der Sozialismus", Berlin 1962.

(3) Blechschmidt, Aike und Graf, Gertrud, Rollenspiel im und außerhalb des Unterrichts - Erfahrungen an der Schule Friedrichshof. Erschienen in: Bund Deutscher Psychologen, Kongreßband 1981.

(4) Dies., Privatschule Friedrichshof: Leben in der Kindergruppe. In: Erziehung Heute, Heft 11/12, Dez. 81.

(5) Bock, Gisela und Duden, Barbara, Arbeit aus Liebe - Liebe als Arbeit. In: Frauen und Wissenschaft, Hrsg. Gruppe Berliner Dozentinnen, 2. Aufl., Berlin 1977.

(6) Broyelle, Claudie, Die Hälfte des Himmels. Berlin 1973.

(7) Dalla Costa, Mariarosa, Die Frauen und der Umsturz der Gesellschaft. In: Dalla Costa, M. und James, Selma, Die Macht der Frauen und der Umsturz der Gesellschaft, Berlin 1973.

(8) Demel, Ilse, Alkohol- und Medikamentenabhängigkeit bei Frauen. Hamburg 1976.

(9) Deutscher Bundestag, 7. Wahlperiode, Drucksache 7/4200, Bericht über die Lage der Psychiatrie in der BRD, Bonn 1975.

(10) Egner, Erich, Epochen im Wandel des Familienhaushalts. In: Familie und Gesellschaftsstruktur, Hrsg. von H. Rosenbaum, Frankfurt 1971.

(11) Engels, Friedrich, Der Ursprung der Familie, des Privateigentums und des Staates. Berlin 1970.

(12) Firestone, Shulamith, Frauenbefreiung und sexuelle Revolution. Frankfurt a.M. 1975.

(13) Fischer, Arthur, et al. Jugend 81, Bd. 1. Jugendwerk der deutschen Shell, Hamburg 1981

(14) Freundlich, Emmi, Hausfrauen bauen eine neue Welt. Agitationsschrift im Selbstverlag, Prag, ca. 1921.

(15) Hagemann-White, Carol, und Wolff, Reinhart, Lebensumstände und Erziehung. Frankfurt 1975.
(15a) Heinsohn, Gunnar, Wer will eigentlich Sozialismus? In: Freibeuter Nr. 7, 1981.
(16) Kollantai, Alexandra, Die Situation der Frau. Frankfurt 1975.
(17) Kontos, Silvia und Walser, Karin, Hausarbeit ist doch keine Wissenschaft. In: Beiträge zur feministischen Theorie und Praxis. Bd. 1, München 1978.
(18) Lehr, Ursula, Die Frau im Beruf, Frankfurt 1969.
(19) Lochmann, Rainer, Soziale Lage, Geschlechtsrolle und Schullaufbahn von Arbeiertöchtern. Weinheim und Basel 1974.
(20) Marx, Karl, Resultate des unmittelbaren Produktionsprozesses. Frankfurt 1969.
(21) Ders., Ökonomisch-philosophische Manuskripte. In: MEW, Ergänzungsband, Erster Teil, Berlin 1968.
(22) Ders., MEW 23, Berlin 1975.
(24) Marx, Karl und Engels, Friedrich, Die Deutsche Ideologie. In: MEW 3, Berlin 1973.
(25) Dies., Manifest der kommunistischen Partei. In: MEW 4, Berlin 1973.
(26) Müller-Lyer, Friedrich, Die Familie, München 1924.
(27) Niggemann, Heinz, Emanzipation zwischen Sozialismus und Feminismus. Wuppertal 1981.
(28) Novy, Klaus, Strategien der Sozialisierung. Frankfurt 1978.
(29) Oakley, Ann, The Sociology of Housework. London 1974.
(30) Ostner, Ilona, Beruf und Hausarbeit. Frankfurt a.M. 1978
(31) Pfister, Michael, Hausfrauenarbeit und Entfremdung. Lund 1980.
(32) Ders., Die gescheiterte Revolution. Beitrag in diesem Buch.
(33) Pirhofer, Gottfried, Linien einer kulturpolitischen Auseinandersetzung ... In: Wiener Geschichtsblätter 1978, Heft 1.
(34) Pross, Helge, Die Wirklichkeit der Hausfrau. Hamburg 1975.
(35) Pross, Helge und Schweitzer, Rosemarie von, Die Familienhaushalte im wirtschaftlichen und sozialen Wandel. Göttingen 1976.
(36) Rainwater, Lee et al., Workingman's Wife. New York 1959.
(37) Richter & Beckmann, D., Gießen-Test. Bern. Stuttgart. Wien 1972.
(38) Rosenbaum, Heidi, Formen der Familie. Frankfurt 1982.
(39) Rühle, Otto, Illustrierte Kultur- und Sittengeschichte des Proletariats. 1930, Neudruck Frankfurt 1970.
(40) Schröder, Hans, Wirtschaftliche und soziale Aspekte der Organisation des privaten Haushaltes in der Form des Großhaushaltes. Diplomarbeit. Universität München 1982.
(41) Schwarzer, Alice, Frauenarbeit - Frauenbefreiung. Frankfurt 1973.
(42) Secombe, Wally, The Housewife and Her Labour under Capitalism. In: New Left Review. Nr. 83, Jan.-Feb. 1973.
(43) Shorter, Edward, Die Geburt der modernen Familie. Hamburg 1977.

(44) Sonntag, Susan, Reflexionen über die Befreiung der Frauen. In: Alice Schwarzer (41).

(45) **Stapf, Kurt und Heidemann, Claus,** Das Tätigkeitsfeld von Hausfrauen. Zeitbudget und Tagesablauf. In: Hauswirtschaftl. Wiss. 19, 1971.

(46) **Uhlig, Günther,** Kollektivmodell "Einküchenhaus". Gießen 1981.

(47) **Vestbro, Dick Urban,** Kollektivhäuser in Schweden. In: Aktuelle Informationen aus Schweden, Hrsg. vom Schwedischen Institut, Nr. 234, Sept. 1979.

(48) **Vinnai, Gerhard,** Sozialpsychologie der Arbeiterklasse. Hamburg 1973.

(49) **Wesel, Uwe,** Der Mythos vom Matriarchat. Frankfurt 1980.

(50) **Zander, Ernst,** Arbeitszeitaufwand in privaten Haushalten. In: Hauswirtschaftl. Wiss. 20, 1972, 2, S. 60-67.

(51) **Zaretsky, Eli,** Die Zukunft der Familie. Frankfurt a.M. 1978.

Michael Pfister

Die gescheiterte Revolution
Zur politischen Problematik der Vergesellschaftung der Reproduktionsbereiche

1. Einleitung

Es wird viel über Kollektivismus, Neuen Lebensstil, Alternative Ökonomie, Experimente im Zusammenleben und Produzieren geschrieben, aber das, was eigentlich zählt, ist die Praxis. Die Gedanken, die im folgenden ausgeführt werden, sind spekulativ. Die Begründungen, die für diese oder jene Behauptungen gegeben werden, mögen gelegentlich zu kurz erscheinen. So hat der gesamte Gedankenzusammenhang zuweilen den Charakter eines Sprachspieles, eines Versuches, sowohl die Geschichte des letzten Jahrhunderts, als auch die Geschichte unseres Zusammenlebens unter einem bestimmten Gesichtspunkt zu sehen und zu reflektieren.

Allerdings hat der Standpunkt, aus dem heraus diese Überlegungen formuliert wurden, einen entscheidenden Vorteil: er entstammt aus dem Lebenszusammenhang einer neuen Lebenspraxis. Wirklich neue Sichtweisen können nur aus einer wirklich neuen Lebenspraxis heraus entstehen.

Der Grundgedanke des nun folgenden ist dieser: Karl Marx sieht als Voraussetzung zum Übergang in eine neue Gesellschaft die Vergesellschaftung der Arbeit, des gesamten Produktionsbereiches an. Die Verwandlung des Handwerkers im Feudalismus, der noch die Produktionsmittel privat besaß, in einen Lohnarbeiter, die Zusammenfassung vieler Arbeiter in Fabriken unter der Regie eines Kapitalisten, die Akkumulation des Kapitals in den Händen der Monopole, der Weltmarkt etc., dies sind notwendige Vergesellschaftungsschritte, um eine neue Gesellschaftsform erreichen zu können.

Ein ähnlicher Prozeß, und das ist die Hauptthese, muß geschichtlich notwendig mit denjenigen Bereichen geschehen, die sich mit der Produktion und Reproduktion der Ware Arbeitskraft beschäftigen. Es wird dabei gezeigt, daß es bereits seit mindestens dem Ende des 19. Jahrhunderts eine historische Tendenz zu selbstverwalteten Vergesellschaftungsformen der Reproduktionsbereiche gibt, sich diese bisher aber noch nicht haben durchsetzen können.

Dies wird an Hand einer Analyse sowohl der Jugendbewegung, als auch der Genossenschafts- und Gemeinwirtschaftsbewegung gezeigt, woraus sich prinzipielle Kritik an sozialdemokratischer und sozialistischer Strategie ergibt.

Diejenigen Leser, die sich einen kurzen Überblick über den Inhalt des Artikels verschaffen wollen, können dies tun, indem sie außer der Einleitung noch das Zwischenresümee und den Schluß lesen. Der ungefähre Gedankengang meiner Thesen wäre ihnen damit vertraut.

2. Die Jugendbewegung

Vom 19. Jahrhundert bis zum 2. Weltkrieg

Es gibt zwar nichts, beim dem die Ökonomie nicht ihre Finger mit im Spiel hat, (aber) mit der Studentenunruhe ist etwas Neues in die Welt eingetreten, was es wahrscheinlich in dieser Weise noch nicht gab, nämlich eine Revolte ohne vordringliche ökonomische Ursachen, schrieb Ernst BLOCH zu der 68-iger Bewegung.

Und Peter MOSLER schreibt in seinem Buch über die Studentenbewegung "Was wir wollten, was wir wurden" (S. 234):

In den Erklärungszusammenhang der Studentenrevolte gehören neben den sozialökonomischen vor allem sozialpsychologische Konstitutionsbedingungen. Die Welt hatte mit den Ideen des Bürgertums aus seiner heroischen, der revolutionären Phase technologisch abgerechnet. Wir kamen an die Universität in der Hoffnung, uns die bürgerlichen Ideale von Freiheit, Aufklärung und Brüderlichkeit anzueignen. Was wir erfuhren, war die Welt als Verblendungszusammenhang.

Doch geht man in der Geschichte der deutschen Jugend- und Sozialbewegung zurück, so gab es dort schon immer über rein ökonomische Motive hinausgehende Impulse zur Auflehnung.

Zwar stand die deutsche jugendliche Intelligenz seit den 60er Jahren des 19. Jahrhunderts zunächst im konservativen Lager (zuvor spielte sie zumindest partikulär in der Burschenschaftsbewegung 1813-1818 und in der Beteiligung an der 48'er Revolution eine progressive Rolle), jedoch entwickelten sich um die Jahrhundertwende kritische Strömungen gegen die bürgerlichen Wertvorstellungen von Privatheit, Familie, Karriere und Profitstreben: in der Lebensreformbewegung in Deutschland, in der Siedlungsbewegung äußerte sich eine teils bewußte, teils unbewußte Kritik an der Entfremdung des bürgerlichen Individuums, welche mit gelegentlich kuriosen Ideen aufzuheben versucht wurde.

So wollten die Vegetarier die Ernährung ändern; die Kleiderreformer und Nudisten die Bekleidung; die Freiland-, Boden- und Siedlungsbewegung die Grundrente und Großstadtarchitektur; die Freigeld- und Genossenschaftsbewegung den Handelsgewinn und die Macht des Geldes; die Naturheilkundler setzten an der heilenden Wirkung der natürlichen Elemente an, die Theosophen, Antrophologen und Okkultisten wandten sich gegen die materialistische Weltauffassung und gegen die Eindimensionalität des Rationalismus ... Auch im Kreise der Boheme entwickelte sich ab 1860 eine starke Natursehnsucht. (9/92)

Anarchisten wie Gustav Landauer forderten das Aussteigen aus der Gesellschaft und die Gründung von Genossenschaften. Franz Oppenheimer entwickelte gar ein eigenes Inlandsiedlungskonzept und gründete mehrere Siedlungsprojekte.

All diese Impulse vermochte die Sozialdemokratie nicht aufzunehmen und in einen gemeinsamen Kampf zu kanalisieren, zu sehr war sie bereits in eigenen Dogmen und in einem bürgerlichen Lebenszusammenhang (PFISTER (32/ Abschnitt 7)) verfangen. Dies gilt auch für die Wandervogelbewegung:

"Der Krieg hatte die Illusionen der Jugend in den Wilhelminismus zerstört. Da sie ihre Verwirklichung auch nicht in der SPD oder anderen Parteien fand, entwickelte sie eine Gegenkultur. Die Kraft der allumfassenden Liebe und der Innerlichkeit sollte den neuen Menschen entstehen lassen. Dieser neue Mensch würde dann auch die Gesellschaft ändern. Der Wandervogel war diese neue Organisation der bürgerlichen Jugend. Sie zogen in kurzen Hosen und Sandalen über das Land, sangen alte Volkslieder, trugen Blumenkränze ums Haar und suchten starke emotionelle Gemeinschaftserlebnisse. Sie wollten aus der alltäglichen Sterilität heraus und waren erstmals eine Kulturbewegung." (9/110)

Auch hier also war bereits eine Bewegung entstanden, die zunächst nicht vordergründig aus ökonomischen Gründen gesellschaftskritische Positionen bezog. Es ist eine historische Warnung vor allem an die Sozialisten, daß der positive Impuls nach mehr Gemeinsamkeit, wie er weitaus kraftvoller, weil mit direkten materiellen Bedürfnissen verbunden in der Genossenschafts- und Siedlungsbewegung der Jahrhundertwende und der 20iger Jahre (dort vor allem im roten Wien), zum Ausdruck kam, von den Nationalsozialisten aufgenommen und in ihre Ideologie integriert wurde. Dies gilt hauptsächlich, aber nicht nur, für die mittelständische Kollektivbewegung, ohne die der Nationalsozialismus weder die Begeisterung noch eine Massenbasis hätte mobilisieren können.

Seit 1933 integrierten die Nazis Teile der Lebensreformbewegung in kommunalen Projekten, den sogenannten Heimstättensiedlungen. Im Landkreis Wittenberg beispielsweise wurden durch die Kleinsiedlungsgesellschaft insgesamt 600 Heimstätten geschaffen. Neben Wohnhäusern wurden Schulen, Vorschulerziehung und Mütter-Jugendheime geschaffen. Diese Siedlungen waren von Land umgeben, das die Siedler bearbeiteten, um sich einen Teil ihrer Lebensmittel selbst zu erwirtschaften. (9/114)

Hitler führte so die gesamte Jugendbewegung langsam von ihren einstigen humanen Ansprüchen fort.

Warum mußte man in Deutschland den Nationalsozialismus machen? Weil dort gewisse Kreise davor Angst hatten, daß die Deutschen sonst wirklich das einrichten könnten, was man Demokratie nennt. HORKHEIMER (20/132)

Geschickt bauten die Nazis ihre mystische Kommune, "die Volksgemeinschaft" auf der

Angst vor dem Bolschewismus, auf Religion und Nationalsozialismus auf. (9/115) "Die Nazis hatten das spirituelle und utopische Reich erobert ... " (9/116).

Das, was die Jugend in den 20iger Jahren kritisch zum Staat werden ließ, ist Ausdruck einer Motivationskrise [1] des Kapitals, die sich bereits im 'Wilhelmismus' ankündigte. Der I. Weltkrieg hat den Glauben an den Staat als einer Institution, die eine bessere Gesellschaft will, gebrochen. In der bürgerlichen Karriere, im Privatismus der Eltern sahen die Jugendlichen keine Vorbilder mehr.

An einem extremen Beispiel untersucht dies Norbert ELIAS. [2] Im Versuch, die gesellschaftlichen Hintergründe für den Terrorismus in der Weimarer Republik aufzuzeigen, zieht Elias Parallelen zwischen den rechtsradikalen Weimarer Terroristen und den linksradikalen Terroristen der 60er und 70er Jahre:
Ihr Grundmotiv, das Gefühl, in ein Gesellschaftssystem eingesperrt zu sein, das es sehr schwer machte, für sie selbst, für die jüngeren Generationen, Chancen für eine sinnvolle Zukunft zu finden, war das Gleiche. (8/117)

Und im weiteren beschreibt ELIAS präzisierend die Studentenbewegung als wesentlich bestimmt vom Drang nach Kollektivität:
Hier fanden jüngere Menschen zunächst einmal das, was sie im Rahmen der etablierten politischen Institutionen, in den fest organisierten Parteien nicht mehr fanden. Die g e - m e i n s a m e n Aktionen, die W o h n g e m e i n s c h a f t, die großen Demonstrationen gaben den Beteiligten nicht nur ein Gefühl der Z u s a m m e n g e h ö r i g k e i t, sondern auch das Empfinden einer sinnerfüllten Aufgabe; ... Hier waren Aufgaben und hier war Sinn. (8/118, Heraushebung von M. Pf.)

Als 1955 Allan Ginsberg sein 112-strophiges Gedicht 'Howl' vortrug, sein Freund Jack Kerouac im Zuschauerraum saß, war es weder Protest gegen Mehrwertproduktion und materielle Ausbeutung, sondern ein sich Wehren gegen die geforderte Anpassung an ein die Kreativität und Sinnlichkeit tötendes System:
Der Abscheu von der entmenschten Zivilisation, den Allan Ginsberg in seinem Poem 'Howl' formulierte, und das Gegenbild vom einfachen, brüderlichen, ekstatischen und neuen Dasein der 'beat generation', wie es Kerouac in seinen Romanen 'On the road' und 'The Dharma Buns' beschrieb, prägte die Protestexistenz, die die Erben des Beats Ende der 50iger Jahre zu leben begannen. (HOLLSTEIN, 18/27)

Einer solchen Bewegung kann man nicht eine falsche Taktik zur Gesellschaftsveränderung vorwerfen, wie dies bei Walter HOLLSTEIN (18) anklingt. Einen Maßstab wie an einer Partei anzulegen ist hier verfehlt. Denn gerade die Orientierung an allgemeinen Überbauphänomenen macht eine solche Bewegung diffus und klassen- und schichtmäßig nur schwer zu differenzieren.

Dies ist auch ihre Schwäche und führt zu einer Anfälligkeit gegenüber reaktionären Ideologien, die das anti-kapitalistische Element von Kollektivbewegungen ähnlich wie in der Weimarer Republik systemrettend in faschistoiden Ideologien aufzufangen versuchen. [3]

Hier ist das Versäumnis der sozialistischen Bewegung, keine Strategie entwickelt zu haben, jene antikapitalistischen Impulse konstruktiv in eine allgemeine Strategie einzubetten.

Dies genau vermochte die bürgerliche Gesellschaft besonders nach dem II. Weltkrieg, nicht mehr in ausreichendem Maße zu liefern.

Das ist es, was Habermas als Motivationskrise bezeichnet, und was im folgenden Anlaß einer Kritik an der sozialistischen und sozialdemokratischen Strategie sein wird. Doch im weiteren soll genauer sowohl auf die Studentenbewegung, als auch auf die aktuelle Lage der Jugend eingegangen werden.

Studentenrevolte

Ähnlich wie also nach dem ersten Weltkrieg war es dem bürgerlichen Staat nicht gelungen, die inneren Widersprüche zu lösen und die Jugend zu motivieren; ähnlich wie in den 20er Jahren wächst in den 50er Jahren eine starke antikapitalistische Jugendbewegung heran, die sich nicht mit verbaler Kritik an der Entfremdung des bürgerlichen Individuums erschöpft, sondern den Versuch unternimmt, konkrete, solidarische, humane Lebenspraxis dem profit- und statusorientierten kapitalistischen Leben entgegenzusetzen. Wie schon das Wort von Ernst Bloch zu Beginn dieses Abschnitts sagt: Es ist keine vordergründig ökonomische Ursache, die etwa materiell Unterdrückte nun um mehr Anteile am Gesamtvermögen kämpfen läßt: es ist vielmehr eine Art Kulturrevolution, ein Aufbegehren gegen "Überbau-Phänomene", gegen die Autorität, gegen die unterdrückerische Sexualmoral, gegen staatliche Gewalt, die, wie in den USA, die Jugend in Kriege schickte, dessen Sinn ihnen, wie in Korea, nicht mehr plausibel gemacht werden konnte, zu vordergründig dabei waren die ökonomischen und militärischen Interessen (bei dem Krieg gegen das Nazi-Deutschland war die positive Funktion der GI's noch leichter ideologisch zu vermitteln gewesen).

In den 50er und 60er Jahren verband sich der Drang nach Gemeinsamkeitserlebnissen, wie ihn Elias [4] beschreibt mit einer Kritik an der Verlogenheit der Konsumgesellschaft, wie auch an dem sichtbar werdenden Raubcharakter imperialistischer Aktivitäten der sich der Jugend gegenüber unschuldig gebenden kapitalistischen Staaten.

Die Befreiungsbewegungen in Afrika, der Sieg der Revolutionsarmee in Kuba 1959, der Kampf der Schwarzen um Gleichberechtigung in den USA, später dann der Vietnam-Krieg und die Unterdrückung in der 3. Welt waren gleichsam das Verbindende. Es bestärkte im Kampf für eine bessere Welt, denn ein System, welches Rassendiskriminierung, Ausbeutung der 3. Welt nach außen, Polizeigewalt, Sexualunterdrückung, Isolation der Individuen und Konsumfetischisierung nach innen produziert, verdiente gestürzt zu werden.

Für die deutsche Studentenbewegung waren nun verschiedene spezifische Umstände und Ereignisse beeinflussend gewesen.

A) die bundesdeutsche Hochschulreform, besonders auch deshalb notwendig, da der Zustrom fertig ausgebildeter Fachkräfte nach dem Mauerbau 1961 versiegte, und die deutsche Industrie technologisch zu veralten drohte.

B) der Vietnam-Krieg und seine Eskalation 1961 sowie die Studentenunruhen in Berkeley 1964, als studentische Kampfmaßnahmen wie go-ins, sit-ins etc. mit Erfolg praktiziert wurden (erfunden wurden sie bereits 1960 im Kampf der Schwarzen um Gleichberechtigung in den USA).
C) die große Koalition zwischen CDU/CSU und SPD, anläßlich derer viele ihre Hoffnungen in die Sozialdemokratie endgültig begruben und sich seither der APO zugehörig fühlten.
D) die wirtschaftliche Rezession 66/67, das Ende des deutschen Wirtschaftswunders, was weiterhin auch zur Verschärfung im Ausbildungssektor führte.
E) der 2. Juni 1967, an dem der Student Benno Ohnesorg bei einer Demonstration gegen das Schahregime erschossen wurde. Dieses Ereignis hatte die Wirkung einer Initialzündung: die Staatsgewalt war diskriminiert und der Staat in Frage gestellt.
F) das Attentat auf Rudi Dutschke am 11.7.1968 und die Anti-Springer-Kampagne, die dem aufklärerischen Charakter der SDS-Theorie entsprach.

Aber wenn auch die Mobilisierung der Studenten und der Jugend anläßlich jener (und vieler anderer mehr [5]) Ereignisse geschah, so hatte sie doch einen anderen Kern, nämlich das Unbehagen am gesamten Lebenszusammenhang der Gesellschaft, an "Autorität und Familie" [6], an der sinnlosen Perspektive einer beruflichen Karriere, am geistlosen Konsumieren.

Dies wurde vom damaligen SDS auf den theoretischen Nenner gebracht. Bereits 1960 von der Mutterpartei, der SPD, verstoßen [7], stand der SDS in einer marxistischen Tradition, genauer: in der Tradition der Frankfurter Schule. "Die kritische Theorie war eine Deckadresse marxistischer Theorie in der antikommunistischen Adenauer-Ära." (9/239) Die Schriften von Horckheimer, Marcuse, Fromm und Adorno waren allerdings befreit von der ökonomistischen Verkürzung gesellschaftlicher Analysen der orthodoxen Marxisten. Sie analysierten die gesellschaftliche Totalität ohne das Ignorieren so wichtiger gesellschaftlicher Theorien wie z.B. die der Psychoanalyse, die den erstarrten Ostblock-Marxisten lediglich als bürgerliche Wissenschaft erschien. [8]

So war die Studentenbewegung von ihren Inhalten her eine neomarxistische Bewegung. Der SDS, der theoretische Kopf der Bewegung, war lange ein elitärer, relativ unbedeutender Zirkel gewesen, ehe die Studentenbewegung 1967, nach dem Tod von Benno Ohnesorg, zur Massenbewegung wurde. Bereits aber 1968 konnte er der Bewegung keine Richtung mehr geben, sie nicht mehr zusammenhalten: sie war ihr aus den Händen geglitten. Was war geschehen?

Für dieses Geschehen gibt es nun viele Erklärungsversuche. Die einen sehen die Studentenbewegung ab 1968 als keineswegs gescheitert an, sondern betrachten sie in ein höheres Stadium tretend. [9] Andere wiederum beklagen das Abebben des 'Rausches der Revolte':

Heute, zehn Jahre nach der Erschießung des Demonstranten Benno Ohnesorg durch den Polizisten Kurras - wo sind die Genossen? Im Knast, tot, in den neuen Parteien, in sozialistischen Projekten, an der Hochschule oder in anderen Berufen der bürgerlichen Gesellschaft. 1967 liefen wir hüpfend, keuchend und schreiend die Straßen herunter, unter roten Fahnen und Vietcong-Flaggen. Auf dem Wege gab es Schlägereien mit stämmigen Polizisten, und wir trugen blutige Augen und Beulen auf der Stirn davon - aber wir hatten keine Angst, und morgen begann ein neuer Tag. Nach den Demonstrationen kehrten wir zum Campus zurück, zur Universität, die voll war von Ignoranten, Fachidioten, Sozialisten, Kommunisten, Anarchisten und anderen Engeln. MOSLER (9/7)

Die Studentenbewegung hatte ein neues Leben anvisiert. Der Drang nach Kollektivität, nach Gemeinsamkeit, die das isolierte, privat denkende, an Profit, Karriere und Konsum orientierte Individuum ablösen sollte, organisierte sich in Kommunen bzw. Wohngemeinschaften.

Hier wurde, am amerikanischen Beispiel der Kommunebewegung orientiert, praktisch versucht, neue Lebenszusammenhänge zu schaffen:
Die Revolte von 1967 bis 1969 war der Aufstand gegen den reicher gewordenen Entzug der Überflußgesellschaft, gegen die Langeweile des autoritären Staates organisierter Passivität, gegen den illusionären Konsum der Wohlstandsgesellschaft. Gegen die Einsamkeit der an den Hochschulen Isolierten gab es eine Sehnsucht nach gegenseitiger Hilfe, nach dem linken Milieu als Ferment des Alltagslebens, nach der Konstituierung einer neuen Kollektivität. Die Absicht war, eine Gemeinsamkeit der Gruppe herbeizuführen, gegen das, was Satre 'Serialisierung' nennt, die Monotonie und Fremdheit des Arbeitsrhythmus, des Lebensrhythmus. MOSLER (28/237)

Diese "Konstituierung einer neuen Kollektivität" wurde am spektakulärsten von den Kommunen K 1 und K 2 in Angriff genommen, im stillen aber von tausenden Wohngemeinschaften, nicht zuletzt ja auch von den 3 WG's in Wien, die sich 1972 zusammenschließen sollten, um dann am Friedrichshof die AAO zu gründen.

Und hier ist die wahre Ursache des Bruches der 68er Studentenbewegung zu sehen: *Wir wußten nur, wogegen wir waren, nicht, was wir an dessen Stelle setzen wollten.* (28/238) Die Versuche einer "Konstituierung einer neuen Kollektivität" waren gescheitert.

Wilhelm Reich war als große Hoffnung wiederentdeckt und theoretisch aufgearbeitet, die kollektive Praxis, die große Sehnsucht der Bewegung, wurde aber nicht bewältigt, zu groß war die Verhaftung in bürgerliche Verhaltensmechanismen wie Zweierbeziehungen, Eifersucht, asoziales Verhalten, Besitzdenken, Sexualmoral etc.

Das Versagen der Studentenbewegung war allerdings bereits in ihrem Ausgangspunkt angelegt: der anti-autoritäre Ansatz war der Konstruktionsfehler, der eine konstruktive gesellschaftliche Aufbauarbeit durch destruktive, gleichmacherische Kritik zunichte machte. Als das positive Potential der anti-autoritären Polit-Clowns Kunzelmann, Teufel u.a. ausgeschöpft war, blieb eine Leere. Mit diesem Konflikt, Autorität prinzipiell zu bekämpfen und doch eine sachliche Arbeit leisten zu wollen, die ihrerseits auf Sachautorität [10] nicht verzichten kann, kämpfen noch heute viele Alternative.

An diesen Schwierigkeiten scheiterten die Genossen, am Aufbau einer konstruktiven neuen, kollektiven Lebenspraxis. Und dieses Scheitern ließ den einstig sehnsüchtigen, enthusiastischen, sich gerne nostalgisch an Kollektiverlebnissen erinnernden Kämpfer resignieren.

Diese Resignation blieb nicht folgenlos. Die Studentenbewegung der 60er Jahre war eine Bewegung, die eine bessere Gesellschaft erkämpfen wollte. Ihr Geschichtsbild war positiv, ihr Handeln bestimmt von der Vorstellung einer positiven Weiterentwicklung der Geschichte. Die Geschichtsphilosophie von Marx und Hegel schwang in den Demonstrationen und Diskussionen der Jugend mit. Sie vertraute auf den Fortschritt und die eigene Kraft, diesen selbst herbeiführen zu können.

Das Gefühl aber sowohl im Kampf gegen die Staatsmacht als auch im Kampf gegen die eigene Unfähigkeit zur Kollektivität und für ein besseres Leben versagt zu haben, forderte sein Tribut.

Denn das durch die Studentenrevolte sich gebildete "linke, aufgeklärte Bürgertum" (28/241), naturgemäß Vorbild im Widerstand, in alternativen sozialen Verkehrsformen und in einer freien Lebensweise für die nachfolgenden Generationen, schleppt seither das Gefühl des Gescheitert-Seins mit sich herum, da eine konstruktive, sich in der Praxis bewährte Lebenspraxis nicht aufgebaut werden konnte. Unter anderm dies ist die Ursache für die pessimistische Einstellung der heutigen Jugend.

Ähnlich wie in den 20er Jahren verbreitet sich ein Nihilismus, der z.T. aus dem Versagen der Rebellen der 68er Revolte zu erklären ist; vor allem unser pädagogisches Versagen ist uns vorzuhalten, der Jugend nicht genügend Kraft vermittelt zu haben, ändernd in die Geschichte einzugreifen.

Eine solche Untergangsstimmung gegen Kultur und Zivilisation hat es auch in der Weimarer Republik gegeben:
Spenglers 'Untergang des Abendlandes', Simmels 'Tragödie der Kultur' standen in einer langen Reihe kulturpessimistischer Abhandlungen. Die Jugend war irritiert von der rationalen, auf Machterweiterung gerichteten Weltsicht und der weit verbreiteten Katastrophenstimmung. Sie reagierte mit erstmals massenhaft radikaler Kulturverweigerung und Flucht in die 'Wandervogelbewegung': Pennäler und Junglehrer verließen übers Wochenende die unwirtlichen Städte und gingen zu Fuß auf Wanderschaft. Abkochen und Übernachten in Scheunen, Pflege alter Volkslieder und Tänze, Rückbesinnung auf das, was damals 'Volksseele' hieß: ein Aussteigerverhalten, das sich angesichts der tiefgreifenden gesellschaftlichen Identitätskrise wiederum rückwärts gewandt an der vermeintlichen Idylle vorindustrieller Verhältnisse orientierte. HOLLER (15/250)

Diese Parallele zur Weimarer Zeit ist allerdings nicht die einzige, die sich zur heutigen Zeit ziehen läßt. Auch die schon oben erwähnte Gefahr, daß in einem politisch unklaren Klima der positive Impuls nach mehr Gemeinsamkeit, wird er nicht zukunftsweisend aufgegriffen und weiterentwickelt, von rechten Ideologen mißbraucht werden kann.

Die 80er Jugendbewegung

Die Resignation jedenfalls der von der Studentenbewegung Enttäuschten [11] schlägt sich im Weltbild der heute 15 - 25-jährigen nieder:
*Die Mehrheit der Jugendlichen sieht die Zukunft der Gesellschaft pessimistisch:
- 58 % schätzen die gesellschaftliche Zukunft als 'eher düster' (...) ein*

- 95 % der Jugendlichen rechnen nicht damit, daß die Kriege abgeschafft werden
- 95 % rechnen nicht damit, daß es eine sorgenfreie Gesellschaft geben wird
- 80 % rechnen mit Rohstoffknappheit, Wirtschaftskrisen und Hungersnöten
- 78 % rechnen nicht damit, daß es mehr Gleichheit unter den Menschen geben wird
- 76 % rechnen damit, daß Technik und Chemie die Umwelt zerstören werden.

Die Mehrheit der Jugendlichen hat kein Vertrauen in die großen zeitgeschichtlichen Zukunftsvorschläge, gleichgültig, ob sie aus der Tradition der Arbeiter- und sozialistischen Bewegung, aus liberal-kapitalistischen Konzeptionen oder aus bürgerlichen Gesellschaftsentwürfen stammen. Die Mehrheit der Jugendlichen glaubt nicht mehr an die "natürliche Höherentwicklung", an den evolutionären Gang der Geschichte hin auf ein besseres Leben. FISCHER (10/15)

Doch trotz dieser pessimistischen Grundeinstellung ist die Kritik an der Entfremdung in unserer Gesellschaft, ist der Drang nach Kollektivität nicht untenzuhalten. Nicht zuletzt die Häuserbesetzungsbewegung ist ein Indiz dafür: nicht so sehr die Wohnungsnot steht dabei als Motivation im Vordergrund, sondern vielmehr der Wunsch nach Gemeinsamkeit. Damit sollen nicht die Maklergeschäfte, Spekulationen, Wohnraumzerstörung und die verfehlte Wohnraumpolitik bagatellisiert werden, aber die 150 besetzten Häuser in Berlin [12] sind nicht aus Verzweiflung wegen Wohnungsnot, sondern aus dem Bedürfnis besetzt, gemeinsam etwas zu unternehmen, und zwar nicht bloß in der "Freizeit", sondern bezüglich des gesamten Lebenszusammenhangs.

Es ist offenbar, was die Jugendlichen suchen: Gemeinschaftsgefühle. Die Kleinfamilie, aus denen sie kommen, befriedigt ihre Gemeinschaftsbedürfnisse nicht, vollwertige, verantwortliche Betätigung bleibt ihnen vorbehalten, schreibt Dieter ZIMMER [13] und Peter Schulz-Hageleit, GEW'ler, Historiker und Häuserbesetzer-Pate aus Berlin kommt in seinem Artikel "Auf der Suche nach neuen Formen des gemeinsamen Lebens. Überlegungen zur Frage: Wie will ich leben mit den anderen?" über die Hausbesetzerszene zu der gleichen Einschätzung:

Hausbesetzungen entspringen verschiedenen Motiven. Sie sind nicht zuletzt Ausdruck des massiven Wunsches nach neuen Lebensformen in kollektiven Zusammenhängen. [14]

Dies zeigt auch vielfach die bereits zitierte repräsentative Untersuchung des Frankfurter Sozialforschungsinstitutes Psydata mit Jugendlichen zwischen 15- und 25 Jahren:

Ein großer Abschnitt der Studie, der alleine schon die Lektüre lohnt, ist der "Spruchkultur" der Jugend '81 gewidmet, dokumentiert in einer Sammlung von Parolen, die von Häuserwänden stammen und aus Klos, aus Szenenzeitungen und aus den Interviews selbst. Neben vielen anderen Themen sind es vor allem die politischen Sprüche, die die Autoren interessieren und die sie in drei Untergruppen unterteilt haben: Es sind Sprüche, die die Sehnsucht nach Gemeinsamkeit und Leben ausdrücken ("Die Leute hier sind alle zubetoniert!"), Sprüche, die den jugendlichen Widerstand verbalisieren ("Wir lassen uns nicht BRDigen"), Sprüche, die die allgemeine Hoffnungslosigkeit ausdrücken sollen ("No hope, no dope, no future").
...
Es gibt nichts, was populärer wäre, als die berühmte Auffassung: "Make love, not war. [15]

Im Grunde markiert die Jugendbewegung der 80er Jahre nicht gelungene bürgerliche SozialisationUnd im Unterschied zur neomarxistischen Jugendbewegung ist sie eher als neoromantisch zu bezeichnen. Ohne klaren gemeinsamen theoretischen Standpunkt umfaßt sie Körnerfreaks, Landkommunenromantiker, Hausbesetzer, Altlinke, Punks, Friedenskämpfer usw. Gerade diese Diffusität der Standpunkte macht auch eine gewisse Unberechenbarkeit und eventuelle Beeinflußbarkeit durch reaktionäre Ideologie aus.

3. Kritische Bemerkungen zur Sozialdemokratie und der sozialistischen Strategie

Als Zwischenresümee ist festzustellen, daß es in der Jugend seit Ende des 19. Jh. einen starken Drang nach kollektiver Gestaltung der Reproduktionsbereiche gibt. Diese gesellschaftliche Kraft verschleißt sich allerdings im aufreibenden Kampf gegen die tradierten gesellschaftlichen Institutionen oder wird, wie im Faschismus, von reaktionären Ideologien betrogen und ihres antikapitalistischen Elements beraubt. Die Sozialdemokratie und die sozialistische Bewegung hat hier versagt, weil sie weder den prinzipiellen Chrakter der Kapitalismuskritik der Jugendbewegungen erkannt hat, noch dieser historischen Strömung nachgibt und ihre Möglichkeiten zur Entfaltung bietet. Es ist ein offenes Geheimnis, daß sich die europäische Sozialdemokratie in einer Krise befindet. Die alten Sozialdemokraten müssen erkennen, daß sie die Jugend im Kampf für eine bessere Gesellschaft nicht genügend haben motivieren können.

Schadenfroh haben dies sogar die UdSSR-Ideologen bemerkt. [16] In: "Die Krise der Ideologie des Sozialreformismus" schreibt Wladimir GRANOW:
Wir brauchen eine Idee ... Wie ein Schrei aus tiefster Seele dringt dieses Geständnis aus dem Zentralorgan der westdeutschen Sozialdemokraten, der Zeitschrift "Die Neue Gesellschaft". In verschiedenen wortreichen Varianten wird es von der sozialreformistischen Presse der anderen Länder wiederholt. Die sozialdemokratischen Führer schlagen Alarm: Woher ein inspirierendes ideologisches Banner nehmen? Noch vor kurzem wurden die reformistischen Führer nicht müde zu wiederholen, daß sich ihre Parteien ein für allemal um des "Realismus" willen "von der Ideologie freigemacht haben". Und jetzt erklärt der Vorsitzende der Sozialistischen Partei Österreichs, Bruno Kreisky, laut und vernehmlich, daß die Sozialdemokraten "erneut das Gespräch über den ideologischen Überbau beginnen müßten". Sogar die britischen Labouristen, die auf ihre traditionelle Geringschätzung der Gesellschaftstheorie besonders stolz waren, stellen in der Wochenschrift "New Stateman" fest: "... Die Labourpartei litt stets weniger unter einem Zuviel an Theorie als vielmehr unter einem Zuwenig an Theorie, und dieses Zuwenig war seit Beginn der 60er Jahre besonders offensichtlich geworden."

Selbst, bzw. gerade im Wohlfahrtsstaat Schweden wird die Motivationskrise der Konsumgesellschaft offenkundig. So spricht der erfahrene schwedische Landtagspolitiker Wille FORSBERG von einer Krise der gesamten nordischen Sozialdemokratie, und davon, daß es den Sozialdemokraten nicht gelungen wäre, ihre Jugend für den Sozialismus zu begeistern. [17]

Der Amerikanisierung der Gesellschaft hat die schwedische Sozialdemokratie zu wenig entgegenzusetzen gehabt, zu stark war ihre Konzentration auf die Verbesserung des materiellen Lebenstandards gerichtet, zu wenig auf "kulturrevolutionäre" Erziehung.

Der Sozialdemokratie in Westeuropa ist gewissermaßen der Boden unter den Füßen weggezogen: jahrzehntelange Konzentration auf Einkommens- und Vermögensumverteilung, auf Sozialleistungen, auf Wachstumspolitik [18] hat ihre Existenznotwendigkeit in Frage gestellt. Denn nun, wo im Westen die materiellen Probleme [19], im Vergleich zum 19. Jahrhundert und zur 3. Welt, annähernd gelöst sind, stellt sich vor allem den Jugendlichen die Frage: wozu eigentlich noch Sozialdemokrat werden?

Dieses Dilemma liegt u.a. darin begründet, daß der Vergesellschaftung der Reproduktionsbereiche so wenig Aufmerksamkeit geschenkt wurde, daß die Kollektivbewegung bekämpft statt gefördert wurde und wird:
"Der Staat ist gut beraten, wenn er dem Bedürfnis (nach neuen Lebensformen in kollektiven Zusammenschlüssen, M. P.) entgegenkommt und nicht, wie manche fordern, einfach niedergeknüppelt. SCHULZ-HAGELEIT (35).

Stattdessen fehlt wie Granow richtig bemerkt, den Sozialdemokraten eine Idee. Bis heute hat sie in der Jugend an Boden verloren:
Wenn die SPD noch vor wenigen Jahren die Partei der Jungen war, so stehen ihr - Stand April/Mai 1981 - inzwischen nur noch 24 % der Jugendlichen am nächsten, während ihr die "Grünen" mit 20 % bundesweit schon dicht auf den Fersen sind, gefolgt von der Union mit 18 % und der FDP mit 6 %. [20]

Dabei ist wichtig zu wissen, daß die Grünen bei allen Wahlberechtigten in der BRD lediglich 5 % erreichen würden. [21]

Die Sozialdemokratie verliert also Anziehungskraft auf die Jugend und das, weil ihr, wie den orthodoxen Marxisten auch, der Blick für nicht-materielle Bedürfnisse versperrt ist. (siehe PFISTER: 32/Abschnitt 7).

4. Zu den historischen Ursachen der Vernachlässigung der Vergesellschaftung der Reproduktionsbereiche

Karl Marx

Diese Vernachlässigung hat Geschichte. Sie beginnt im Grunde bereits im 19. Jahrhundert mit dem Historischen- und Dialektischen Materialismus von Karl Marx. Martin BUBER formuliert in seinem 1945 geschriebenen Buch "Pfade in Utopia":
Von den drei Modi des Denkens in Dingen des öffentlichen Lebens, dem ökonomischen, dem sozialen und dem politischen, hat Marx den ersten mit methodischer Meisterschaft beherrscht, dem dritten war er mit Leidenschaft ergeben, mit dem sozialen ist er - so absurd das auch in den Ohren eines bedingunglosen Marxisten klingen mag - nur selten in näheren Umgang getreten, und nie ist er für ihn bestimmend geworden. (5/163)
Doch wie ist dies zu erklären? Denn das, was Buber zum Ausdruck bringt, ist an vielen anderen Punkten des Marxschen Denkens und Handelns zu bestätigen.

Vermutlich liegt die Erklärung dafür in einer prinzipiellen Fehleinschätzung von Karl Marx begründet. Er unterschätzte die Fähigkeit des Kapitals, mit Krisen fertig zu werden und weiterhin die Produktivkräfte zu entwickeln. Er überschätzte die revolutionäre Situation und rechnete mit einer alsbaldigen Ablöse des kapitalistischen Systems durch den Sozialismus. [22] Dies ließ ihn sich voll und ganz auf den Produktionsbereich konzentrieren und ließ ihn befürchten, daß jede Energie, die nicht unmittelbar am Sturz des ökonomischen kapitalistischen Systems ansetzt der alsbald möglichen Revolution entzogen würde. [23]

Dies ist einerseits verständlich: denn der Ort, im 2. Drittel des 19. Jahrhunderts, der größten gesellschaftlichen Veränderung war der Produktions- und nicht der Reproduktionsbereich. Es war also ganz in der Denktradition HEGELs, vor allem die scheinbar offenkundige Tendenz zur Vergesellschaftung der Produktion zu forcieren. Die Not der Arbeiterschaft, das offenkundige materielle Leiden, macht die Konzentration von Marx auf den Produktionsbereich vollauf begreifbar und ist in Verbindung mit der vermuteten nahen Revolution das gewichtigste Argument für die Betonung der ökonomischen Sphäre.

Überdies wurde massenhafte Kritik am bürgerlichen Individuum auch erst um die Jahrhundertwende popularisiert und fand mit Freud ihren Höhepunkt. Andererseits wird gleichzeitig ein aufklärerischer, fast calvinistischer Charakterzug von MARX deutlich [24], der auf die Revolution hinarbeitend, jenes damit verbundene Warten 'leidend' erträgt. Dieser Puritanismus haftet bis heute noch vielen Marxisten an.

Die Einschätzung einer greifbar nahen Revolutionierung der Gesellschaft ist wohl auch der Grund dafür, daß Marx bei seiner Theorie des Überganges vom Kapitalismus zum Sozialismus, in der er die Notwendigkeit der Vergesellschaftung betont, dies im Grunde lediglich bzgl. des Produktionsbereiches ausführt, dem Reproduktionsbereich [25] dabei aber eher wenig Aufmerksamkeit widmet.

Doch ist der Gedanke einer Notwendigkeit allseitiger gesellschaftlicher Vergesellschaftung bereits bei MARX angelegt. Dies kommt in dem klassischen Vorwort zur "Kritik der politischen Ökonomie" zum Ausdruck:
Eine Gesellschaftsform geht nie unter, bevor alle Produktionskräfte entwickelt sind, für die sie weit genug ist, und neue, höhere Produktionsverhältnisse treten nie an die Stelle, bevor die materiellen Existenzbedingungen derselben im Schoß der alten Gesellschaft selbst ausgebrütet sind. (26/9)
Diejenige Produktivkraft aber, die in der Vergesellschaftung der Reproduktionsbereiche schlummert, ist bei weitem noch nicht entfaltet. Denn die Vergesellschaftung der Reproduktionsbereiche bedeutet nicht nur eine Aufhebung der Familie (die Marx und Engels ja bereits im Kommunistischen Manifest [26] forderten), sondern weiterhin eine Auflösung der privaten Erziehung und damit eine Erziehung, die u.a. auch den kollektiven Ansprüchen der Produktion entscheidend besser gerecht werden kann.

So gehört die Vergesellschaftung der Reproduktionsbereiche zu den "materiellen Existenzbedingungen" von neuen, höheren Produktionsverhältnissen. Erst wenn die Vergesellschaftung der Produktionsbereiche mit denen der Reproduktionsbereiche einhergeht, ist eine neue, höhere Gesellschaftsform möglich. Die UdSSR zeigt, wie wenig Dynamik zu einer Höherentwicklung eine Gesellschaft besitzt, wenn lediglich der Produktionsbereich durch Verstaatlichung einer höheren Vergesellschaftungsform zugeführt wird, obwohl dabei der entfremdete Vergesellschaftungscharakter der Verstaatlichung, die notwendig - wie der ganze Staat selbst auch - in wahre, dezentralisierte, selbstverwaltete Vergesellschaftung verwandelt werden muß, hervorzuheben ist.

Aus jener sich nicht bewahrheitenden Einschätzung, die Revolution stünde bald bevor, und der Tatsache des materiellen Elends der Arbeiterklasse resultierte also vermutlich die Marx'sche Betonung der ökonomischen Analyse, zumal auch, nach Götz EISENBERG (7/151) Marx "nach 1850 das Proletariat als sich selbst emanzipierendes Subjekt empirisch nicht mehr vorfindet", und er deshalb "den Bewußtwerdungsprozeß der Klasse an die wirtschaftliche Verlaufslogik" koppelt und "auf die desillusionierende Kraft der periodischen Krise" hofft.

Hier also sind wichtige Wurzeln zum Nicht-Verständnis des Dranges nach Kollektivität bzw. allgemeiner: der Tendenzen zur Vergesellschaftung der Reproduktionsbereiche der späten Marxisten, sowohl in der Sozialdemokratie als auch später in den kommunistischen Parteien zu suchen.

Einem solchen auf die Ökonomie fixierten Denken entgeht die historische Tendenz zur Umgestaltung der Reproduktionsbereiche, die zum einen in der bereits analysierten Jugendbewegung, zum anderen in der Genossenschafts- und Siedlungsbewegung, in der Frauenbewegung am Ende des 19., Anfang des 20. Jahrhunderts zum Ausdruck kommt. Denn außer der bereits beschriebenen Jugendbewegung, die immer wieder, von einer z.T. diffusen Kapitalismuskritik ausgehend, das Gemeinsame fordert, das das private atomisierte Individuum wieder mit der Gesellschaft versöhnt, gab und gibt es weitere Impulse, die den Drang zur selbstverwalteten Vergesellschaftung auch im Reproduktionsbereich verdeutlichen. Wichtigstes Beispiel ist hier die Genossenschaftsbewegung, die zunächst aus den gleichen Gründen von Marx mit äußerster Skepsis betrachtet wurde.

Noch im kommunistischen Manifest schreibt Karl Marx von den Genossenschaften als "kleine, natürlich fehlgeschlagene Experimente" (27/79).
Er und Engels hatten sich stets an das Greifbare gehalten, und dies schien der vom Kapital ausgehende Vergesellschaftungsprozeß. Doch das Ereignis der Pariser Kommune 1871 läßt ihn die Beurteilung der Problematik unter einem anderen Licht sehen.

Hier, wo sich die Frage nach dem Übergang einer Gesellschaftsform in die andere praktisch stellt, wo plötzlich auch die Kommune als Vergesellschaftungsantrieb - nun aber auch bzgl. der Reproduktionsbereiche - wirkte, entwickelte er Gedanken, die auch heute noch bei konstruktiven Überlegungen zu einer neuen Gesellschaft Gültigkeit besitzen dürften:

Marx erklärte ausdrücklich, es würde keine Funktionäre, 'keine Routiniers' des bekannten Typus geben: Es 'konnte nichts dem Geist der Kommune fremder sein, als das allgemeine Stimmrecht durch hierarchische Investitur zu ersetzen' (MEW, Bd. 17, S. 340). 'Das allgemeine Stimmrecht ... wird seinem wirklichen Zweck angepaßt: durch die Gemeinden ihre eigenen Beamten für Verwaltung und Gesetzgebung zu wählen' (MEW, Bd. 17, S. 544). Und so hinauf zur nationalen Ebene, wo die Vertretung auch eine gewählte, zugleich beschließende und ausführende Körperschaft sein würde. Die Nation sollte nichts sein als der Zusammenschluß von Kommunen. 'Ganz Frankreich würde sich zu selbsttätigen und sich selbst regierenden Kommunen organisieren ..., die (zentralen) Staatsfunktionen würden sich auf einige wenige Funktionen für allgemeine nationale Zwecke reduzieren' (MEW, Bd. 17, S. 545). Und auch die wenigen öffentlichen Funktionen, die zur Zentralregierung gehören würden, sollten durch 'kommunale Beamte und daher unter Kontrolle der Kommune ausgeführt werden' (MEW, Bd. 17, S. 596). Wir wollen hier angesichts unserer verhärteten Erfahrung mit dem Ersatz der Assoziation durch ihre regierende Stellvertretung, einfügen, daß 'die Kommune" wirklich die Kommune, d.h. das öffentliche Gemeinwesen ist, und nicht etwa bloß ein Ausschuß, ein gewählter (oder scheinbar gewählter) Rat. Dieses System ist die radikale Abschaffung der Bürokratie, selbstredend auch des stehenden Heeres, der zentralisierten Polizei.

...

'Die Einheit der Nation sollte nicht gebrochen, sondern im Gegenteil organisiert werden durch die Kommunalverfassung; sie sollte Wirklichkeit werden durch die Vernichtung jener Staatsmacht, welche sich für die Verkörperung dieser Einheit ausgab, aber unabhängig und überlegen sein wollte gegenüber der Nation ...' (MEW, Bd. 17, S. 340).
...

Ebenso wie sich der Bau des gesellschaftlichen Lebens auf die Kommunen gründen sollte, so würde sich der Prozeß der nationalen Produktion auf die von Arbeiterräten geleiteten Produktivgenossenschaften stützen., Engels hob hervor, 'daß bei weitem das wichtigste Dekret der Kommune eine Organisation der großen Industrie und sogar der Manufaktur anordnete, die nicht nur auf der Assoziation der Arbeiter in jeder Fabrik beruhen, sondern auch alle diese Genossenschaften zu einem großen Verband vereinigen sollte' (MEW, Bd. 17, S. 623). 'Aber dies ist der Kommunismus, der unmögliche Kommunismus! ... wenn die Gesamtheit der Genossenschaften die nationale

Produktion nach einem gemeinsamen Plan regelt ...' (MEW, Bd. 17, S. 343). Bahro (1/31,32)

Gerade so könnte man sich gesellschaftlichen Übergang vorstellen. Das Prinzip der Selbstverwaltung ist ebenso deutlich wie die positive, die neue Gesellschaft vorbereitende Funktion der Genossenschaft. Doch blieb die Haltung von Marx gegenüber Genossenschaften, überhaupt gegenüber Fragen des inneren Gesellschaftsumbaus ambivalent, wie an seiner Kritik am Programmentwurf für den Gothaer Einigungskongreß und an seinem Briefwechsel mit Vera Zasulitsch von 1881 deutlich wird. [27]

Die sozialistische Bewegung seit Ende des 19. Jahrhunderts [28]

Das Blind-sein gegenüber Problemen der Reproduktionsbereiche der Sozialisten und Sozialdemokratie hatte fatale Auswirkungen:

Während sich der Marxismus ursprünglich eine humanistische Gesellschaft zum Ziel gesetzt hatte, welche den Kapitalismus transzendieren sollte, eine Gesellschaft, die die volle Entfaltung der Persönlichkeit erreichen wollte, sahen die meisten Sozialisten jetzt im Sozialismus eine Bewegung, welche die wirtschaftliche und sozio-politische Situation innerhalb des Kapitalismus verbessern sollte; sie hielten die Verstaatlichung der Produktionsmittel zusammen mit den Grundsätzen des Wohlfahrtsstaates für ein ausreichendes Kriterium einer sozialistischen Gesellschaft. Die Prinzipien eines 'Sozialismus' dieser Art waren im wesentlichen die gleichen wie die des Kapitalismus: maximale wirtschaftliche Leistungsfähigkeit, eine im großen Stil bürokratisch organisierte Industrie und die Unterordnung des einzelnen unter dieses bürokratische, aber wirtschaftlich leistungsfähige System. FROMM (12/416)

Die Orientierung auf das Wirtschaftswachstum, die Vernachlässigung des Reproduktionsbereiches ließ die Sozialdemokraten die Revolutionierung der Gesellschaft verfehlen. [29]

Schon bereits vor dem 1. Weltkrieg erkannte sie nicht die wahre Bedeutung der Genossenschaftsbewegung, die in wesentlichen Punkten zu begreifen ist als der Versuch zur Aufhebung einer entfremdeten Vergesellschaftung der Reproduktionsbereiche (siehe PFISTER, Hausarbeit, Entfremdung und Emanzipation der Frau, Abschnitt 3). Denn die vor allem Ende des 19. Jahrhunderts stattgefundene Vergesellschaftung der Reproduktionsbereiche durch Landflucht und Aufbau der Großstädte hatte Anonymisierung und die Zerstörung der im dörflichen Bereich noch existenten Kommunikationsstrukturen zur Folge.

Die Massenbewegung der Genossenschafts- und Gemeinwirtschaftsbewegung in Österreich stand "von Anbeginn unter der drohenden oder faktischen Unterstützungsverweigerung durch die Partei oder ihre Theoretiker." Novy (29/47) Sie war, wie Novy formulierte, eine "Sozialisierungs"-Bewegung "von unten", im Gegensatz zu der von den Parteitheoretikern versuchten, aber gescheiterten "Sozialisierung von oben".

20 Jahre brauchte in Deutschland die Sozialdemokratie, um diese kollektive Basisbewegung anzuerkennen, sich den "Tatsachen einer Millionen-Bewegung zu stellen, um die programmatische Feinderklärung in sanfte Unterstützung umzudeuten" Novy (30/20). So

hieß es noch 1892 auf dem Berliner Parteitag der SPD, daß die Parteigenossen "der Gründung von Genossenschaften entgegenzutreten" hätten:

Was Marx der Pariser Kommune nachrühmte, hat die marxistische Bewegung weder gewollt noch getan. Sie hat nicht nach vorhandenen Vorformen neuer Gesellschaft ausgeschaut.

...

Sie hat nicht mit ihrer großen Kraft Hand angelegt, um die neue gesellschaftliche Existenz des Menschen, die von der Revolution freigesetzt werden sollte, zu gestalten.
BUBER (5/167)

Die Revolution, große Hoffnung der ersten 30 Jahre des 20. Jahrhunderts, hatte nicht stattgefunden.

Der Marxismus schrumpfte mehr und mehr zu einer affirmativen Industrialisierungsideologie, zur nur mehr technisch-organisatorischen Alternative, die zwar das kapitalistische System von seiner Disfunktionalität zu befreien versprach, nicht aber die lebendige Arbeit von ihrer Unterwerfung unter die tote. Die Revolution - verstanden entweder als Summe von Reformen oder als Haurruckakt einer Kaderpartei, die das Innenministerium, die Telegraphenämter und Bahnhöfe besetzt, sollte vollenden, was unter den Bedingungen des Privateigentums an Produktionsmitteln nicht vollendet werden konnte. Sie sollte die ganze Gesellschaft nach den Werten der Arbeit organisieren und den Apparat aus seiner Unterordnung unter Partikularinteressen befreien. EISENBERG (7/136)

Die Befreiung des Menschen, seine Selbstveränderung, die Aufhebung der Entfremdung, war aus dem Auge verloren. Die zwangsläufige Konzentration der Sowjet-Russen auf den Wirtschaftsaufbau beeinflußte in den 20er Jahren das ohnehin bereits ökonomische Denken der westlichen Sozialisten.

Außer den Aufgaben bürgerlicher Parteien enthielt das Programm der sozialistischen Vereine noch die Revolution. Sie erschien als das abgekürzte Verfahren dazu, das ideologische Ziel des Bürgertums, den allgemeinen Wohlstand, zu verwirklichen. Die Aufhebung des Privateigentums an Produktionsmitteln, die Überwindung der Kraft- und Materialvergeudung des Marktsystems durch Planwirtschaft, die Abschaffung des Erbrechts und so fort waren rationale Forderungen im Zuge der Zeit. Die Sozialisten vertraten gegen das Bürgertum ihre eigene fortgeschrittenere Phase und strebten schließlich eine bessere Regierung an. Die Einrichtung der Freiheit galt dann als mechanische, selbstverständliche Folge der Eroberung der Macht oder gar als Utopie.
HORKHEIMER [30]

Die oben bereits erwähnte Unfähigkeit der Sozialisten, auf die Kollektivbewegungen der Jugend in den 20er Jahren einzugehen (siehe Seite 95), wird nun historisch verständlich. Deutlich wird aber auch der mächtige Impuls nach selbstverwalteter Vergesellschaftung des Reproduktionsbereiches, nach massenhaftem Bedürfnis, kollektiv Hand anzulegen zur Verbesserung der eigenen Lebensqualität.

So umfaßte die deutsche Konsumgenossenschaftsbewegung, die 1845 von 4 Webern gegründet wurde, vor der nationalsozialistischen Machtübernahme 4 Millionen Mitglieder (NOVY 29/19). Ein weiteres Beispiel sind die Bauproduktionsgenossenschaften. 40 entstanden spontan 1919 in Deutschland und entwickelten sich innerhalb der nächsten Jahre auf über 200 an der Zahl mit teilweise 20.000 Beschäftigten, "um von der Produktion aus ein ganzes System alternativer Wohnungsorganisation zu entwickeln". NOVY (30/19)

Und der Internationale Genossenschaftsbund war mit 70 Millionen Mitgliedern (1930) die größte Organisation der Welt, "dabei mit antikapitalistischem Wirtschaftsprogramm". NOVY (30/21)

Jene Ansätze hatten über rein ökonomische Selbsthilfemaßnahmen hinaus Ansprüche, die auf einen neuen Gesellschaftsentwurf hinweisen und berechtigen, von einer Tendenz zur selbstverwalteten Vergesellschaftung des Reproduktionsbereiches zu sprechen. In den Veröffentlichungen von Novy, Uhlig und Pirhofer [31] wird dies, und die sozialistische bzw. sozialdemokratische Schwierigkeit, darauf revolutionär zu reagieren, besonders offenkundig. So zitiert im Artikel "Linie einer kulturpolitischen Auseinandersetzung in der Geschichte des Wiener Arbeiterwohnungsbaues" PIRHOFER die Rede des Bürgermeisters Seitz auf der Gemeinderatssitzung am 16. Juni 1924, die den Vergesellschaftungscharakter der Bewegung des Roten Wiens deutlich macht:

Jetzt kommt die neue Bauperiode, in der wir nicht mehr kleine Einzelhäuser bauen mit kleinen Höfen, sondern großen Anlagen mit Gemeinschaftswohnungen, in denen die Menschen in Massen beisammenleben (...). Wir wollen unsere Jugend nicht zu Individualisten, zu Einzelgängern erziehen, sie soll in Geselligkeit aufwachsen und zu Gemeinschaftsmenschen erzogen werden. (33/3)

Dies verdeutlicht, wie weit kollektive Vergesellschaftungstendenzen sogar in die kommunale Praxis eingedrungen waren, aber der kulturpolitische Konflikt um die Zentralisierung der Hauswirtschaft [32] im Einküchenhaus "Heimhof" 1927 verdeutlicht auch das mangelnde Verständnis der Sozialdemokraten für den systemsprengenden Charakter von selbstverwalteten Vergesellschaftungsprozessen im Reproduktionsbereich.

Der Heimhof war von der Gemeinnützigen Bau- und Wohnungsgenossenschaft 'Heimhof' angekauft, "und aus den Erträgnissen der Wohnsteuer von 25 auf 246 Wohneinheiten mit den entsprechenden Gemeinschaftseinrichtungen ausgebaut worden. Die Häuser stellen eine neue Wohnungstype dar, es ist an Stelle der Einzelwirtschaft die gemeinsame Wirtschaft, der Großbetrieb gesetzt. Die Bewohner finden daselbst vollständige Verpflegung und sind von Haus- und Wirtschaftsführung vollständig entlastet. Die Verköstigung erfolgt durch die Zentralküche in den Speiseräumen oder in den Wohnungen. Das Aufräumen der Wohnung und das Hauswesen wird durch geschulte Angestellte unter Leitung der Hausverwaltung besorgt." PIRHOFER (33/4)

Als nach Angriffen der "Reichspost" auf dieses Projekt, hinter dem sich "eine prinzipielle Ablehnung der Zentralisierung der Hauswirtschaft" (33/5) verbarg, ein sozialdemokratisches Gemeinderatsmitglied eher entschuldigend antwortete, drückt Pirhofer in seinem Kommentar viel allgemeiner das Dilemma der sozialdemokratischen Reformpolitik aus:

Die Stellungnahme des sozialdemokratischen Abgeordneten zeugt für die Bemühungen der Partei, den Widerspruch zwischen konkurrenzhaft-asketischen Verhaltenszumutungen der kapitalistischen Akkumulation und sinnlich-solidarischen Bedürfnissen im Alltagsleben der Massen im Rahmen knapper Ressourcen und geringer Handlungsspielräume zu entschärfen. Sie ist aber zugleich ein weiteres Beispiel für jenen 'Immobilismus und Attentismus', der letztlich zum inneren Substanzverlust der sozialdemokratischen Reformpolitik gegen Ende der zwanziger Jahre mit beigetragen hat. (33/6)

Dabei hatte der Heimhof, eher ein Unikum der Wiener Bautätigkeit, einen stark vergesellschafteten Charakter:

Gespräche mit Mietern aus den zwanziger Jahren, die der Verfasser geführt hat, ergaben, daß bis 1934 der Speisesaal über die bloße Essenseinnahme hinaus ein kommunikativer Raum gewesen ist, in dem vor allem die von Hausarbeiten entlasteten Frauen soziale Beziehungen entwickeln konnten. Seine Ausstattung mit 'einer ganzen Reihe von Tageszeitungen, Wochen- und Monatsschriften' ermöglichte und stimulierte eine kontinuierliche Information und Diskussion über 'Tagesereignisse', die ein Stück literarischer Öffentlichkeit wiederaufleben ließen. In der Selbstverwaltung und -organisation des Hauses fand dies eine unmittelbare politische Ergänzung: 'Alljährlich werden von allen Mietern des Hauses eine Anzahl Frauen und Männer gewählt, die für die gesamte Verwaltung des Hauses verantwortlich sind. Diese Verwaltungsarbeiten besorgt ein Verwalter, der stets im Einvernehmen mit der Hauskommission seine Arbeiten erledigt. Regelmäßige Hausversammlungen geben allen Mietern die Möglichkeit, Anregungen und Wünsche, aber auch eventuelle Beschwerden vorzubringen. Arbeitet die Hauskommission gut, dann hat sie das Vertrauen der Mieter, arbeitet sie schlecht, wird sie durch andere Frauen und Männer ersetzt. (33/7)

Freilich muß daraufhingewiesen werden, daß die realen Träger dieser Reform "die radikaldemokratische Frauenbewegung um 1900, die sozialdemokratische Frauenbewegung ab 1910 und, in engem Zusammenhang damit, die Genossenschaftsbewegung" (PIRHOFER 33/6) war.

Der Faschismus hat alle diese Entwicklungen unterbrochen. Er griff das Bedürfnis der Massen nach Gemeinsamkeitsgefühl, nach kollektiver Kommunikation, welches durch die Zerstörung der Dorfgemeinschaft einer ihrer letzten Ausdrucksmöglichkeiten beraubt wurde, auf. Statt den nun vereinzelten, in kommunikationslos nebeneinanderlebenden Kleinfamilien eingezwängten Menschen neue, überschaubare und selbstverwaltete Lebensbereiche zu eröffnen, die ihnen die Schaffung einer unentfremdeten Kollektivkultur ermöglicht hätte, bot ihnen der Faschismus durch eine ausgeklügelte Ideologie trügerischen Ersatz für fehlende Gemeinschaft. Diese Ideologie baute also auf der Vereinzelung der Individuen und deren Verlangen nach Gemeinsamkeit. Überall dort, wo es echte Lebensgemeinschaften noch gab, konnte der Faschismus nicht Fuß fassen. Er spiegelte ein Leben in der Gemeinschaft vor, bot aber nur abstrakt das Leben einer gemeinsamen Idee. Gemeinsam war also nicht mehr eine Lebenspraxis, sondern die gemeinsame Unterordnung unter die nationalsozialistische Ideologie.

5. Zwischenresümee:

Es ist bis jetzt folgendes festzuhalten: es wurde gezeigt, daß die Jugendbewegung bereits seit der Jahrhundertwende mit lediglich ökonomischen Erklärungsversuchen nicht zu verstehen ist. Ihr liegt eine Kapitalismuskritik zugrunde, die sich an der Entfremdung des bürgerlichen und proletarischen Individuums festmacht. Diese Bewegung wurde interpretiert als ein Aspekt einer historischen Tendenz zur selbstbestimmten Vergesellschaftung der Reproduktionsbereiche, d.h. derjenigen Bereiche, die die Produktion und Reproduktion der Ware Arbeitskraft besorgen. Hierzu gehört sowohl die Organisation der Erziehung, der Freizeit, als auch die familiale Reproduktion. Während im Produktionsbereich die Vergesellschaftung seit dem Feudalismus in einem äußerst hohen Tempo vonstatten ging [33], hat die Vergesellschaftung der Reproduktionsbereiche das Prinzip der privaten Reproduktionseinheit Familie nicht angerührt. [34] Doch sind die Bestrebungen hierzu bereits seit Ende des 19. Jahrhunderts im Gange. Dies wird, außer an der Jugendbewegung, vor allem auch an der Genossenschafts- und Gemeinwirtschaftsbewegung deutlich. Doch beide Impulse wurden historisch nicht ausreichend durch die Sozialdemokraten und Sozialisten analysiert und unterstützt. Dieser Fehleinschätzung liegen bereits Äußerungen von Karl Marx zugrunde, der in Konzentration auf das offenkundige materielle Elend der Arbeiterklasse und in Erwartung einer baldigen Revolutionierung der westlichen Staaten vor allem den Produktionsbereich des kapitalistischen Systems untersuchte. Als Folge entwickelte sich eine auf die quantitative Steigerung der Produktivkräfte orientierte sozialistische Bewegung, die im Westen dem Ideal des Wohlfahrtsstaates nachstrebte, in der UdSSR die unbedingte Wachstumssteigerung verfolgte. [35]

Das antikapitalistische Element aber, welches in der historischen Tendenz zur selbstverwalteten Vergesellschaftung der Reproduktionsbereiche verborgen ist, übte in den 20er und 30er Jahren eine solch starke Bedrohung auf das kapitalistische System aus, daß die Fortführung der kapitalistischen Ökonomie nur mit Hilfe einer pseudokollektiven Ideologie möglich war, die die systemsprengenden Kollektiv-Impulse im Faschismus pervertierte.

Doch eine historische Tendenz läßt sich nicht auf Dauer unterdrücken. Nach dem 2. Weltkrieg verlangt vor allem die Jugend in immer neuen Erschütterungen nach Kollektivformen der Lebenspraxis und eine Renaissance der Genossenschaftsbewegung bahnt sich an. Aber nach wie vor sind die Sozialisten nicht dazu in der Lage, jene Bewegung richtig einzuschätzen und in ein allgemeines sozialistisches Konzept zu integrieren. Die immer noch auf Wachstum orientierte Sozialdemokratie verliert das Vertrauen der Jugend, die in diffuse, gesellschaftskritische Bewegungen abzuwandern beginnt. Die Sozialdemokratie und die Sozialisten haben an revolutionärer Kraft verloren, die Grenzen der Wohlfahrtspolitik sind erreicht, nun käme es darauf an, die Vergesellschaftung der Reproduktionsbereiche voranzutreiben, und damit die Produktivität *qualitativ*, statt wie bisher *quantitativ* weiterzuentwickeln.

Eine neue halbherzige Vergesellschaftung, etwa nur der Produktivkräfte, kann keine wahrhaft neue Gesellschaft hervorbringen, wie das Beispiel der UdSSR, aber auch der westlichen Wohlfahrtsstaaten wie z.B. Schweden zeigt. Eine neue Gesellschaft werden wir nicht erreichen können, bevor nicht die Stufe der Vergesellschaftung der Reproduktionsbereiche erreicht ist. Damit ist nicht eine Verstaatlichung gemeint, denn diese Form der Vergesellschaftung führt in bürokratische, entfremdete Erstarrung und ist Feind einer jeden Selbstverwaltung. Gerade dies aber ist die unentfremdete Vergesellschaftung: die kollektive Selbstverwaltung der Kommune.

All dies ist bereits angelegt bei Karl Marx. Im Vorwort zur "Kritik der Politischen Ökonomie" spricht er von den 'materiellen Existenzbedingungen' neuer, höherer Produktionsverhältnisse, die "im Schoße der alten Gesellschaft selbst" auszubrüten sind, eine notwendige Voraussetzung für die Überwindung einer Gesellschaftsform.

Genau dies ist zu entfalten: die materiellen Existenzbedingungen für neue, höhere Produktions- und Lebensverhältnisse:
Entweder es lassen sich die zukünftigen Formen zumindest heimhaft hier und heute antizipieren - als 'Sozialabors' des neuen Wirtschaftens, als Sozialisationsagenturen der 'neuen Menschen' oder als werbende Exempel: oder 'Sozialismus' wird zur folgenlosen Phrase, zur ewigen Vertröstungsformel. NOVY (30/20)

6. Zur Perspektive der Vergenossenschaftung der Reproduktionsinstanz Familie

Den Prozeß der ohnehin bereits stattfindenden Vergesellschaftung der Reproduktionsbereiche gilt es nun also in die Richtung selbstverwalteter Formen wie die der Einküchenhäuser (der 20er Jahre), der kleinen Netze (HUBER, KORCZAK, 1981) bzw. des Genossenschaftsmodells Friedrichshof zu beschleunigen.

Denn außer den bereits beschriebenen Tendenzen zum Aufbau neuer kollektiver Lebenszusammenhänge in der Jugend und einer Platz greifenden Renaissance der Genossenschaftsbewegung sind umgekehrt Verfallserscheinungen bei den althergebrachten Reproduktionsbereichen zu erkennen.

Am deutlichsten ist dies bei der Familie. Sie wurde als wesentlichste Organisationsform menschlicher Reproduktion in unseren heutigen Gesellschaften gesondert analysiert. Deshalb wollen wir uns in diesem Zusammenhang darauf beschränken, auf diejenigen Punkte hinzuweisen, die symptomatisch für den rückschrittlichen Charakter der heutigen Kleinfamilie sind, natürlich auch in dem Wissen, daß auch die Kleinfamilie einst eine historisch progressive Rolle gespielt hat. Mittlerweile allerdings zementiert die Kleinfamilie zum einen die Unterdrückung der Frau, die durch ihre Aufgaben bei der frühkindlichen Sozialisation und der Hausarbeit um ihr Leben betrogen wird, hat sie doch weder Zeit noch Gelegenheit, sich von ihrer entfremdeten Rolle zu emanzipieren [36], wodurch der Gesellschaft das schöpferische Potential der Frauen entgeht.

Zum anderen geschieht die frühkindliche Sozialisation in einem Rahmen von Privatheit, der notwendig privatdenkende, zur Sozialisation mehr oder minder unfähige Kinder erzeugt, die mit den hohen Anforderungen an Kommunikation und soziale Verantwortung der Gesellschaft gegenüber nicht fertigwerden können.

Der Charakter der Familie ist asozial. Nicht asozial im Sinne von 'kriminell', sondern im Gegensatz zum Kollektiv, zur Gemeinschaft, zum Sozialen. Aber die Probleme, die sich den künftigen Generationen stellen werden, lassen sich nicht mehr von privaten, an Besitzdenken orientierten Charakteren lösen. Die historisch progressive Rolle des privatdenkenden Einzelunternehmers, des stets konkurrierenden, auf Profit bedachten Kapitalisten, und der Charakter des zur Natur gewordenen Privaten hat ausgespielt. Umweltverschmutzung, Energiekrise, Kriegsgefahren verlangen nach Menschen, denen egoistisches Privatdenken fremd ist und die es von früh auf gewohnt sind, stets im Rahmen einer Gemeinschaft zu denken. Dies bedeutet unter anderem eine enorme Steigerung der Produktivkräfte, wenn nämlich auch in der Produktion das schöpferische Potential des kollektiven Zusammenarbeitens sich entfalten und die gebundene Energie sich bekämpfender Privatmenschen frei werden kann.

Tatsächlich kann es eine entscheidende Weiterentwicklung der Gesellschaft erst dann geben,
wenn die Entfunktionalisierung der Familie bewußt vollendet, die Kleinfamilie als Reproduktionseinheit des 'menschlichen Faktors' aufgegeben wird. BAHRO (1/369)

Und es ist BAHRO zuzustimmen, wenn er feststellt:
Die Kommuneorganisation der Wohnbevölkerung bietet ihnen demgegenüber drei entscheidende Vorteile: erstens die Vergesellschaftung (hier mit Recht genauer: Vergenossenschaftung, ebenso unter zweitens) der Hausarbeit und insbesondere ihrer Planungs- und Leistungsfunktion (verbunden mit deren jeweils temporärer spezialisierter Wahrnehmung); zweitens die Vergesellschaftung der Kinderbetreuung und -erziehung, des ganzen Anteils am primären Sozialisationsprozeß, den bisher die Kleinfamilie wahrnimmt (ohne daß die Kinder deshalb dem besonderen Einfluß der natürlichen Eltern entzogen sein müßten); drittens die Möglichkeit der unmittelbaren vereinigten Interessenvertretung gegen die patriachalische Tradition, die den Emanzipationsanspruch der Frauen aus einer aussichtslosen und verkrampften ideologischen Rebellion in eine praktische ökonomische Angelegenheit verwandelt. BAHRO

7. Zu unzulänglichen sozialdemokratischen Vergesellschaftungsversuchen im Reproduktionsbereich. Stadtteilkulturarbeit und Kollektivhäuser

Unbewußt oder bewußt haben viele sich progressiv verstehende Politiker diese Problematik erkannt. Obwohl oft nach außen hin, aus taktischen Erwägungen, die Familie verteidigend, wissen sie, daß der Dogmatismus, mit dem diese anachronistische Form des Zusammenlebens verteidigt wird, ein konservatives Element ist, was keine Kraft besitzt, auf einen neuen Gesellschaftsentwurf hinzuweisen. Vielen Sozialdemokraten ist die Entfremdungssituatuion der Bevölkerung bewußt, sie wissen um die Isolation, die Vereinzelung in den Großstädten, wo in riesigen Wohnsilos die Nachbarn sich bereits nicht mehr kennen, so sehr hat sich die städtische Anonymität über sie gelegt. Es ist kein Zufall, daß gerade dort, wo bereits ordnungsgemäßes Funktionieren im Sinne der Produktionssteigerung nicht mehr gewährleistet ist, daß dort, wo die Opfer der Gesellschaft sich sammeln und die Gesellschaft an ihr eigenes Versagen mahnen, daß dort, nämlich bei Drogensüchtigen, Straffälligen, bei Alten, in Psychatrien usw. Formen kollektiven Lebens plötzlich propagiert und als wichtige Sozialisationsinstanz anerkannt sind. Für den 'normalen' Bürger hat dies, scheinbar, keine Gültigkeit.

Es gibt nun, bewußt oder unbewußt, viele Versuche, dieser historischen Tendenz der Vergenossenschaftung der Reproduktionssphäre Rechnung zu tragen. Ein deutsches Beispiel ist die von der Sozialdemokratie betriebene Stadtteilkultur. Sie hat im Gegensatz zur Elite-Kultur der Opern und Staatstheater einen Ansatz, der zwischenmenschliche Entfremdung durch gemeinsame kulturelle Aktivitäten zu mildern versucht, und beabsichtigt überdies eine Politisierung der Bevölkerung. "Kultur für alle" [37] ist das damit verbundene Schlagwort, der Aufbau von Kulturzentren, von Begegnungsstätten, wie es im Nürnberger Konzept des Kultur- und Freizeitamtsleiters Glaser ausgedrückt wird, ist der praktische Realisierungsversuch.

Doch immer deutlicher wird, daß dieses halbherzige Konzept nicht viel über das in den 50er Jahren entwickelte Konzept der 'Häuser für Jugend' hinausgeht. Jenes wie dieses ist beschränkt auf den Freizeitbereich. Die Kulturzentren verkommen zur besseren Kontrollmöglichkeit von Drogenabhängigen und Linksextremisten, die Jugend geht derweil andere Wege und schnurstracks an solchen Angeboten vorbei. Statt nur zu flippern im Kommunikationszentrum, statt nur am Abend in Teestuben zu sitzen, bauen sie alternative Produktionsstätten auf und besetzen Häuser, was immerhin 45 % aller Jugendlichen für sehr o.k. halten [38].

Die Vergesellschaftung der Freizeit ist einfach zu wenig. Aber dieses 'zu wenig' ist kein quantitatives Problem, sondern ein qualitatives: denn wird bei der Vergesellschaftung nur im Freizeitbereich angesetzt, dann ist Kommerzialisierung und Konsum nicht weit, zu einem wirklichen Ansatz der Aufhebung von Entfremdung und Herstellung kollektiver Lebensformen reicht es nicht mehr. So, und nicht anders, ist es zu verstehen, wenn 'Häuser der Jugend" leerstehen und daneben Häuser besetzt werden.

Eine ähnliche Problematik, aber auf einer bereits höheren Stufe, stellt sich der schwedischen Sozialdemokratie in ihrer Beurteilung der sogenannten Kollektivhäuser. Die Geschichte solcher Häuser beginnt, wie kann es auch anders sein, Anfang des 20. Jahrhunderts, eben zu jener Zeit, wo die oben beschriebenen Tendenzen zur Vergesellschaftung des Reproduktionsbereiches ihrem Höhepunkt der 20er Jahre zustrebte. Die Idee der "Einküchenhäuser" [34] wurde in Schweden in den 30er Jahren von Alva Myrdal, dem späteren Regierungsmitglied der Sozialdemokraten und dem Architekten Sven Markelius aufgegriffen. 1935 dann kam ein Projekt von Markelius zur Realisierung und in den 50er Jahren, vor allem verbunden mit dem Namen Olle Engkvist, wurden weitere Kollektivhäuser errichtet [40].

Aber nur wenige dieser Versuche können als gelungen bezeichnet werden. Zumeist erzeugte bereits die viel zu große Wohneinheitsanzahl eine Anonymität, die kaum durch Kollektiveinrichtungen aufgefangen werden konnte (so umfaßt das Familienhotel Hässelby in Stockholm 330 Wohnungen). Wird zudem die Zusammensetzung der Bewohner nach abstrakten Richtlinien am Schreibtisch entschieden, so nimmt es nicht Wunder, daß sich in solchen, eher verstaatlichten Vergesellschaftungsversuchen, Ansätze von Selbstverwaltung nur schwer entwickeln lassen.

8. Schlußwort

Vergesellschaftung muß wachsen. Sie kann außerdem nicht bei der Vergesellschaftung der Produktionsmittel zur Reproduktion wie Küche, Wäscherei etc. stehenbleiben, wenn auf der anderen Seite die Kommunikation, die Sexualität, die Kindererziehung, die Entscheidungsprozesse weiterhin *privat* organisiert werden. Sicherlich können solche Prozesse nicht abrupt in Gang gesetzt werden. Aber das Bewußtsein darüber ist notwendig, um solchen Projekten eine Richtung zu geben; denn es ist unerläßlich, bei Vergesellschaftungsversuchen den Kommunikationsbereich miteinzubeziehen, die Abende gemeinsam zu gestalten, sowohl was das Besprechen von Problemen der Selbstverwaltung, als auch was Probleme der Beziehungen der Menschen untereinander betrifft. Dies verlangt allerdings eine besondere Kommunikationsart, die dem Bedürfnis und den gruppendynamischen Prozessen eines Kollektives angepaßt sind. Leider ist es eine Tatsache, daß hierüber ein erstaunliches Unwissen besteht. Zwar wird darüber viel geschrieben, aber zumeist nur von Theoretikern und "Gruppen"-Professionalisten, die nach dem Verfassen ihrer Schriften über kollektive Lebensprozesse, bzw. nach dem Abhalten zweistündiger Gruppensitzungen wieder nach Hause in den Lebenszusammenhang der Zweierbeziehung bzw. Familie zurückkehren, mit anderen Worten also eigentlich über eine Sache sprechen, von der sie nichts wesentliches wissen können, weil zu jedem tiefen Wissen eine *Lebenspraxis* dazugehört.

Gerade hierin kann eine wichtige Bedeutung des Friedrichshofes bestehen: denn 12 Jahre kollektiver Lebenspraxis und bewußtes Erforschen von Kommunikationsstrukturen in Gruppen haben Ergebnisse gebracht, die Aufschluß darüber geben, wie gemeinsame Projekte durchgeführt werden können, wie dabei die Privatheit ohne tragischen Ernst, nämlich in der Anwendung künstlerischer Gestaltungsmittel, aufgearbeitet werden kann. Denn nur dadurch behält ein Kollektiv die Motivation zusammenzubleiben. Bleibt eine Vergesellschaftung auf materielles beschränkt, bleibt, wie oben bereits gesagt, Kindererziehung, Entscheidungsfindung, Kommunikation und sogar auch Sexualität *auf die Dauer* privat, dann entsteht zwangsläufig entweder eine Bürokratisierung oder ein Desinteresse gegenüber kollektiven Aktivitäten. Diesen Erfahrungen des Friedrichshofes müßten auch staatliche Überlegungen bei Vergesellschaftungsmodellen Rechnung tragen.

Nebenbeibemerkt ist dies auch der Grund, warum sich die AAO, bzw. später die Kommune Friedrichshof, als eine von vielen hundert Kollektivmodellen aus der Studentenbewegung entstanden, eben nicht auflöste, sondern im Gegenteil mittlerweile 100 Erwachsene und 50 Kinder am Friedrichshof, und 35 Kollektive in ganz Europa umfaßt: weil es nämlich gelang, eine Kollektiv-Kultur zu entwickeln, die mit Kollektiv-Problemen fertig wurde, statt in den Fehler vieler Gruppen zu verfallen, zu glauben, mit den Problemlösungsstrategien des einstigen kleinfamiliären, privaten Lebenszusammenhanges Probleme einer Gemeinschaft lösen zu können: sie verhielten sich gerade so, als wollten sie sich Balettschuhe anziehen, um damit einen Berg zu erklimmen.

Kommen wir zum Ausgangspunkt zurück. Vor und nach dem ersten Weltkrieg gab es starke kollektivistische Strömungen. Unter diesen sind die Frauen-, die Jugend-, die Genossenschafts- und Siedlungsbewegung besonders zu nennen. Der Faschismus hatte sich der Kollektivimpulse bemächtigt. Der Vergesellschaftungsgedanke wurde dabei diskreditiert, was viele noch heute existierende Resentiments gegenüber Vergesellschaftungsversuchen verständlich macht. Die Forderung nach dem Schutz der Privatsphäre ist vor allem dort sinnvoll, wo die Interessen des Gesamten mit den eigenen nicht übereinstimmen. So ist es also wichtig zu betonen, daß Vergesellschaftung niemals Unmündigkeit bedeuten darf, sondern Selbstverwaltung, nicht Verstaatlichung, sondern überschaubare, gemeinsame Lebenspraxis. Das hatte die Jugendbewegung nach dem 2. Weltkrieg in der Studentenbewegung 1968 versucht. Zahlreiche Experimente zur Konstituierung kollektiver Lebenspraxis sind unternommen worden, doch fast alle sind gescheitert (siehe S. 12f). Das, was Bahro skizzierte, scheint eine gute Theorie zu sein, die in der Praxis allerdings nur schwer zu realisieren ist. Die Anfang der 70er Jahre entstandenen Wohngemeinschaften begannen voller Enthusiasmus, scheiterten aber sehr bald an persönlichen Problemen, an ihrer privaten Sozialisation, die ihnen soziales, kollektives, verantwortungsvolles Zusammenleben mit anderen schwer, bzw. unmöglich machte. Die Durchschnittsdauer der Kommunen betrug 3 Jahre [41], dann war die alte WG-Besetzung völlig ausgetauscht und neu. Die einfache Organisation kollektiven Miteinander-Lebens wurde noch als erstes bewältigt: der Abwasch, die gemeinsame Nutzung des Autos; aber Konkurrenz, Eifersucht, Besitzdenken, Liebesansprüche ließen entweder die gemeinsamen Projekte scheitern oder die Ansprüche zurückschrauben, sodaß nun wieder Isolation, Einsamkeit und Beziehungslosigkeit in Kauf genommen wurde.

Statt für dieses Scheitern die Unfähigkeit zu sozialer Kommunikation verantwortlich zu machen, wurde bei vielen als Schutz gegenüber dem Erkennen des eigenen Versagens das ganze Vorhaben der Vergesellschaftung als unmöglich, bzw. nicht mehr erstrebenswert erklärt. [42]

Dabei scheiterten sie zumeist am gleichen Problem: sie hatten es nicht gewagt, die Vergesellschaftung des Reproduktionsbereiches auf die sexuelle und kommunikative Reproduktion auszudehnen. Der Keim des Privaten zerstört auf die Dauer alles Kollektive: vergesellschaftet man nur die Produktion und nicht die Reproduktion, wie in vielen alternativen Projekten wie TAZ, Mehringhof, Stadtbuch usw., dann droht Verbürokratisierung oder Desinteresse gegenüber kollektiven Aktivitäten. Vergesellschaftet man überdies noch den Reproduktionsbereich, lebt man zusammen mit gemeinsamem Haushalt, Wäscherei, Küche etc., beläßt aber Kommunikation und Sexualität im Privaten, dann wird man vom ständig sich entwickelnden Widerspruch zwischen Kollektiv und Privatheit aufgerieben. Halbherzige Vergesellschaftung führt zur Auflösung des Projektes, wie es viele WG's und alternative Versuche erdulden mußten.

Anmerkungen:

1. Siehe J. HABERMAS, "Legitimationsprobleme im Spätkapitalismus" (14)
2) N. ELIAS (8)
3) Diese gefährliche Parallelität zur Weimarer Republik wird auch von dem schwedischen Sozialdemokraten Wille Forsberg gesehen. (Gespräch 12.3.1982 mit M PFISTER)
4) "Zivilisation und Gewalt", Norbert ELIAS in "Lebenswelt und soziale Probleme". 20. Deutsche Soziologentag (8)
5) Siehe dazu Chronologie in MOSLER (28/249ff).
6) So der Name des damals viel gelesenen Textes "Autorität und Familie" von Horckheimer et. al. (19)
7) 1960 beschloß die SPD die Unvereinbarkeit der Mitgliedschaft in SDS und SPD.
8) BAHRO (1/242): "Wir hatten die Kritik an Freud, ehe wir auch nur ein einziges Werk gelesen hatten."
9) BAUSS (2/14): *"von der zweiten Hälfte des Jahres 1968 an aber setzte der Zerfall dieses SDS in die organisatorische Eigenständigkeit der vormals in ihm wirkenden verschiedenen Kräfte ein, ein Zerfall, der zugleich eine Weiter- und Höherentwicklung des organisatorischen und politischen Niveaus der Studentenbewegung beinhaltete."*
10) Siehe H. MARCUSE, "Ideen zur kritischen ..." (23/136).
11) Selbstverständlich ist dies nur *ein* Faktor unter vielen, die den heutigen Kulturpessimismus erzeugen.
12) Stand 19.10.81, siehe Pressemitteilung des Berliner Senats Nr. 39/81. Davon sind 82 alleine in Kreuzberg und 28 in Schöneberg besetzt, der Rest verteilt sich auf die anderen Bezirke.
13) Die Zeit, Dieter ZIMMER, "Daß mal die Welt wieder schön ist" (41).
14) Frankfurter Rundschau vom 15. 7. 1981 (35). Dies ist nicht leichtzunehmen. Immerhin hat die Häuserbesetzungsbewegung unter der Jugend große Sympathien. 45% der Jugendlichen finden die Hausbesetzer gut, ohne selbst mitzumachen. (Süddeutsche Zeitung, 28./29.11.81, "Diese jungen Fremden", von Herbert RIEHL-HEYSE (34).
15) Süddeutsche Zeitung vom 28./29. November 1981.
16) Doch Grund zur Schadenfreude haben die Sowjetrussen beileibe nicht, sind sie in ihrem System doch von einem unentfremdet vergesellschafteten Produktions- und Reproduktionsbereich weit entfernt.
17) In einem Gespräch mit M. PFISTER am 12.3.1982.
18) Zu jenem unkritischen Ökonomismus, der der Wachstumspolitik und dem Konsumerismus mehr verhaftet ist als der Befriedigung menschlicher Bedürfnisse und einer Aufhebung merklicher Entfremdung siehe die Diskussion in Erich FROMM, Haben oder Sein, München

1981; Ivan ILLICH, Selbstbegrenzung. Eine politische Kritik der Technik, Hamburg 1975; sowie E.F. SCHUMACHER, Die Rückkehr zum menschlichen Maß, Hamburg 1977.

19) Die materielle Ungleichheit in West-Europa soll damit nicht unter den Tisch gekehrt werden, doch hat sie nicht mehr jenen existentiellen Charakter wie noch zu Zeiten Marx.

20) Süddeutsche Zeitung, 28./29.11.81, S. 9; diese Entwicklung scheint in anderen Ländern noch bevorzustehen. In Schweden etwa ist den Grünen ein solcher Einbruch noch nicht endgültig gelungen. Dort würden noch 52,5% aller Stimmberechtigten unter 25 Jahren sozialdemokratisch wählen (Stockholmstidningen, 12.3.82).

21) Spiegel Nr. 48 vom 23.11.81, S. 57.

22) Siehe BAHRO (1/39), HOFMANN (16/29), HORKHEIMER (19/152).

23) Siehe u.a. BUBER (5/159).

24) Es nimmt nicht Wunder, daß Proudhon in einer Anspielung Karl Marx gerade mit Luther verglich. BUBER (5/28).

25) So war Marx auch überzeugt, die Familie, vor allem die proletarische, sei kurz vor ihrer Auflösung, was in seinen Augen rechtfertigte, nicht viel über den Reproduktionsbereich zu reflektieren, wo er doch ohnehin kurz vor der totalen Vergesellschaftung zu stehen schien. U.a. auch deshalb war die Beschäftigung mit der Rolle der Frau ihm nicht lohnend erschienen: er erwartete ihre direkte Subsummierung unter das Kapital, d.h. Berufstätigkeit und Zerstörung der Familie. Siehe dazu M. PFISTER (31/64).

26) MARX/ENGELS (27/62).

27) Siehe hierzu Martin BUBER (5/152f).

28) Siehe auch PFISTER (32/ Abschnitt 7).

29) Eine interessante Kritik am skandinavischen Wohlfahrtsstaat gibt Joachim ISRAEL ("Der skandinavische Wohlfahrtsstaat - eine Erscheinungsform des Spätkapitalismus" (22/109)), der zeigt, daß die Fixierung auf den Produktionsbereich die skandinavischen Politiker bereits den Distributionsbereich unterschätzen ließ.

30) Zitiert nach EISENBERG (7/153).

31) Siehe im Literaturverzeichnis.

32) Dieses Beispiel ist nicht zufällig in den Text aufgenommen, denn die Konzepte der Einküchenhäuser haben heute wieder, bei verbesserten Ausgangsbedingungen, neue Aktualität und weisen auf eine Richtung hin, in der wir jene Vorformen einer neuen Gesellschaft entwickeln sollten.

33) Die Verwandlung der Arbeitskräfte in Lohnarbeiter, Subsummierung unter das Kapital, die Entwicklung der Monopole, der Weltmarkt sind wichtige Stationen dieses Prozesses.

34) Siehe PFISTER (32), dort vor allem Abschnitt 2, 3. Teil.

35) Die natürlich auch andere Ursachen hat wie z.B. der Zwang zur Industrialisierung der Außenbedrohung wegen etc.

36) Dieses Thema ist ausführlich behandelt in M. PFISTER, "Hausarbeit, Entfremdung und Emanzipation der Frau" (32).

37) So das gleichnamige Buch des Frankfurter Kulturdezernenten Hilmar HOFFMANN (17).

38) Süddeutsche Zeitung, 28./29.11.81, "Diese jungen Fremden".

39) Ausführlich beschrieben bei G. UHLIG, Kollektivmodell "Einküchenhaus", (39).

40) Siehe hierzu Dick Urban VESTBRO, Kollektivhäuser in Schweden, (40).

41) CYPRIAN (6)

42) Neben dieser historisch jungen Erfahrung, welche sich den Impulsen, kollektive Lebensformen an die Stelle privater treten zu lassen, entgegenstellt, hat vor allem der Faschismus in seiner ideologischen Verwendung von Gemeinschaftsgefühlen und -ideen alles Kollektive diskriminiert. Noch heute ist die Assoziationskette Gruppe - Autorität - Zwang - Faschismus in den Köpfen vieler verankert.
Die Erfahrung der 30er Jahre mit der Aufhebung des Schutzes der Privatsphäre, der scheinbar letzten Rückzugsmöglichkeit vor staatlichen Eingriffen, waren zu negativ gewesen, als das nicht die Bereitschaft, dem Kollektiven positive Einflüsse auf die eigene Entwicklung zuzuschreiben, sehr gelitten hätte. So begegnen jene, die den Faschismus noch selbst miterlebt haben, Vergesellschaftungstendenzen mit Mißtrauen.

Literatur

(1) Bahro, Rudolf, "Die Alternative". Hamburg 1980
(2) Bauss, Gerhard, Die Studentenbewegung der sechziger Jahre. Köln 1977
(3) Berliner Senat, Pressemitteilung Nr. 39/81
(4) Bloch, Ernst, Politische Messungen. Pestzeit.Vormärz. Frankfurt a.M. 1970
(5) Buber, Martin, Pfade in Utopia. Heidelberg 1950
(6) Cyprian, Gudrun, Sozialsituation in Wohngemeinschaften. Stuttgart 1978
(7) Eisenberg, Götz, Über die Ortlosigkeit der Intelligenz ... In: J.A. Schülein (Hrsg.), Auf der Suche nach Zukunft. Gießen 1980
(8) Elias, Norbert, Zivilisation und Gewalt. In: Mattes (Hrsg.), Lebenswelt und soziale Probleme. 20. Deutscher Soziologentag 1980. Frankfurt a.M. 1981
(9) Feld, Reinhard, Beispiele von Ansätzen alternativer Ökonomie. In: Jan Peters (Hrsg.), Die Geschichte alternativer Projekte. Berlin 1980
(10) Fischer, Arthur, et al., Jugend 81. Bd. 1. Jugendwerk der deutschen Shell. Hamburg 1981
(11) Forsberg, Wille, Interview vom 12.3.1982 mit M. Pfister
(12) Fromm, Erich, Haben oder Sein. München 1981; Gesamtausgabe, Bd. 5. Stuttgart 1981
(13) Granow, Wladimir, In: Die gegenwärtige Sozialdemokratie. Köln 1973
(14) Habermas, Jürgen, Legitimationsprobleme im Spätkapitalismus. Frankfurt a.M. 1973
(15) Haller, Michael, Aussteigen oder rebellieren. Hamburg 1981
(16) Hofmann, Werner, Stalinismus und Antikommunismus. Frankfurt a.M. 1967
(17) Hoffmann, Hilmar, Kultur für alle. Frankfurt a.M. 1979
(18) Hollstein, Walter, Die Gegengesellschaft. Hamburg 1981
(19) Horkheimer, Max, Autorität und Familie. Graz 1971
(20) Ders., Gesellschaft im Übergang. Frankfurt a.M. 1981
(21) Illich, Ivan, Selbstbegrenzung. Eine politische Kritik der Technik. Hamburg 1975
(22) Israel, Joachim, Der skandinavische Wohlfahrtsstaat - eine Erscheinungsform des Spätkapitalismus
(23) Marcuse, Herbert, Ideen zur kritischen Theorie der Gesellschaft. Frankfurt a.M. 1969
(24) Marx, Karl, MEW 23. Berlin 1975

(25) Ders., MEW 17. Berlin 1973
(26) Ders., MEW 13. Berlin 1973
(27) Marx, Karl und Engels, Friedrich, Manifest der Kommunistischen Partei. In: MEW 4, Berlin 1973
(28) Mosler, Peter, Was wir wollten, was wir wurden. Reinbek 1977
(29) Novy, Klaus, Sozialisierung von unten - Überlegungen zur vergessenen Gemeinwirtschaftsbewegung im 'Roten Wien' 1918-1939. In: Mehrwert Nr. 19, 1979
(30) Ders., Alternative Ökonomie - Vorwärts oder Rückwärts? In: Spuren. Zeitschrift für Kunst und Gesellschaft. Nr. 4, 1980
(31) Pfister, Michael, Hausfrauenarbeit und Entfremdung. Diss. Lund 1980
(32) Ders., Hausarbeit, Entfremdung und Emanzipation der Frau. Beitrag in diesem Buch, 1982
(33) Pirhofer, Gottfried, Linien einer kulturpolitischen Auseinandersetzung .... In: Wiener Geschichtsblätter 1, 1978
(34) Riehl-Heyse, Herbert, Diese jungen Fremden. In: Süddeutsche Zeitung vom 28./29.11.1981
(35) Schulz-Hageleit, Peter, in: Frankfurter Rundschau, 15.7.1981
(36) Schumacher, E. F., Die Rückkehr zum menschlichen Maß. Hamburg 1977
(37) Spiegel, Der, Nr. 48, 23. November 1981
(38) Stockholmstidningen, vom 12.3.1982
(39) Uhlig, Günther, Einküchenhaus. Gießen 1981
(40) Vestbro, Dick Urban, Kollektivhäuser in Schweden. In: Aktuelle Informationen aus Schweden, Hrsg. vom Schwedischen Institut, Nr. 234, September 1979
(41) Zimmer, Dieter, In: Die Zeit, Daß mal die Welt wieder schön ist.

Michael Pfister

Skizzen zu "Liebe, Autorität und die Philosophie der Aufklärung"

1. Der Anspruch der Aufklärung war es, der Vernunft zu einem totalen Sieg zu verhelfen, die Welt zu entzaubern, von allem Irrationalen zu befreien. Mit der Gefühlswelt des Menschen ist sie dabei nicht fertig geworden. Dieser Konflikt, Rationalität versus Emotionalität, ist schon im Gegensatz von VOLTAIRE und ROUSSEAU sichtbar. Der eine vernunftsbetont, antiromantisch mit äußerstem Widerwillen gegen alles Mystische, Unsagbare, dieser ein Repräsentant des Subjektivismus, der Sentimentalität. [1]
Die Aufklärung versuchte, die Emotionalität zu negieren, doch der Mensch als anthropologisch vorgegebenes Gattungswesen, machte nicht mit. So beschied sich die Aufklärung zwangsläufig mit der Rationalisierung der öffentlichen Sphäre, des Handelns, der Sitte, und drängte die Emotionalität immer tiefer in die irrationalen Privatnischen der Ehe und Familie. Die Familie steht im Gegensatz zur Aufklärung. Sie ist ein feudaler Rest, in sich ein Widerspruch des individualistischen Prinzips. Während die bürgerliche Gesellschaft die Herrschaft der Berechenbarkeit proklamiert, blieb die Familie eine feudale Institution, gegründet auf das Prinzip des Blutes, also durchaus irrational [2], unvernünftig.

2. Mit dem Abdrängen der Emotionalität aus der Öffentlichkeit in die Privatsphäre wird auch die Sozialisierung des Kindes jenem Irrationalismus ausgesetzt. Die Spaltung von "Über-ich" und "Unbewußtes" ist ein bürgerliches Phänomen, Resultat nicht vollzogener Aufklärung. [3]

3. Die Rationalisierung der Emotionalität ist der Aufklärung nicht gelungen, zu feindlich und verächtlich war sie ihr gegenüber eingestellt, zu stark der Druck der ökonomischen Verhältnisse. Die Romantik revoltierte dagegen. Der Aufklärer FREUD ging mit fast geologischer Akribie an die Ausgrabung bürgerlicher Emotionalität, um sie zu rationalisieren. Schicht für Schicht förderte er zutage, um sie aufzulösen. Auch er blieb der einfachen, aufklärerischen Negation des Emotionellen verhaftet. Die Negation der Negation ist jedoch die wahrhafte Rationalisierung der Emotionalität; ihre Nutzbarmachung, um eine verlorengegangene menschliche Dimension zurückzuerobern, um das emotionelle Potential nicht im irrationalen, privaten Raum verkommen zu lassen.
Genau dies ist die "Gestaltung", der Ansatz des Künstlers Otto MÜHL, Bewußtwerdung und Bewußtmachung des Emotionellen, um es durch schöpferische Arbeit sozial zur Wirkung zu bringen.

4. Rationalisierung des Emotionellen bedeutet Bewußtwerdung über die Gefühlswelt,

bedeutet das Überwindenmüssen blindmachender Tabus. Wie rückständig sind doch gelegentliche Proteste gegen Künstler, die, um Emotionelles dem Verstande zugänglich zu machen, zuweilen an allerhand tabuisierten Gefühlsbildern rühren.

5. *Wir wünschten uns eine musischere und metaphysischere Aufklärung. Nun besteht zwischen dem Musischen als einer Verzauberung und der Vernunft als dem Instrument der Entzauberung vielleicht ein Ausschlußverhältnis.* [4]

Es scheint in der Tat so, als müßte sich eine eigene Partei zwischen dem Lager der Aufklärung und dem der Gegenaufklärung bilden, wie dies Michael LANDMANN schreibt. Der Friedrichshof ist als eine solche begreifbar. Mit dem Mittel der künstlerischen Gestaltung scheint die Synthese des Musischen mit der Vernunft eine Möglichkeit geworden zu sein.

6. Es ist erstaunlich, wieviele Anhänger noch die Liebe hat. Sie ist ein Höhepunkt der Irrationalität, sie aufzulösen im Geiste der Aufklärung. Ihre historische Bedingtheit ist weitgehend verdrängt, und wenn bewußt, dann als Fortschritt aufgefaßt. Doch ist sie nur in dem Maße ein Fortschritt, wie der Kapitalismus als Fortschritt dem Feudalismus gegenüber begriffen werden kann. Die Liebe, in der früheren Menschheitsgeschichte gänzlich unbekannt, taucht stets dann auf, wenn aufkommender Handel Urbanisierung und die Mentalität des Individualismus erzeugt. Die derart freigesetzte Konkurrenz bedarf einer 'ethischen Antithese' [5], einer Ausschaltung des sexuellen Konkurrenzkampfes, der Liebe.

Der anti-aristokratische EURIPIDES, Wegbereiter des Hellenismus [6], des handelnden griechischen Bürgertums, entdeckt das Motiv der Liebe für das Drama. Die griechische Demokratie hatte der Konkurrenz freien Lauf gelassen, nun braucht sie die irrationale Oase. Erfrischend hatte noch OVID [7] die Liebe als Krankheit erkannt, die elend macht und erniedrigt, nun wurde sie eingesetzt, die ökonomische Entwicklung zu ermöglichen. Insofern kann die Liebe durchaus eine historisch fortschrittliche Funktion erfüllen, doch ist dies stets historisch zu relativieren.

Nach der Epoche des Hellenismus war die Liebe den Menschen als Empfindung gänzlich fremd geworden, blühte erst wieder auf, als zwischen dem 11. und 13. Jahrhundert das europäische Bürgertum begann, sich hochzuarbeiten. Damit verbunden war eine neue Phase der Städtebildung, des Handels, der Individualität.

Die Liebe erfaßte zuerst die mittelalterliche, höfische Kultur, also die Oberschicht, wird in der Romantik im 18. Jahrhundert zum bürgerlichen Erlebnis, um dann im 19. Jahrhundert die Massen zu ergreifen. SHORTER [8] schildert eindrucksvoll, wie unbekannt der Masse der Bevölkerung bis zur Mitte des 18. Jahrhunderts das Gefühl der Liebe, sowohl zum Ehepartner, als auch zum Kinde war.

Die Liebe begünstigte die Ausbreitung des Bürgertums durch das Ermöglichen des Wechselns von einer Schicht in die andere. Dies bedeutete ein Aufweichen der alten feudalen Strukturen.

7. In der romantischen Liebe, die ihre Anfänge in der höfisch-ritterlichen Kultur hat, widerspiegelt sich die Auseinandersetzung zwischen Religion und weltlicher Vernunft.

Das Gefühlsbeladene, Geistige angehört der Kirche, während der von den Städten ausgehende Säkularisierungsprozeß die sinnliche Seite bestärkt. Das Gefühl der Liebe, die geistige Hingabe, hat religiösen Ursprung. [9]

8. Die Liebe stellt insofern eine Befreiung der Frau dar, als daß sie nun in ihrer Individualität gesehen ist und vom Status einer Sklavin unter vielen den der einzigen Sklavin erwirbt.

9. Es ist kein Wunder, daß gerade die Verkünderinnen einer liberalen, unsentimentalen Geschlechtsmoral Frauen oftmals aus dem Adel waren (wie Lily BRAUN und Alexandra KOLLONTAI). Denn diesen war die extreme bürgerliche Privatisierung der Beziehung zwischen Mann und Frau einigermaßen fremd.

10. In Israel gibt es das geflügelte Wort: "Kibuzzim sind für Alte und Kinder ein Paradies". Es ist das große Problem der Kibbuzim, daß ihnen die Heranwachsenden in die Anonymität der Großstädte davonlaufen, zu wenig verlockend ist ihnen das gemeinsame Leben mit bürgerlicher Sexualmoral. Am Friedrichshof ist die Sexualität befreit von einschränkenden Tabus; Ehebruch und Besitzsexualität sind abgebaut, wodurch erst wirklich dauerhafte Beziehungen möglich wurden.

11. *Die Fehler des 19. Jahrhunderts, die sich bis heute fortsetzen, waren Evolutionismus und Eurozentrismus, das ideologische Pulver und Blei für die Unterwerfung der dritten Welt. Von Darwin war die Vorstellung in die Geschichtsschreibung gekommen, die Weltgeschichte sei durch kontinuierlichen Fortschritt gekennzeichnet, eine Folge von Stufen stetiger Vervollkommnung, ökonomisch, politisch, kulturell, auf deren höchster die Völker Europas angekommen wären. Die schriftlosen Gesellschaften der dritten Welt seien Wilde und Primitive, eine Art versteinerter Urgeschichte, minimaler und ursprünglicher Zustand des Menschen in hoher Irrationalität. Zwar galten sie als Ausgangspunkt der Entwicklung zu Vernunft und bürgerlicher Ordnung, aber eben nur als Ausgangspunkt. Die Evolution zentrierte sich auf einen höchsten Endpunkt. Der hieß Europa. Das rechtfertigte dann auch, diese Entwicklung durch die Unterwerfung der Wilden zu beschleunigen.* [10]

Neue Gesellschaftsformen sind eben nicht immer Synthesen, bei denen das Positive des Alten im Neuen erhalten bleibt. Die Aufklärung negiert das Alte in rationaler Hybris. Sie in verklärtem Licht zu sehen, ist nicht erst seit den Grenzen des Wachstums zur Gefahr geworden. Schon im 3. Reich der Nationalsozialisten kann man [11] eine verspätete bürgerliche Revolution erblicken, die erst nun, europäisch verspätet, die Standesunterschiede auflöst.

Die Vernunft, ohne positive Rationalisierung der Emotionalität, kann zur Bestie werden. Unvernunft ist weder dem Stalinismus, noch dem Faschismus vorzuwerfen. 'homo homini lupus'. Die dunklen Schriftsteller des frühen Bürgertums wie MACHIAVELLI, HOBBES und MANDEVILLE, die dem Egoismus des Selbst das Wort redeten, haben das Zerstörerische in der Gesellschaft der einseitigen Vernunft sichtbar gemacht. [12]

12. Ebenso wie in zwischenmenschlichen Beziehungen ist die Rationalisierung der Autorität im bürgerlichen Denken unvollkommen. Es bleibt ein irrationaler Rest, der wieder für die Öffentlichkeit unsichtbar gemacht ins Private verdrängt wird. Dies hat

seinen Anfang schon bei LUTHER [13], der Amt und Person trennt und der weltlichen Ordnung, dem jeweiligen Autoritätsträger eines Amtes gegenüber unbedingten Gehorsam abverlangt. 'Autorität muß sein, weil sonst die weltliche Ordnung auseinanderfiele'. Doch als Person sind alle gleich und in der 'inneren Würdigkeit' kann die Einzelperson der Obrigkeit überlegen sein. Diese Entfremdungserscheinung ist dem bürgerlichen Denken eigen. Denn im Mittelalter war Amt und Person des Autoritätsträgers noch eine Einheit.

Der Aufklärer KANT übernimmt die Lutherische Trennung. Er säkularisiert zwar die Begründung für die Forderung des weltlichen Gehorsams. Nicht mehr Gottes Ordnung, sondern die allgemeinen Bedürfnisse der bürgerlichen Gesellschaft, der Gesellschaftsvertrag, begründen die Unterwerfung unter die Obrigkeit. Doch die Spaltung in Amt und Person bleibt bestehen, die Kritik an der Autorität in den inneren Bereich abgeschoben.

13. Vielfach wird angenommen, der Faschismus sei auf der Basis autoritärer familiärer Sozialisation entstanden, eine starke Vaterfigur hätte unbedingten Gehorsam erzwungen. Dem ist nicht so. Denn die Autorität des Vaters ist in der bürgerlichen Gesellschaft zerfallen. Die Familien im Feudalismus waren noch ganzheitlicher. Produktion und Reproduktion fanden gemeinsam im 'Ganzen Haus' statt. Der Vater war für die Kinder überprüfbare Sach-Autorität, der das Produktionsganze im Auge hatte, erklären konnte und als Lehrer und Herr über das Gesinde auftrat. In Bauernhöfen ist dies z.T. noch heute der Fall.

Mit dem Auseinanderreißen von Produktion und Reproduktion verlor die väterliche Autorität ihre rationale Begründung. Sie mußte sich abstrakt und irrational im elterlichen Hause durchsetzen. Dies erzeugte in den Kindern eine Disposition zur Unterwerfung abstrakten, irrationalen Autoritäten gegenüber. [14] Auf diese 'Vaterlosigkeit' konnte HITLER bauen. Es ist gerade eine positive, überprüfbare Autorität, die in der Erziehung die Heranwachsenden zu selbsttätiger Kritik an irrationalen Autoritäten befähigt. [15]

14. Es ist ein oftgenannter Vorwurf, die Friedrichshofer hätten eine autoritäre Herrschaftsstruktur, die dort praktizierte soziometrische Strukturierung sei autoritär. Doch bleibt diese Sicht dem Schein verhaftet. Denn die Öffentlichmachung latenter Abhängigkeiten, latenter Dominanz hebt die bürgerliche Spaltung von Amt und Person auf und macht Autorität überprüfbar. So geschieht in jedem Friedrichshofer Palaver eine permanente Entmystifizierung irrationaler Autoritäten durch die Sphäre der Öffentlichkeit und der Vernunft. In der Kindererziehung hat diese Praktik eine Stärkung des kritischen Urteilsvermögens jeglicher Autorität gegenüber. Dadurch, daß die Friedrichshofer Kinder gewohnt sind, daß Autorität sich permanent beweisen muß, hat die Friedrichshof-Pädagogik ein stark antifaschistisches Potential.

15. Die Friedrichshofer Gesellschaft ist egalitär. Doch ist damit keine Gleichmacherei gemeint. Egalitär meint hier Differenzierung der Menschen ohne Ansehen des Standes, des Eigentums oder eines institutionalisierten Amtes.

16. In WESELs Abhandlung über ethnologische Ergebnisse der jüngsten Zeit findet sich folgende interessante Bemerkung über die Beurteilung fremder Gesellschaften:
Ihr Studium hat den großen Vorteil, daß man Denkmodelle findet für die Organisation

von Gesellschaft, mit denen man die für uns selbstverständlichen Wege verlassen und Abstand gewinnen kann zu Vorstellungen, an die man sich schläfrig gewöhnt hat. Deshalb soll man vergleichen und kann auch Unterschiede bewerten, wenn man dabei vermeidet, sich einzubilden, man wohne auf der Menschheit Höhen. Vorstellungen über unveränderliche wilde Denkformen sind dabei genauso falsch wie die Annahme, die Menschen dort seien eingebunden in den Zwang eines allumfassenden und alles beherrschenden Kollektivs und seiner Rituale und unvordenkliche Traditionen. Noch in den zwanziger Jahren wurde diese Meinung allgemein vertreten, in der Nachfolge des darwinistischen Evolutionismus. Auch heute noch ist die Meinung weit verbreitet. Der Wilde sei weit davon entfernt, so sagt man, die freie und ungebundene Existenz zu führen, die Rousseau sich vorgestellt hatte. Im Gegenteil. Er sei von allen Seiten eingeschlossen in die eisernen Ketten eines unabänderlichen Herkommens, nicht nur in seinen sozialen Beziehungen, auch in der Religion, der Medizin, der Produktion und in der Kunst (Hartland 1924, 138). Schon Malinowski hat gezeigt, daß das falsch ist, daß es viele Wege gibt, sich bewußt und frei im Rahmen der Normen dieser Gesellschaft zu bewegen, so wie man sich auch relativ frei innerhalb des Netzes der vielen Rechtsvorschriften unserer Ordnung bewegen kann (Malinowski 1926, 9-16). Manches deutet darauf hin, daß in vielen dieser Gesellschaften Freiheit und Individualität sogar noch in viel höherem Maße sich finden als bei uns. [16]

Diese Bemerkung sollte allzu vorschnell getroffene Beurteilungen einer anderen Kultur nachdenklich stimmen.

Anmerkungen

1) S.a. Arnold HAUSER, Sozialgeschichte der Kunst und Literatur, München 1953, S. 523
2) Max HORKHEIMER, Autorität und Familie in der Gegenwart, S. 269. In: Max HORKHEIMER, Zur Kritik der Instrumentellen Vernunft, Frankfurt 1967
3) S.a. Norbert ELIAS, Über den Prozeß der Zivilisation, Ulm 1978, S. 258ff
4) Michael LANDMANN, Aufklärung und Gegenaufklärung, S. 164. In: M. LANDMANN, Das Ende des Individuums, Stuttgart 1971
5) G.W.F. HEGEL, zitiert nach E. ZARETSKY, Die Zukunft der Familie, Frankfurt 1978, S. 53
6) Arnold HAUSER, op. cit., S. 110/111
7) Arnold HAUSER, op. cit., S. 221
8) Edward SHORTER, Die Geburt der modernen Familie, Hamburg 1977
9) Arnold HAUSER, op. cit., S. 216f
10) Uwe WESEL, Der Mythos vom Matriarchat, Frankfurt 1980, S. 73f
11) S.a. Max HORKHEIMER, Gedanken zur politischen Erziehung, S. 130. In: Max HORKHEIMER, Gesellschaft im Übergang, Frankfurt 1981
12) S.a. Max HORKHEIMER, Theodor W. ADORNO, Juliette oder Aufklärung und Moral, S. 82. In: Max HORKHEIMER, T.W. ADORNO, Dialektik der Aufklärung, Frankfurt 1969

13) S.a. Herbert MARCUSE, Studie über Autorität und Familie. In: Ideen zur kritischen Theorie der Gesellschaft, Frankfurt 1979
14) Max HORKHEIMER, Autorität und Familie in der Gegenwart, op. cit. S. 276f
15) S.a. Max HORKHEIMER, Gedanken zur politischen Erziehung, op.cit., S. 126
16) Uwe WESEL, op. cit., S. 74

Aike Blechschmidt

Utopie und Kommune
Versuch eines historischen Resumees

1. Einleitung: Glossar zu Utopie und Kommune

Kommune und Utopie

Kommune
Amerikanische Soziologen wie Robert GARDENER sind der Meinung, daß die (Land-) Kommunen der USA schon heute das Leben der gesamten US-Nation verändert hätten: Dezentralisierung, Selbstbestimmung, Genügsamkeit und Nachbarschaftshilfe seien nach den letzten 10 - 15 Jahren Kommunepraxis nicht mehr nur Phrasen. Und die höhere praktische Wertigkeit solcher Normen könnte für die Bewältigung der industriell-ökologischen Krise entscheidend sein.

Eine solche Wechselwirkung zwischen Gesellschaft und Kommunen ist aber m.E. wie die Geschichte der historischen Kommunen zeigt, auch von entscheidender Bedeutung für die Weiterentwicklung der Kommunen selbst: Solange diese Beziehung zur Gesellschaft positiv auf die Kommune zurückwirkte, blühte sie; war eine solche Beziehung vorbei, ging es auch mit der kommunitären Alternative bergab.
Diese Wechselwirkung darf man nicht vergessen, wenn man sich die in der Tat großen Probleme ansieht, vor denen diese neuen Kommunen, z.B. in den USA der 70er Jahre, stehen.
In Konflikte geraten fast alle alternativen Initiatoren, wenn der anfängliche Enthusiasmus kleiner wird, und die Probleme wachsen, wenn das Geld ausgeht und die Gemeinsamkeiten schwinden.[1]

Hinzu kommt der Nachwuchsmangel. Junge Leute törnt die Kommune Ende der 70er Jahre nicht mehr so selbstverständlich an, wie das 10 Jahre früher war. Wer hätte das gedacht hinsichtlich der Landkommunen - die doch ein Exponent der jugendlichen Protestbewegung nach 1965 waren - daß die Jungen der späten 60er Jahre innerhalb von 10 Jahren gesellschaftlich veralten?!

Für die BRD gilt beides eher mehr als weniger. Die Probleme und der Nachwuchsmangel sind eher größer, die Wirkung auf die Gesellschaft scheint eher geringer[2]. Dennoch gehen wir hier von folgendem aus:
- Die Tendenz zur Vergesellschaftung des Reproduktionsbereiches hält an, weil die damit zusammenhängende Kritik der industriell-kapitalistischen Welt aktuell bleibt[3].
- Diese Vergesellschaftung kann nicht nach der beziehungslosen Rationalität erfolgen,

nach denen Industrie und Bürokratie organisiert sind. Vielmehr erfordert sie eine konkrete, die Emotionalität einbeziehende Art von neuer Gesellschaftlichkeit.
- Die Familie - zumindest gilt dies für die heutigen Formen - hat hinsichtlich der Hausarbeit zu einem unökonomischen Zustand geführt, hinsichtlich der Pädagogik eine alarmierende Desorientierung hervorgebracht und hinsichtlich der Gestaltung des Alters schlicht eine Lücke entstehen lassen.
- Die Wohngemeinschaften haben bisher keine Alternative hervorgebracht, jedoch diese Probleme bleiben durch sie thematisiert.

- Der Umweltbereich und die damit verbundenen Probleme weisen eher auf das Erfordernis einer neuen Sensibilität und einer neuen sozialen Einstellung hin, weniger auf einen neuen Wirtschaftszweig.

Utopie

Eine Wechselwirkung zwischen Kommune und Gesellschaft ist - wie die USA zu zeigen scheinen - bereits vorhanden. Sie erfolgte aber offensichtlich nicht auf dem Wege der Verbreitung der Kommune als Arbeits- und Lebensmodell, sondern über die Weitergabe jener Werte und Einstellungen, die in der Kommune als neue Lebens- und Arbeitsform besonders gefördert wurden (siehe oben Gardener). Das bedeutet m.E.:
Die Gesellschaft hat nicht nur Reformdefizit, sie ist auch bereit, Anregungen und Vorschläge aufzugreifen, dies nicht nur auf gouvernementaler Ebene, sondern auch an der Basis der Werte und Einstellungen.

Die Kommune als Lebens- und Arbeitsform steht jedoch in Widerspruch zu den privaten, kleinfamiliären Reproduktionsverhältnissen.
Beides zusammen mit der Konsolidierung der Kommune bzw. der Alternativszene, macht den utopischen Charakter der Kommune heute aus.

Der hier verwendete Utopiebegriff hat somit drei Momente:
- Tatsächliche Existenz (die Kommunen haben sich konsolidiert),
- gesellschaftliche Relevanz (siehe GARDENER u.a.), bei
- widersprüchlicher Struktur zu der Gesellschaft. M.a.W.: Die kommunitären Projekte halten sich, weil sie an manifesten Forderungen anknüpfen, sie wirken auf eine Gesellschaft aus dem gleichen Grunde; und sie haben eine widersprüchliche, weil über die gegenwärtige Gesellschaft hinausweisende Zukunft.

Neue und alte Utopie

Arnhelm NEUSÜSS schrieb in einem vor der Kommunewelle der 60er und 70er Jahre verfaßten Beitrag zum Begriff der Utopie [4]:
'Ungreifbarkeit ist freilich das Merkmal des Utopischen.' Studieren wir die großen utopischen Würfe wie MORUS' Utopia, CABETs Icaria, PLATONs Politeia, dann scheint 'Ungreifbarkeit' tatsächlich eines ihrer wichtigsten Merkmale zu sein.

Aber es ist eine andere Ungreifbarkeit verglichen mit dem, was ein Märchen oder eine Illusion auszeichnet. Mit der Utopie wird ja vielmehr eine Welt beschrieben, die zwar in keinster Weise vorhanden ist, aber die für realisierbar gehalten wird. Der Streit, was realisierbar ist und was als Illusion anzusehen ist, macht den Kern jeder Utopie-Debatte aus. Die Utopie versucht damit das vorstellbar zu machen, was in Zukunft für greifbar - weil erwünscht und möglich - gehalten wird. 'Ungreifbarkeit' der Utopie weist somit zunächst auf eine rein zeitlich definierte Lücke hin.

Demonstrieren wir das an einem Beispiel, nämlich der Dampfmaschine, deren entscheidende Teile von James WATT in den 70er Jahren des 18. Jahrhunderts erfunden wurden. Einige Jahrhunderte waren nach den ersten hydraulischen Erfahrungen mit Pumpen ins Land gegangen. Das Niveau technischen Wissens war insgesamt sehr gewachsen. Aber der entscheidende Schritt zur ersten mobilen Kraftmaschine fehlte noch. Dieser wurde erst Ende des 18. Jahrhunderts vollzogen. Das in drei Jahrhunderten aufgetürmte Wissen war hierzu allerding Voraussetzung. Im Großbritannien des 18. Jahrhunderts fand dieses Wissen in Tausenden von Werkstätten zur Praxis. Der wirtschaftliche Druck, der von den englischen Manufakturisten ausging, war ebenfalls sehr stark: Ihre Absatzaussichten in Europa und Übersee waren glänzend. Die Arbeitskräfte waren jedoch knapp. Die Löhne zu niedrig, um die armen Massen den Schritt aus dem (nicht ganz so elendigen) Kleinbauerndasein in das völlige Willkürregiment der frühen Lohnarbeit zu locken. Das Handwerk war erst noch zu ruinieren. Lohnarbeit blieb somit tatsächlich Mangelware. D.h. im technisch-wirtschaftlichen Bereich klaffte eine Lücke. Wind und Wasserkraftanlagen waren vorhanden, aber unzureichend, es fehlte die mobile, allseits einsetzbare Kraftmaschine. Mit den großen Komplexen von Wind- und Wasserkraftmaschinen war die Vorstellung einer von den alten Naturkräften gelösten Maschine in den Bereich des Möglichen geraten. Die Lücke war konkret noch da, aber es war zu erwarten, daß sie geschlossen wird. Technische Perspektiven und gesellschaftliche Struktur, die sich daraus ergaben, waren mehr als Träumereien, obwohl sie noch keine reale Grundlage im Sinne eines Tatsachenreports hatten. Dies wäre dann eine Utopie vor und um 1770 gewesen.

Daß solche Überlegungen die damaligen Zeitgenossen beflügelten, wissen wir. Daß es nicht nur Träumer waren, sondern auch die nüchtern denkende englische Bourgeoisie selbst, soll folgendes Zitat zeigen. Die Society for the Encouragement of Arts and Manufactures z.B. setzte gleich zwei Preise aus '... für die beste Erfindung einer Maschine, die gleichzeitig sechs Fäden Wolle, Flachs, Baumwolle oder Seide spinnen kann und zu ihrer Bedienung nur eine Person benötigt.[5]

Und doch war dies ein sehr utopisches Unternehmen, wenn man sich vergegenwärtigt, daß die Wattschen Zylinder aus so schlechtem Material waren, daß es fingerdicke Abweichungen der Zylinderwand vom Kolben gab. Sagen wir: Bei Leonardo war die Kraftmaschine noch Illusion, bei Watt schon eine Utopie, unbekannt war der Zeitpunkt und der Ort, unbekannt war, welche Schwierigkeiten sich noch ergeben würden, Resignation war noch möglich (wie bei vielen Vorläufern Watts), der subjektive Glaube an das Gelingen war noch notwendiger Teil des produktiven Vorgangs - der damit noch ein utopischer war, viele solcher Projekte scheiterten. Wirtschaftshistoriker sprechen für die Zeit vor 1800 von einer 'Komplexität des Vollendungsprozesses' (nach USHER), und DOBB bemerkte dazu, '... daß eine erfolgreiche Erfindung im Allgemeinen erst als Steigerung einer ganzen Reihe zusammenhängender Erfindungen zustande kommt, die zunächst häufig voneinander unabhängig sind und auf Leistungen mehrer Personen aufbauen.' (DOBB, S. 270)

1770 - d.h. bei WATT - war die (Dampf-) Kraftmaschine utopisch im Sinne einer zeitlichen Lücke; erst um 1820 war sie Gegenstand einer großen Investitionswelle. U.a. die napoleonischen Kriege in der Zwischenzeit machten hier das Risiko zu groß, um den Sprung in die neue Technologie zu wagen.[6]

Mit diesem Beispiel zur utopischen Lücke soll angedeutet werden:

a) Eine Utopie reift. Indem sich jedoch die Lücke schließt und die neuen Perspektiven Realität werden - sprich: indem die industrielle Gesellschaft auf kapitalistischer Basis entsteht - wird der utopische Charaker im Sinne der damit verquickten Wünsche und Bedürfnisse verändert. Die alte Utopie wird entwertet und eine neue entsteht. Für heute heißt das: Das zentrale Moment der neuen Utopie heute ist m.E. ein soziales, kein technisches mehr. Die utopische Lücke wird durch ein soziales Element geschlossen, nämlich u.E. die Gruppe. Die neue Utopie ist somit eine vor allem kommunitäre, keine technische Utopie.

b) Mit der Utopie wird das Hauptaugenmerk auf die - gesellschaftlich gesehen - noch schlummernde Innovation gelegt, d.h. auf die p o t e n t i e l l e Verallgemeinerung einer Neuerung. Bei Marx dagegen steht das siegreiche Durchsetzen der sich als dominant erwiesen habenden Innovationen im Vordergrund (vor allem jene Widersprüche und Spannungen, die daraus erwachsen). Hier wird mit einer geringeren Gewißheit gearbeitet, - weil es sich um Zukunft handelt, weniger (wie z.B. bei Marx) um Geschichte.

c) Der Begriff von Utopia, von dem hier die Rede ist, ist ein pragmatischer. In diesem Sinne nehmen wir die Position eines Watt, Boulton und der vielen weniger bekannten Techiker und Handwerker ein. D.h. wir versuchen, die Erfordernisse unserer Zeit auf eine u.E. zentrale Innovation hin zu sehen, auf eine Weichenstellung hin, von der aus eine neue Richtung eingeschlagen werden kann. Es geht uns nicht um eine Utopie im Sinne eines Wunschkataloges. Utpoie soll mehr sein als die Negativform jenes Profils, das sich aus den Nöten und Defiziten unserer Zeit ergibt. Utopie im hier gebrauchten Sinn zielt vor allem auf den pragmatischen Schritt, der aus diesem Profil folgt.

Am Ende des 20. Jahrhunderts ist blindes Zukunftsvertrauen fehl am Platz. Was zählt, ist die pragmatische Antizipation. Hier und heute ist es zu zeigen, was einmal Zukunft werden könnte. Vom Sturm aufs Winterpalais sind wir abgekommen und arbeiten stattdessen an einem - vielleicht - ökologischen Dorf.

d) Damit sind wir ein Stück vom herkömmlichen Utopiebegriff weggekommen, wie er z.B. noch von NEUSUSS - s.o. - vertreten wird. Daß Utopien - wie im 20. Jahrhundert meist vermutet wird - nur 'Wunschzeiten' (DOREN) oder nur bloße Gesellschaftskritik sind, war bei den ersten Utopisten nicht der Fall. Thomas MORUS und CAMPANELLA standen mit ihren Ideen in der Realität, sie waren - wie das Beispiel Utopia unten noch zeigen wird - Praktiker. Daß die Utopien im 19. und 20. Jahrhundert immer mehr zur Analyse bzw. zur Literatur wurden, liegt an der Entwicklung des spezifisch wissenschaftlichen Denkens, d.h. an der Gesellschaft selbst. Daher sind wir mit dem hier gebrauchten

Utopiebegriff nicht nur ein Stück über seinen Inhalt im 20. Jahrhundert hinausgekommen, zugleich sprechen wir auch vom Utopischen im mehr ursprünglichen Sinne.

Ernst Bloch hat sich ausführlich mit diesem Moment des Vorwegnehmens einer Zukunft im Jetzt beschäftigt, ausführlich und allgemein. Die Vermutung, die er anstellte, war weniger ausführlich, aber sehr allgemein, sehr weit weg von einem konkreten Modell: Utopie ist immer latent vorhanden, sagte Bloch.

Das Jetzt und hier des Augenblicks ist mit uns und sich noch nirgends vermittelt; obwohl es immer begleitet, zugrunde liegt. Dies Immer schließt freilich ein, daß auch das gute Neue in einem Jetzt und Hier niemals ganz neu ist.

... oder wie der Geist der Utopie schließt: Weltwege, vermittels derer das Inwendige auswendig und das Auswendige wie das Inwendige werden kann ... (Ernst BLOCH, 1978, S. 414 und 417)

Der Unterschied zum Utopiebegriff in der vorliegenden Arbeit ist ein gradueller, aber entscheidener. Um ein Bild zu gebrauchen: Ging es Bloch darum, das allgemeine Vorhandensein von Hefepilzen in der Atmosphäre und auf den Gegenständen nachzuweisen (d.h. die latent vorhandene Möglichkeit, die Gegenwart zu einer besseren Zukunft zu vergären), so geht es hier um konkrete Hefe für ein konkretes Stück Teig: es geht um die Kommune als utopische Arbeits- und Lebensform am Ende des 20. Jahrhunderts.

Utopie und Kommune

Die materialistische Position - die (sich als prior entwickelnden) Produktivkräfte stehen in Spannung zu den Produktionsverhältnissen - spiegelt selbst einen bestimmten Zustand der Produktivkräfte wider: denjenigen der industriellen Revolution, d.h. als die Konsequenzen dieser Revolutionierung der Produktivkräfte besonders einschneidend waren, als die These von der Abhängigkeit der gesellschaftlichen Entwicklung von der der Produktivkräfte durch das, was vor aller Augen abrollte, besonders eindrücklich untermauert wurde.

Ohne die allgemeine These von besonderen Spannungsverhältnissen, die von Produktivkraftveränderungen auf die Gesellschaft ausgehen, abzulehnen - gerade der gegenwärtige Siegeszug der Mikroprozessorentechnologien unterstreicht dies für die Gegenwart -, sind doch die Vorgänge im Reproduktionsbereich wieder stärker geworden. Was sich in der Familie, sei es die Beziehung der Partner, sei es die Pädagogik in der Familie seit einem halben Jahrhundert tut, betrifft die gesamte Gesellschaft in ihrer Basis. Nicht umsonst ist die Ökologie deswegen so rasch wichtig geworden, weil sie die Produktion (Schadstoffemission) und Reproduktion (umweltbelastender Konsum) als Einheit sieht. Und alle relevanten neuen politischen Bewegungen seit dem 2. Weltkrieg haben ihr reproduktives Pendant oder sind gar aus den Problemen des Reproduktionssektors hervorgegangen. Was sich um die Jahrhundertwende schon andeutete, ist von Jahrzehnt zu Jahrzehnt stärker geworden, der Reproduktionssektor wurde utopiestiftend.

Die Spannweite neuer Versuche im Reproduktionsbereich reicht vom Konsumverein bis zur Kommune K I und K II (Berlin 1966/7) oder FUTEXKOM (Wien 1974).

Massenrelevant wurde vor allem die Wohngemeinschaft. Verbindendes Moment scheint die Gruppe zu sein: Aus konkreten Beziehungen heraus entsteht ein neues Sozialgebilde für reproduktive Aufgaben. Die Kommune kann als utopische Form angesehen werden: Kommune verstanden als ein Versuch, alle wesentlichen Aufgaben des Reproduktionsbereiches neu zu gestalten, sowohl die Partnerbeziehungen, die Kindererziehung, die Hausarbeit, oder auch, davon ausgehend, die Erwerbsarbeit. Gruppe ist das allgemeine, fast leere Muster, das die Kommune mit anderen realisierten Reproduktionsansätzen verbindet.

Wenn wir von der Gruppe als der utopischen Lücke sprechen, so zielt dies auf die uns vorliegende Forschung der Gruppenpraxis hin, es sind Arbeitsaufzeichnungen, es handelt sich um Versuche, Werkstattberichte in einen allgemeinen Rahmen zu stellen. In diesem Sinne *ist* die Gruppe als Utopie bereits ein Stück Realität.
Für heute heißt das: Das zentrale Moment der neuen Utopie heute ist m.E. ein soziales, kein technisches mehr. Die utopische Lücke wird durch ein soziales Element geschlossen, nämlich die Gruppe. Die neue Utopie ist somit vor allem eine kommunitäre.

Wie die Dampfmaschine dem Wasserrad überlegen war - ohne selbst das absolute Optimum zu verkörpern - so bietet die Gruppe gegenüber der Kleinfamilie oder den Singles Vorteile auf der gesamten Linie. Ohne daß damit ein Paradies entstanden wäre, können wir von einem qualitativen Sprung sprechen. Dies ist der dritte Grundzug des hier vertretenen Utopiebegriffs.

Fassen wir zusammen: Elemente einer Utopie

Die von einer Utopie abgebildete Gesellschaft muß in den zentralen utopischen Elementen bereits realisiert sein. Eine Utopie darf nicht "utopisch" im Sinne von bloßer Träumerei sein. Nur dann, wenn wichtige "Brückenköpfe" bereits existieren, kann sich das "Utopische" zur Gesellschaft entwickeln. M.a.W.: eine Utopie muß *Realität* haben.

Mit diesem Beispiel zur utopischen Lücke soll angedeutet werden:
1. Eine Utopie reift. Indem sich jedoch die Lücke schließt und die neuen Perspektiven Realität werden - sprich: indem die industrielle Gesellschaft auf kapitalistischer Basis entsteht - wird der utopische Charakter im Sinne der damit verquickten Bedürfnisse und Wünsche verändert. Die alte Utopie wird entwertet und eine neue entsteht.
- Eine Utopie geht in wichtigen Gebieten der Gesellschaft - sei es die Technik, die Wirtschaft oder die sozialen sowie politischen Elemente oder alles zusammen - über den gesellschaftlichen Status Quo hinaus. M.a.W.: eine Utopie muß *Transparenz* besitzen.
- Die Notwendigkeit einer solchen transzendierenden Perspektive ergibt sich aus den Widersprüchen der Realität. Technisch, wirtschaftlich, sozial und politisch - oder alles zusammen - besteht eine *Lücke*, die - zumindest in Gedanken - zu schließen das Anliegen der Utopie ausmacht.

Geschichte der Utopie

- Bei der ersten großen Utopie - dem Roman *Utopia* von Th. Morus - bestand die Lücke vor allem im Bereich der politischen Ordnung. Dabei konnte die Vergesellschaftung der Produktions- und Reproduktionsmittel an die kommunitäre Realität der Klöster, der damaligen Dörfer und der Produktionskollektive in den Städten anknüpfen. Diesen kommunitären Bestand zu verallgemeinern zu einem kommunistisch durchstrukturierten Staat, darin bestand bei Morus' Utopie die Transzendenz.

- Nachdem der Absolutismus diese politische Lücke geschlossen hat, entwickelte sich auf wirtschaftlich-technischem Gebiet die nächste, welche mit dem Sieg des Bürgertums allgemein wurde.

- Europa zeichnete sich damit gerade dadurch aus, daß utopisches Denken die Chance hat, Realität zu werden. Im Kern ist die Utopie ein Stück Aufklärung, d.h. ein Denken, das an sich glaubt, obwohl es im Widerspruch zur Wirklichkeit steht.

- Die heute bestehende Lücke wird ausgemacht (a) durch den Verlust an kommunitärer Substanz, der im Zuge der Entwicklung der Kernfamilie seit dem 16. Jahrhundert eingetreten ist, und (b) durch das dadurch bedingte Übergewicht an staatlicher Rationalität. Die Konfrontation Individuum - Staat überfordert nicht nur den Menschen, sondern ebenso den Staat. Die Gruppe - sprich: der Einzelne ist in ein überschaubares, kommunitäres Gemeinwesen einbezogen - ist daher einerseits (Lebens-) Utopie für das singularisierte Individuum, andererseits würde daraus auch eine völlig neue, sprich aus heutiger Sicht utopische Struktur des Staates entstehen.

- Die Kommune ist diejenige Gruppe, welche diese Transformation auf voller Breite des Reproduktionssektors durch(ge)führt (hat).

In diesem Beitrag wird zum einen der Versuch gemacht, nachzuvollziehen, was sich in den Jahrhunderten seit dem Spätmittelalter im Bereich Familie-Kommune-Staat ereignet hat. Der Anlaß zu diesem Versuch liegt, wie immer bei solchen Überlegungen, nicht in der Geschichte, sondern in der Gegenwart: jene 10 Jahre erfolgreiche alternative Praxis, die der Friedrichshof darstellt, historisch zu reflektieren. Das Auslaufen der gesellschaftlichen Kommunewelle in den frühen 70er Jahren sowie die Konsolidierung auf die kleine Lösung WG einerseits und die Weiterentwicklung des Friedrichshofes und der mit ihm verwandten kommunitären Projekte seit Mitte der 70er Jahre andererseits bilden z.B. einen Gegensatz, der zu klären ist. Wieso stagniert die Kommune als Alternative gesellschaftlich, während konkrete Versuche wie der Friedrichshof zeigen, welche großen Möglichkeiten in dieser Alternative stecken?

Daraus folgt dann das zweite Anliegen dieses Beitrags, zu klären, unter welchen Bedingungen die Kommune Ende des 20. Jahrhunderts utopischen Charakter im genannten Sinne hat. Wie muß sie strukturiert sein, wenn sie die historischen Aufgaben des Reproduktionssektors - pädagogisch, ökologisch, Beziehungen, Sexualität - aufzugreifen beansprucht.

2. Utopia - Anno 1516 und danach. Kommune und Utopie im ausgehenden Mittelalter

Der erste und wichtigste utopische Staatsroman wurde 1516 von einem Mitglied der frühbürgerlichen Klasse, von Thomas MORUS, geschrieben.[7] Das ist die Schicht, in der die Entwicklung zur modernen Kern- oder Klein-*Familie* eine mächtige Wurzel hat.[8] Und 1516 liegt in einer Zeit, in der die feudalen Klassenauseinandersetzungen zum letzten Mal mit einer breiten Kommune-Bewegung verquickt waren. Beides, sowohl die beginnende Entwicklung der Kleinfamilie als auch das Auslaufen kommunehafter Lebensformen soll vorab skizziert werden.

Familie

Aus der Ethnologie erfahren wir bezüglich der verschiedenen, vom Homo Sapiens entwickelten und noch praktizierten Familienformen:
Wir haben gesehen: in den Gesellschaften, wo die Familie eine starke Stellung hat, versucht diese sich gegen die Einflüsse von außen abzuschließen. Oder sie läßt doch zumindest nur das hineingelangen, was mit ihrem Geist und ihrem Denken übereinstimmt. [9]

Familie und Gesellschaft stehen somit in einem Spannungsverhältnis. Die Jäger- und Sammlergesellschaft der Steinzeit - bestehend aus vier bis fünf Familien, die wiederum mit ca. 20 anderen solcher Gruppen einen Gruppenverband auf der Basis von Verwandtschaften bilden - hatte sehr detaillierte Vorstellungen von dem, was in einer Familie zu passieren hatte und was nicht; desgleichen funktionierte die neusteinzeitliche Dorfgesellschaft des frühen Ackerbaus.[10] Die Rollen der Geschlechter, der Generationen, der Berufe usw. waren präzise beschrieben, die Vorgänge im Reproduktionsbereich genau strukturiert. Gerade weil dies so war, differieren diese Kulturen von Gebiet zu Gebiet, von Dorf zu Dorf und erscheinen uns deshalb, kulturell gesehen, so reich. Margaret Mead's Schriften werden nicht zuletzt deswegen soviel gelesen, weil sie diese verschiedenen Familientypen so drastisch-kontrovers und anschaulich-eindringlich schildern kann.[11)]

Unter anderem ist auch jene Variante enthalten, die in Europa seit der Renaissance mehr und mehr zur Geltung kommt. Nämlich eine Vater-Mutter-Kind-Triade, die die uns so sehr zur zweiten Natur gewordene Trennung zwischen öffentlich und privat hervorgebracht hat und reproduziert.[12)]

"My home is my castle" - hier beginnt einerseits und in der Regel für den Mann ein Freiraum gegenüber der Herrschaftssphäre des Staates. Die Familie ist als feudale Enklave natürlich einerseits Fortsetzung feudaler Freiheit für die Männer und Fortsetzung feudaler Unterdrückung für Frauen und Kinder. Hier holt(e) sich der Mann infantile Zustimmung, bedingungslose Liebe, grenzenlose Treue. Hier hat der, der sonst - im Beruf - nur eine Nummer ist, einen 'Charakter', hier ist er als 'Persönlichkeit' zugelassen. Die Kleinfamilie produziert die Ideologie vom romantischen Wolkenkuckucksheim, damit es ihre Mitglieder in Büro und Fabrik, im Verkehr und im Urlaub, d.h. in der ganzen, von fremder Rationalität durchdrungenen Welt aushalten.[13]

Dem geht bis zur Renaissance ein anderer Familienty voraus. Seine Ausläufer reichen bis ins 19. Jahrhundert: Phillipe ARIES beschreibt diesen älteren Typ so:
Die alte Gesellschaft versammelte ein Maximum von Lebensformen auf ein Minimum von Raum und nahm das bizarre Nebeneinander von unendlich verschiedenen Klassen hin, wenn sie es nicht gerade erzwang. Die neue Gesellschaft wies jeder Lebensform einen getrennten Bereich an. (ARIES, 1975, S. 564)
Die Familie bekommt dadurch eine neue Aufgabe: Sie wird aus einer Institution zur Vererbung von Gut, Stand und Namen zu einer moralischen Anstalt ... Die Entstehung der modernen demokratischen Massengesellschaft macht die Familie vollends zum Ort der Identifikation. (H. v. HENTIG, in ARIES, Geschichte der Kindheit, S. 10f)[14]

Es ist jene private Familie, die nicht nur ihren Erwachsenen 'Heimat' verspricht, sondern Disziplin und Sentiment auch in der jeweils neuen Generation weckt.[15] Es ist ja erst die nachfeudale Kernfamilie, die einigermaßen verläßlich und noch dazu massenhaft, den 'modernen' Menschen hervorbringt: d.h. jenen 6.30 Uhr Aufsteher, der diszipliniert am Massenverkehr teilnimmt, der arbeitend sich einfügt in den industriell-bürokratischen Komplex, der sozial sich verhält, so daß wenige Vorschriften genügen. Der z.B. nicht die Sozialkasse plündert. Der 'frei' genug ist, mobil zu bleiben, d.h. Arbeitsstätte und Wohnort zu wechseln; der auch erfinderisch und umschulbar ist.

Der gefühlvoll ist, um in der jeweils neuen Generation jene Fixierung emotioneller Art hervorzubringen, auf die de Mause so voller Stolz verweist: daß die Erwachsenen so viel individueller auf den Nachwuchs eingehen, Rücksicht auf seine Eigenheiten nehmen, ihn sich so als Individuum begreifen lassen, um so die Einschlemmung in die Anonymität der Massengesellschaft zu ermöglichen. Sehnsüchtig nach der ehemals so innigen Fixierung an die Eltern, bemüht er sich bis zum Schluß, die anonymen Normen zu erfüllen.[16]

Gewiß - zu große Belastungen hält dieses rational-emotionale System der Kleinfamilie (und damit der Industrie) nicht aus, zumal in Krisenzeiten, wenn die Ratio straffer wird, wenn z.B. Profitlogik Rationalisierung heißt: Der emotionelle Druck in den familiären Atomen steigt, wenn der industriell-bürokratische Komplex Spannungen hat, kommt auch daheim mehr Leben in die Bude. Zumal dann, wenn vorher steignder Konsum die familiären Konfliktzonen materiell entlastete.[17]

Dennoch, alles in allem bleibt die überwiegend integrierende Funktion der Kernfamilie in der heutigen Massen-Gesellschaft bestehen.[18] Gerade die kommunitären Bewegungen seit den späten 60er Jahren haben gezeigt, wieviel positive Struktur die Familie bedeutet, d.h. wie wenig ihre Zerschlagung allein weiterführt, wieviel konstruktiver Aufbau nötig ist, um von einer praktischen Alternative zur Familie zu sprechen.[19] Soweit einige Punkte zur 'Klein-Familie' als Kontrapunkt zur 'Kommune'.

Damit werden auch Ansprüche ausgesprochen, die an eine moderne Kommune gestellt sind, - durch das Erbe, das mit der modernen Kleinfamilie entstanden ist und das weiterzuentwickeln ist. Und die Geschichte dieser Familie setzte, wie gesagt, im 16.

Jahrhundert ein; eben damals, als Thomas MORUS seine 'Utopia' schrieb.[20] Gleichzeitig endete ein halbes Jahrtausend Kommunegeschichte. Mit anderen Worten und um unsere These vorwegzunehmen: Der mittelalterliche Kommunismus begann zur Utopie zu liberalisieren, als die Kommunen als konkretes Massenphänomen endeten und zur familia nuclea promovierten. Mit der Kleinfamilie kam die Kommune auf den Hund der Ideologie ...

Die Kommune

Die Familie vor dem 16. Jahrhundert war nicht jener uns selbstverständliche Hort der Privatheit, sondern vor allem eine ökonomische Institution - zur Arbeitsorganisation, zur Vererbung von Namen und Vermögen und Berufsständen. Das Leben der allermeisten Menschen war weithin ein öffentliches. Produktion wie Reproduktion fand weitgehend vor Augen und Ohren der Mitmenschen statt. Die große Mehrheit, die in der Landwirtschaft tätig war, lebte in Dörfern und Weilern, die man eher als Dorf-*Gemeinschaft* und Hof-*Gemeinschaft* charakterisieren muß, d.h. die man nicht als private, voneinander abgeschlossene Bereiche ansehen darf. Vererbungs- und Herrschaftsstrukturen bestimmten den Platz des Einzelnen, ohne jedoch Privatsphären zu konstituieren. Die Neuaufteilung des Ackerlandes im Zuge der Dreifelderwirtschaft bildete hier ebenso ein egalitäres Gegengewicht wie der christliche Glaube von der Gleichheit vor Gott. Dieses egalitäre Moment war ebenso in den Handwerkerzünften und Kaufmannsgilden der Städte vorhanden, die wir viel näher einer Produktionsgenossenschaft ansiedeln müssen als uns die Namensgleichheit mit dem späteren bürgerlichen Handwerk und dem späteren bürgerlichen Kaufmannstand nahelegt.

Vergegenwärtigen wir uns die wichtigsten Punkte dieser Kollektivität:

- Das Wort 'Familie' hat sich ja erst - rein sprachlich gesehen - im 18. Jahrhundert als Bezeichnung der kleinsten Einheit der Gesellschaft durchgesetzt, wie Brunner zeigt.[21] Bis dahin ist 'Haus' die Bezeichnung für die Zellen der Gesellschaft gewesen; nicht Verwandtschaftsbande, sondern der Produktionsprozeß - in der Rgel der landwirtschaftliche - bestimmte, wer zu diesem 'Haus' gehörte. (Die Verwandtschaftsbande bestimmten allerdings den engeren Kern dieses 'Hauses'.) Daß die spätere Familie ebenso vom Patriarchen geführt wird wie das mittelalterliche 'Haus', darf nicht über den kollektiven Charakter dieser Ökonomien hinwegtäuschen. Was sich als Bezeichnung für Adelsgeschlechter erhalten hat bzw. Firmen veredeln soll - 'Haus' -, herrschte bis ins 18. Jahrhundert allgemein. Freilich begann die Herauslösung eines 'privaten' dann 'familiär' geheißenen Rahmens viel früher (eben schon im 16. Jahrhundert in den Städten).

- Das 'Haus' war öffentlich im wortwörtlichsten Sinne, alle Arbeitskräfte aßen vom gleichen Tisch - umso wichtiger war die Sitzordnung und andere äußerliche Strukturzeichen, um den Patriarchen und seine Nächsten hervorzuheben, - eben weil sie nicht durch das Privatissimum der Familie hervorgehoben wurden. Daß bis zum 17. und 18. Jahrhundert Neugeborene einer Amme anvertraut wurden und nicht der Mutter, gehört ebenfalls zu dieser Kollektivität eines alles umfassenden Re- und Produktionsprozesses: wie die Aufzucht des Viehs und der Saaten, so war auch für den Nachwuchs des 'Hauses' ein Mitglied, das dazu geeignet war, zuständig. Wie dieses, so zählt auch die Auffassung von der Frau als bloßer Arbeitskraft - der man sich im Krankheitsfall dann auch durch Verwendung der Arztkosten für die Anschaffung einer neuen Frau entledigte[22)] - zu den barbarischen Sitten dieser Kollektivität, die vom Produktionsprozeß strukturiert ist.

- Daß man trotz durchschnittlicher Armut dennoch üppige Festmähler veranstaltete - wenn der kollektive Brauch es erfordert -, daß dadurch die Akkumulation privaten Reichtums ein quasi gemeinschaftssichernder Riegel vorgeschoben war, drückt die gruppendynamische Seite dieser Gemeinschaft aus. Rückte die Kirchweih nahe, so schrumpfte die nahrungssichernde Weitsicht umso mehr, je mehr die Vorbereitungen der Festivitäten alle ergriffen. Dann gab es eben monatelang kein Fleisch.

- Daß diese Kollektive nicht harmonisch waren, braucht auch keiner Erwähnung, - nichtsdestoweniger waren sie eben nicht privat. In Form des Patriarchen wurde im Sinne des ganzen Hauses interveniert, geschlichtet und auch Unrecht gesetzt, -wobei diese Tätigkeit des Vaters viel weniger autonom war, sondern viel mehr Ausdruck kollektiver Kräfte. Er hat geregelt, damit geregelt wurde, -sonst wäre die Wirtschaft zerfallen.

- Daß die Sexualität eine wenig kultivierte war, wie Shorter vermutet, lag offensichtlich nicht so sehr an der fehlenden bzw. lückenhaften Privatheit [23], sondern mehr an der Plumpheit, mit der die männliche Rolle des Patriarchen gespielt werden konnte. Seine Machtstellung war deshalb so stark, weil eben alle Angelegenheiten des Kollektivs von ihm entschieden werden mußten. Seine Autorität war eine plump-gewalttätige, weil die Ansprüche der ihm Untergebenen, ihre Meinungen und Neigungen offen zutage traten. Sie konnten dies, weil die Gemeinschaft sozial nicht infrage gestellt werden konnte: Das Haus hatte sie auch bei Krankheit und Blödheit zu ernähren.

- Die fürstlichen Territorien, d. h. die regionalen Einheiten auf der nächsthöheren Stufe, d. h. jenseits der unmittelbaren Grundherrschaft, waren bis ins 18. Jahrhundert hinein in Bewegung. Sicher war somit nur der Bereich, wo man lebte und arbeitete: das Dorf, die Gemeinde, die Grundherrschaft.
Die sich herausbildende Territorialherrschaft bahnte sich an über die Stände, d. h. über die Zusammenfassung der horizontalen Gruppen zu gegeneinander klar abgegrenzten Klassen. D. h. auch die Kollektivität war eine konkrete, im Arbeitsprozeß wurzelnde.

- Ausgeprägt war die Gruppenbildung auch in der Stadt. Was wir heute von den Juden-Ghettos in der mittelalterlichen Stadt wissen, war bei den anderen Teilen des Volkes in ähnlicher Weise gegeben. Auch die Gebrechlichen einerseits, die Lahmen andererseits, die Blinden und die Tauben ihrerseits bildeten eigene Gilden und hatten eigene Quartiere, ebenso wie die Bettler.

- Der notorische Frauenüberschuß des Mittelalters wirkte gemeinschaftsbildend, seien es Klöster oder gemäßigtere Formen wie die Samungen oder Beginenhäuser. D.h. wenn die Gesellschaft einem ihrer Mitglieder keine Lebensform bot, so fand man, in Anlehnung an die vorhandenen, eine entsprechende, eben auch eine kollektive. [24]

- Für diejenigen, die mit den Normen der Gesellschaft in Konflikt gerieten, gab es die gemeinschaftliche Lösung des Klosters als Zufluchtstätte, als Asyl; für Neuerer, für

Gelehrte und ähnliche, vom Durchschnitt ins Innovative ausweichende gab es das Kloster als "Zukunftswerkstätte", als Forschungsanstalt für die Zukunft [25].

- Die Entscheidung des süddeutschen Bürgertums im deutschen Bauernkrieg im 16. Jahrhundert gegen die Bauern war eben auch eine Entscheidung orientiert am eigenen Stand, an der Sicherheit der eigenen Gruppe; das darf - bei aller frühbürgerlich-kapitalistischer Orientierung - nicht vergessen werden [26].

- Die Gerichtsbarkeit des Patriarchen bzw. des Grundherrn resultierte aus der Kollektivität, d. h., daß alles tatsächlich in dieser autonomen Einheit des Fronhofes geregelt werden mußte. Hier gab es auch den vom Grundherrn überwachten Haus-Frieden. Recht war dabei nicht mehr und nicht weniger eine bloße Sammlung von Entscheidungen. Es gab kein allgemeines Recht, weil es diese Allgemeinheit im bürgerlichen Sinne nicht gab.

- Als nicht nur in Gemeinde (Allmende-) zugehörigen Gebieten Erze gefunden wurden, sondern auch auf dem Sondereigentum einzelner Bauern (= Land, das ihnen fest gehörte), führte dies in der historischen Entwicklung des Bergbaus zu einer Ausdehnung der Gemeinwirtschaft auf eben diese Bereiche [27].

- Als das lokale Gewerbe - in der Regel die Weberei - sich anschickte, am Fernhandel zu partizipieren, so erfolgte dies - wo es nicht von der Obrigkeit organisiert war - durch Zusammenschluß von Handwerkern. Erst dann, wenn die gemeinwirtschaftlichen Formen zeigten, daß diese neue Ökonomie einträglich war, kam die Obrigkeit und mit ihr die reiche Schicht und fand vielerlei Kniffe u. a. "Aushelfen" mit Kredit, um sich die neuen Gewerbe unter den Nagel zu reißen. Aus dieser durch offizielles Monopol geschützten Form des Handels gingen dann die ersten großen Kapitalien hervor. Angefangen hat dies jedoch in Formen, die der Gesellschaft damals entsprachen, nämlich gemeinwirtschaftlich [28].

Nahezu die gesamte Bevölkerung lebte somit in stark gemeinschaftsorientierten Formen der Reproduktion, die obendrein mit der Form der Produktion zusammenfielen. Schon allein von der ökonomischen und reproduktiven Basis her waren sie stark kommunitär.

Diese gemeinschaftsorientierte Lebensweise im Mittelalter ist bisher vor allem von Konservativen bemerkt und moderner Vereinzelung entgegengesetzt worden. Liberale und Sozialisten wußten dagegen wenig damit anzufangen.[30)] Für den Liberalismus haben diese fast autonomen Lebens- und Produktionseinheiten stets den reaktionären Charakter borniierten Zünftlertums behalten, für Sozialisten und Marxisten bildeten Bauern und Handwerker die falsche Klasse, was einen zukünftigen Sozialismus angeht. Mit Landauer setzt eine neue Entwicklung ein, die über Buber vor allem dem Kibbuz zugute kam. In Europa blieb sie Randerscheinung.[30)] Erst die politische Heimatlosigkeit der Studentenbewegung, deren unfreiwillige (wenngleich anti-autoritär begründete) Autonomie, zusammen mit der Tendenz zur Dezentralisation und zur ökologischen Eigenverantwortung, brachte eine von Linken begonnene Aufarbeitung kommunitärer Relikte feudaler und auch vorfeudaler Zeiten (Indianer etc.). Nicht selten kommt es dabei zu einer sentimentalen Glorifizierung, die die - von den Sozialisten und Liberalen zu recht monierten - reaktionären Seiten dieser Art von Kommune übersieht.

Sich selbst überlassen haben die Dörfer und Kooperativen z.B. eine unerträgliche Neigung zum Partikularismus (siehe unten). Das Christentum war die längste Zeit das einzige Mittel, um dem entgegenzuwirken und dem Anspruch zu genügen, eine große Gesellschaft zu bilden; d.h. politisch zu sein und kommunitär zu bleiben. Hierauf sei kurz eingegangen.

Die christliche Gemeinde

Die christliche Interpretation von sich und der Welt zeigte immer wieder stark kommunitäre Züge, da die Gleichheit ebenso als Wert angesehen wurde wie der Verzicht auf Reichtum. Und die Überlieferung der kommunistisch lebenden Apostelgemeinde war deshalb so stark, weil in den ersten Jahrhunderten die christliche Gemeinde diese Form einer verbindlichen Gemeinschaft zu tausenden und abertausenden realisiert hatte; weil über kommunitäre Organe - die Klöster - wesentliche Teile der römischen Zivilisation übermittelt wurden und weil ab der Jahrtausendwende eine starke Tendenz vorhanden war, sich vermehrt nach dem Vorbild der Apostelgemeinde zu organisieren; dies erfolgte nicht nur in asketischer, sondern auch in weltlicher Form; und weil bis weit über die Jahrtausendwende die kommunitären Formen der germanischen Sippen und Stämme nachwirkten.

Da diese kommunitären Formen des Zusammenlebens und -arbeitens mit der feudalen Gesamtstruktur und deren religiöser Rechtfertigung in Konflikt gerieten, sind uns diese kommunitären Strömungen des Mittelalters nur in Form der ketzerischen Bewegungen überliefert.

Das hat zwei Gründe:
1.) Die Unmittelbarkeit des Denkens für die Praxis.
2.) Kritik an den ökonomischen und politischen Mißständen wurde in Form abweichender religiöser Anschauungen vorgetragen, die Abtrennung zu einer rein dogmatischen Frage erlaubte dann die Theologisierung des Konfliktes.

Z.B.: In den Hussitenkriegen stand die Frage der Beteiligung der kirchlichen Laien am Meßwein im Mittelpunkt der Auseinandersetzungen, das Feldzeichen der Hussiten war der sog. Laienkelch. Real stand jedoch dahinter die Frage des Mitsprache- und Selbstbestimmungsrechts des Volkes in seinen Angelegenheiten. Wenn es an Christi Blut partizipieren durfte, war es auch wert, an den anderen Fragen zu partizipieren. Konnte der Papst die Irrigkeit einer Meßweinbeteiligung theologisch nachweisen (lassen), so waren die Kämpfe für Mit- und Selbstbestimmung ebenso 'ketzerisch', solange sie im Zeichen des Laienkelches geführt wurden. Nur die Theologie des Laienkelches als richtige Glaubensauffassung erlaubte wiederum den Hussiten, auch in den anderen Fragen eine abweichende Meinung zu vertreten. Denn den christlichen Bezugsrahmen überhaupt zu verlassen und seine Absichten nicht mehr religiös, sondern 'einfach vernünftig' zu begründen, d.h. 'rational', diese Position war nicht nur fast undenkbar, sondern hätte einem auch die ganze Christenheit auf den Hals gehetzt.

Das Mittelalter ist nicht nur eine sehr unruhige, in der Abfolge der Ereignisse oft geradezu 'hektische' Zeit gewesen, voller Klassenkämpfe (und somit ganz und gar nicht das von der Schul-Geschichte vermittelte Bild eines zeitlos ruhigen Lebens an der Basis entsprechend kriegerisch-kultureller Kurzweil an der Spitze); vor allem ist das Mittelalter eine Periode, wo auf radikalere Weise an den Formen des Zusammenlebens und der Reproduktion gearbeitet wurde.

Karl KAUTSKY hat heute noch das Verdienst, in einer geschlossenen und differenzierten Darstellung auf diese kommunitären Bewegungen des Mittelalters hingewiesen zu haben.[31] Er spricht vom 'mittelalterlichen Kommunismus'. Zuerst seien die Unterschiede genannt, die diesen Kommunismus von 'den Produktivgenossenschaften der Proletarier unserer Zeit' unterscheidet. Wir folgen KAUTSKY (1976):
1) Es wurde alles erzeugt, was zur Reproduktion notwendig war. Das hatte diesen kommunitären Formen 'eine Zähigkeit und Widerstandskraft verliehen, die wir bei den heutigen Produktivgenossenschaften vergeblich suchen'.
2) Der Haushalt im Sinne der Reproduktion ist der Mittelpunkt, nicht die Produktion, d.h. die Kommunen gingen von einer ganzheitlich zu gestaltenden Wirklichkeit aus (S. 168).
3) Diese Gemeinschaften hatten einen strukturellen Konflikt mit der Familie; sobald diese eingeführt war, neigten sie zum Zerfall. Daher hatten sie in der Regel eine asketische Tendenz. (S. 168).[32]

An diesem Punkt ist es von Vorteil, etwas weiter auszuholen. Es kennzeichnet den europäischen Feudalismus, daß er mit dem Christentum eine Religion übernommen hat, die nie ganz den philosophischen Glanz hat ablegen können, mit dem sie, um sich gegen die antike Zivilisation der Stoa durchzusetzen, angetreten war. Gerade die besten Gläubigen schritten über die handgreiflichen Krampus-Gott-Vorstellungen hinaus und gelangten z.B. zu einer pantheistischen Form ihrer Emotionalität. Oder sie kehrten - ganz in der Tradition der skeptischen Sophisten - zu der intellektuell redlichen Form des Nominalismus zurück. Oder - schon die bürgerliche Welt Englands in ihren besten Zügen vorwegnehmend - sie forderten eine Aufrichtigkeit der Tat im Sinne des frühen Christentums wie z.B. Müntzers. Immer jedoch war es eine Unmittelbarkeit, die allgemein formuliert wurde. Wenn das Christentum gegenüber dem römischen Egoismus ein Mitleiden aller Kreatur hervorbrachte - dabei sehr wohl den ökonomisch bedingten sozialen Nöten der krisengeschüttelten römischen Großstadtmassen entsprechend -, so konnte ein Franz von Assisi sich gesellschaftlich durch und durch legitimiert sehen, alles Gut mit den Armen zu teilen und eine neue Form der christlichen Gemeinde massenhaft zu gründen, - so massenhaft, daß es die Päbste vorzogen, diese Kommunen als Franziskanerorden zu integrieren.

Kommen wir nun zum Problem Familie zurück: Mit der christlichen Kommune war eine Gemeinschaftsform entstanden, die an Verbindlichkeit der Normen von einer blutsverwandtschaftlichen Gemeinschaft (Sippe) kaum überboten werden konnte. Etwas völlig Neues, Gemeinschaftsstiftendes war entstanden. Die Aktivitäten des Kommunemitglieds waren auf die Gemeinschaft gerichtet, in Absehung von der eigenen Person und auch jeder anderen, der eigenen Person verwandten Person.
Es konnte ihre soziale Aufgabe - den Gemeindemitgliedern in Zeiten einer akuten wirtschaftlichen Krise soziale Sicherheit zu bieten - nur gerecht werden, wenn im Krisenfalle dafür gesorgt war, daß eben nicht familiäre Strukturen den Vorrang gaben, wer nun versorgt wurde oder nicht. Bilden sich nun familiäre Strukturen innerhalb der

Kommune - und die damalige Zeit kannte keine anderen, um Kinder aufzuziehen - dann rastete mit hoher Wahrscheinlichkeit die familiäre Denkweise der Pflege primär nur der eigenen Kinder ein. Dies dürfte in der Regel besonders stark dann der Fall gewesen sein, wenn es wirtschaftlich wieder besser ging. Gemeinde und familiäre Strukturen konnten koexistieren. Die Umgebung der Kommune brachte diese familialen Strukturen ja immer wieder in großer Vielfalt hervor. Die Spätantike ging mit einer positiven Familienpolitik der römischen Kaiser einher.[33)]

So entwickelte sich ein Gegensatz Familie - Kommune, gerade weil es das Christentum geschafft hatte, mit der christlich begründeten Gemeinde eine nicht-familial begründete Gemeinschaft hervorzubringen. Betrachtet man die große Perspektive in der Entwicklung des Menschen, d.h. daß die Familie - welche Form sie immer gehabt haben mag - immer d i e gemeinschaftsstiftende und durch die Gemeinschaft wiederum bestimmte Form der Reproduktion und Produktion war, daß hierauf immer die Staaten errichtet wurden, so liegt der weltgeschichtlich innovative Zug der christlichen Kommune auf der Hand. Das Christentum als Ideologie öffnet die Emotionalität des Einzelnen für seine Umgebung: "Liebe deinen Nächsten wie dich selbst".

Diese Allgemeinheit der Ethik wurde in der Antike bis dahin nur elitär formuliert: in der Stoa, der Philosophie der Oberschicht (die Massen haben ihre Kulte und Riten).

Wann immer es später zu Kommunegründungen aus christlicher Ergriffenheit kam, wann immer die Offenheit für das allgemeine Elend zu einer Unterwerfung unter christliche Haltungen führte, der Konflikt mit den familial orientierten Strukturen war vorprogrammiert. Hierzu ein Beispiel aus dem 15. Jahrhundert, die Taboriten und Adamiten (wir folgen wieder Kautsky, 1976):

Im Zuge der hussitischen Loslösung Böhmens vom deutschen Reich ergab sich - wie üblich - eine das Evangelium wörtlich nehmende Richtung. Jeder sollte jedem ein Bruder bzw. eine Schwester sein, es soll kein Dein und Mein mehr geben. Man wollte nach dem Vorbild der Apostelgemeinde leben, im Unterschied zur Zeit Christi allerdings auf Massenbasis. Verglichen mit den Hunderttausenden von Hussiten war diese Masse jedoch eine Minderheit. Diese Minderheit in einigen großen Städten Böhmens bildete eine Sezession, sie zogen aus und gründeten eine eigene Stadt, Tabor, in welcher Tausende nach urchristlichen Prinzipien zu leben versuchten. Einige andere Gemeinden und Städte versuchten es ebenso. Bekannt ist die konsumkommunistische Phase, in welcher man von der Einebung der Vermögensunterschiede lebte, in der man die Kirchenwertgegenstände verkaufte usw. und alles teilte.

Die Sphäre des bewußt-offen Gemeinschaftlichen wurde ausgedehnt. Damit war nun eine Dynamik entstanden, die nicht so schnell endgültige Formen finden konnte: eben wegen des Widerspruchs zwischen familialen und kommunitären Strukturen. Eine Form davon bildeten die kriegerischen Taboriten; einige Zehntausende lebten jeweils in Feld (= Kriegs)gemeinden (die eine Hälfte) und in Hausgemeinden (die andere Hälfte). Die einen führten Krieg, die anderen versorgten sie, arbeiteten und ruhten sich aus. Fast 15 Jahre lang bleiben sie so unbesiegt, auf dem Höhepunkt ihrer militärischen Macht jagte allein schon die Nachricht ihres Anrückens ganze Söldner-Heere in die Flucht. Eine andere Form der gruppendynamischen Folgen des Mehr an Gemeinsamkeit war die

Sektiererei. In Tabor wimmelte es von Hunderten von Gruppen und Grüppchen, die sich gegenseitig des Verrats an Christi wegen dieses oder jenes Details im Vollzug irgendeines Sakraments anklagten usw.

Im Rahmen einer dieser Sekten entfalteten sich schließlich auch die Adamiten. Hier wurde die größere Gesellschaftlichkeit auf die Sexualität ausgedehnt.

Unter dem schützenden Mantel des besseren Christentums - die Nachfolge der Apostel anzutreten, also wie sie zu leben - ergibt sich eine Vergesellschaftung des Reproduktionsbereiches: die Konsumtionsmittel werden gemeinsam verwaltet und verbraucht nach der Gleichheitsregel. Diese Gleichheitsregel ist jedoch widersprüchlich. Daß sie einmal aufgestellt wurde und zu einem festen ideologischen Bestandteil werden konnte, lag an der sozialen Krise in der spätrömischen Zivilisation. Die ökonomische Gleichheit im Namen des Kreuzes sicherte der christlichen Gemeinde Überleben in einer Zeit, wo der private Kampf jeder gegen jeden gewaltige Disökonomien zustande brachte: was in Zeiten der römischen Dauerkrise, des langsamen Produktionsrückgangs auf der einen Seite an gewaltigen Reichtümern seitens der asozialen Oberschicht zusammengerafft wurde, mußte auf der andern Seite durch einen massenhaften Tod durch Verhungern ausgeglichen werden. An dieses erlebte Elend infolge Ungleichheit blieb die Glaubensgewißheit von der Gleichheit gebunden, verfestigte sich allerdings im Laufe der Jahrhunderte - sagen wir: des ersten halben Jahrtausend nach Christus - zu einer durch Ritus von Kindesbeinen an verinnerlichten Norm. Die Realität des auftretenden Feudalismus hatte die Gleichheit nicht mehr ökonomisch nötig. Mehr Leute konnten ernährt werden bei einem Mehr an angehäuftem Besitz der feudalen Oberklasse. In Zeiten der ökonomischen Krise (die natürlich durch Krieg oder Pest oder dergleichen verursacht worden sein kann; ebenso wie durch das Wetter) wurde der Widerspruch zwischen tief verinnerlichter Ideologie (Gleichheit) und faktischem Reichtum der Oberen (und damit Verstärkung des sozialen Elends) wieder virulent.

Mit der revolutionären Verwirklichung der Ideologie war dann zwar immer eine ökonomische Besserstellung verbunden - siehe spätrömisches Vorbild - aber auch der Widerspruch in der Reproduktionssphäre: was zuvor der Familie bzw. dem Haus vorbehalten war, wurde nun von der Gemeinde geregelt. Da aber die Familie vor allem eine ökonomische Bedeutung hatte (bis zum 18. Jahrhundert), war sie damit entwertet. Sie hatte nur noch eine sexuelle Funktion; und diese war, wie wir wissen, eine lange nicht so starke wie es in der Ehe des 19. und 20. Jahrhunderts der Fall war. Die Verwandtschaftsbeziehungen Vater-Mutter-Kinder etc. waren aber da. D.h.: Es ergaben sich dann - z.T. sehr alte - Sitten-Ansprüche z.B. des Erstgeborenen gegenüber dem Zweitgeborenen, Männern gegenüber Frauen usw., - Ansprüche, die in Zeiten der Krise ganz entscheidend für die Überlebens- und Wohlstandsaussichten des Einzelnen waren. Weil also einerseits das 'ganze Haus' (sprich: die Familie) unter Vorsitz des Familien-Patriarchen den Zugang zu den Ressourcen regelte, nun aber - aus dem Kampf gegen die gefährdende Ressourcen-Anhäufung durch die Feudalklasse - im Namen des Christentums andererseits eine neue Egalität entstanden war - welche allein die Absetzung und den Tod der jeweiligen Feudalherren vor Gott rechtfertigte - befand sich die neue Gemeinschaft, die christliche Kommune, in einem dramatischen Widerspruch in ihrer inneren Struktur. Die Flucht in die Askese war hier der eine Ausweg, ein Weg, der eher an die moralischen Vorstellungen der Zeit anknüpfte, als der andere, die Vergesellschaftung der Sexualität.

Das Mittelalter kennt noch nicht die Sphäre der Heimlichkeit und Privatisierung, was die Sexualität anbelangt. Und:
Das Mittelalter kennt auch noch nicht die Fixierung, d.h. das Phänomen einer dauerhaften, schicksalhaft empfundenen, emotionellen Bindung im Zusammenhang mit der Sexualität.
Aus beidem ergibt sich, daß die Einführung einer gemeinsamen Sexualität wie bei den Adamiten (bzw. Nikolaiten) als großer Befreiungsschritt empfunden wurde.

Dies steht im Gegensatz zum 20. Jahrhundert, wo Fixierung und Tabuisierung der Sexualität in die Privatsphäre dies eher zu einer Utopie, ja für viele zu einer Illusion hat werden lassen. Di Verteufelung der Sexualität in der offiziellen christlichen Ideologie (und natürlich in zahlreichen Sekten) hat gleichzeitig ihre 'Heiligung' ermöglicht, d.h. eine rückhaltlose Bejahung. Eben weil das, was man glaubt, einen so großen Realitätscharakter hat, kann 'der Glaube Berge versetzen', kann der Schritt zu einer freien Sexualität rasch und relativ umfassend vollzogen werden.

Daß es im Zusammenhang mit den das ganze Mittelalter ausfüllenden Glaubenskämpfen - die immer einen Kampf um Realität darstellten, um Ressourcen, Dienste, Pflichten, Rechte - immer wieder zu sexuellen Durchbrüchen kam, liegt sozusagen in der Natur der (Glaubens-)Sache. Die Berichte von Orgien und anderen Überschreitungen der durchschnittlichen Normen (die ja im Volk auch im Zusammenhang mit dem alten Brauchtum z.B. in der Fastnacht vorkamen), dürften daher nicht nur verständliche Verleumdungen sein, sondern zumindest zum Teil der Realität entsprechen. D.h. wir haben Anlaß, den - spärlichen - Berichten über die Adamiten und Taboriten einigen Glauben zu schenken.

Durch einen offiziellen Disputionsstreit an der Universität Prag sind wir gut über die kommunistischen Grundsätze der Taboriten informiert:

Es lehrten die Taboriten:
"In dieser Zeit wird auf Erden kein König oder Herrscher, noch ein Untertan sein, und alle Abgaben und Steuern werden aufhören, keiner wird den anderen zu etwas zwingen, denn alle werden gleiche Brüder und Schwestern sein."
"Wie in der Stadt Tabor kein Mein und Dein, sondern alles gemeinschaftlich ist, so soll immer alles allen gemeinsam sein und keiner ein Sondereigentum haben, und wer ein solches hat, begeht eine Todsünde."

Daraus zogen sie die Konsequenz, daß es sich nicht mehr gezieme, einen König zu haben, noch einen sich zu wählen, sondern daß nun Gott selbst König über die Menschen sein wolle und die Regierung dem Volke solle anheimgegeben werden; daß alle Herren, Edle und Ritter wie Unkraut niedergemacht und vetilgt werden sollten, daß nun Abgaben, Steuern und Zahlungen aufzuhören hätten, daß alle Fürsten- und Landes- und Stadt- und Bauernrechte, als Erfindungen der Menschen und nicht Gottes, aufgehoben seien, usw. (KAUTSKY, 1976, S. 341)

Zu den Adamiten kam es aus dem beschriebenen Konflikt Familie - Gemeinde. Kautsky schreibt:
Ihren klarsten und entschiedensten Ausdruck fanden die Bestrebungen der strengeren Kommunisten in der Sekte der Brüder und Schwestern des freien Geistes, die wir schon kennengelernt haben (sie stammt aus Nordfrankreich, wurde im 13. Jahrhundert gegründet und war in ganz Europa vertreten, A.B.). Sie hatte auch in Böhmen Eingang gefunden, und wenn dort von Picarden (Begharden) gesprochen wurde, verstand man fast ausschließlich sie darunter (Sie hießen auch Nikolaiten, nach einem Hauptprediger in Böhmen, oder Adamiten, weil sie die Unschuld der Nacktheit priesen, A.B.) Und: Die Adamiten bewohnten eine Insel im Flusse Luznic, erzählt uns Äneas Sylvius (ein böhmischer Historiker der damaligen Zeit, Humanist und Taboriten- sowie Adamitengegner, A.B.). Sie lebten in Weibergemeinschaft ... wenn einer von Begierde ergriffen gegen eine andere entbrannte, dann nahm er sie bei der Hand und ging zum Vorsteher, dem er sagte: 'Für sie ist mein Geist in Liebe erglüht.' Darauf erwiderte ihm der Vorsteher: 'Gehet, wachset und vermehret euch und füllet die Erde.' (Äneas Sylvius, zitiert bei KAUTSKY, 1976, S. 345)

Man sieht, wie stark diese freiere From der Sexualität mit dem christlichen Glauben verqickt ist. Ob der sexuelle Trieb die Form der Askese und des Hasses auf die Sexualität einnimmt oder - selten - diese Form der Bejahung, hängt natürlich auch von materiellen und historischen Bedingungen ab. Aber wie immer diese Faktoren sein mögen, sie müssen die Sprache des Glaubens annehmen, um Eingang zu finden in die Realität. Diese Sprache des Glaubens ist weit entfernt davon, lediglich Ideologie, d.h. distanzierte Verbalität, aufgesetzt, um Interessen zu verhüllen, zu sein.

Das ist wichtig, um die Begrenztheit dieser 'Befreiung' zu begreifen, d.h. ihre tiefe Widersprüchlichkeit zu jedem Ansatz von Aufklärung, der die herkömmlichen Bahnen des Glaubens zu verlassen droht. Was Realität war, war Glaube, was Glaube war, war Realität, die Interessenkonstellation verschaffte sich zwar Ausdruck in Form eines passenden Glaubens, aber dies erfolgte nicht bewußt, sondern irrational, durch Einwanderung z.B. von Predigern, die als christlich hinstellten, was dem Interesse entsprach (z.B. Abschaffung der Feudallasten). Der Kampf für die eigenen Interesen erfolgte als Kampf für den eigenen Glauben. Und dieser Kampf um Klasseninteressen als Streit um den 'wahren Glauben' flammte nicht nur ein halbes Jahrtausend immer wieder auf, er war - als gerechter Glaube - auch geeignet, die Klassen punktuell zu überspringen. Kautsky schreibt (1976):
... daß der Ruf nach Rückkehr zum Urchristentum nicht bloß in den Kreisen der ärmeren Bevölkerung, sondern auch bei nicht wenigen Mitgliedern der besitzenden Klassen kommunistische Tendenzen aufkommen ließ.

D.h. periodisch wurde die ganze Gesellschaft von einer solchen mehr oder minder kommunitären Welle erschüttert. Daher gilt:
Betrachtet man alle diese Umstände, dann erscheint es begreiflich, daß die kommunistischen Ideen zur Zeit der ketzerischen Bewegungen, die auf den Sturz des Pabsttums abzielten, eine Kraft und eine Ausdehnung erlangen konnten, der die Kraft, die Ausdehnung und das Selbstbewußtsein des Proletariats damals keineswegs entsprachen. (S. 198)

Fast ein halbes Jahrtausend erstreckten sich diese kommunitären Wellen:
... all dies mußte bewirken, daß in der ganzen Zeit vom Aufleben kommunistischer Ideen im 12. und 13. Jahrhundert bis in die Zeit der Reformation, ins 16. Jahrhundert hinein, die religiöse Hülle, in der die kommunistische Bewegung auftrat, ihren Klassencharakter noch stärker verdeckte, als dies bei den Volksbewegungen der damaligen Zeit im allgemeinen der Fall war. (S. 198)

Die mittelalterliche Gesellschaft nimmt fast so etwas wie eine Wartehaltung ein, sich verstärkt in kommunitären Formen zu organisieren. Grund dafür sind m.E. die bereits bestehenden stark kommunitären Formen in großen Teilen der Bevölkerung. Dabei haben die städtischen Handwerkerkollektive (Gesellen und Lehrlinge, bei KAUTSKY das 'städtische Proletariat' die Rolle des Auslösers: wenn es bei den Webergesellen losgeht - sie spalten sich ab zu einer, religiös gesehen, Sekte und, soziologisch gesehen, Kommune - dann entwickelt sich daraus eine zunächst städtische Kettenreaktion, die, je nach Lage der Dinge, auch auf das Land, auf die Dörfer übergreifen kann. KAUTSKY schreibt:
Die proletarischen Bewegungen, die über die gewöhnlichen Zunftstreitigkeiten hinausgehen, laufen noch völlig zusammen mit den revolutionären Bewegungen der anderen ausgebeuteten Klassen, der Bauern und der kleinen Handwerker. Dagegen wurde das Erwachen kommunistischer Tendenzen in der ganzen Gesellschaft (das ist der Ausdruck KAUTSKYs für die Kommunen, A.B.) damals in mancher Beziehung noch mehr begünstigt als während der ersten Hälfte des 19. Jahrhunderts. (KAUTSKY, S. 189f)

Und ein weiteres Zitat zu diesen Kommunen:
... gewinnen sie bald die Oberhand über die schwankenden und zaudernden Elemente, werden leicht Führer der Bewegung - so Fra Dolcino im toskanischen Bauernkrieg, John Ball im englischen; so die Taboriten unter den Hussiten, so Müntzer und sein Anhang unter den Rebellen des thüringischen Bauernkrieges ... (KAUTSKY, S. 218)

Der 'Fahrplan' dieser Kommunewellen ist schnell zusammengestellt und mag die Relevanz dieser Vorgänge - ebenso wie das Ausmaß der üblichen geschichtlichen Unterschlagung - illustrieren:

Mitte 12. Jahrhundert	- Vertreibung des Papstes aus Rom und Versuch der Rückkehr zum Urchristentum (Arnold v. BRESCIA)
2. Hälfte 12. Jahrh.	- Waldenserbewegung in Südfrankreich und in vielen anderen
1. Hälfte 13. Jahrh.	Teilen Europas. Etliche Kreuzzüge gegen diese "Ketzer".
2. Hälfte 13. Jahrh.	Apostelbüder in der Lombardei, von hier aus nach vielen Teilen Europas (u.a. erstes groß Frauenheer um 1300, großer Bauernkrieg in Oberitalien und Piemont)
1. Hälfte 13. Jahrh.	Brüder und Schwestern des freien Geistes in Nordfrankreich (mit kommunitärer Sexualität, gegründet von Amalrich von Bena)
14. Jahrhundert	- Begharden, ausgehend von Flandern und Brabant sich in ganz Deutschland ausdehnend, wichtige ökonomische Position in den Städten
2. Hälfte 14. Jahrh.	- Lollarden in England mit dem großen Bauernaufstand 1381

1. Hälfte 15. Jahrh.	- Taboriten in Böhmen, deren Heer 15 Jahre lang den Ruf der Unbesiegbaren hatte (wie die Sansculotten in der französischen Revolution)
1. Hälfte 16. Jahrh.	- Wiedertäufer in Süddeutschland, Böhmen und den Niederlanden

Das kommunitäre Element war bereits in normalen Zeiten sehr ausgeprägt. Auf dieser Basis entwickelten sich dann kommunistische Formen der Reproduktion und Produktion, das sind die oben aufgelisteten Kommunewellen. Daß es zu diesen Wellen kam, liegt in den sozialen Spannungen der jeweiligen Epoche begründet. Immer dann, wenn der Druck auf die kommunitären Elemente stieg - sprich: wenn Dörfer, Gilden und Zünfte höhere Abgaben zahlen sollten oder verstärkt der staatlichen Geichtsbarkeit zugeführt werden sollten - immer dann reagierten die Elemente mit einer Verstärkung ihres kommunitären Charakters. Der Protest war von vorneherein ein öffentlicher, weil es eine Privatsphäre in diesem Sinne gar nicht gab. Wenn Übergriffe der Obrigkeit besprochen wurden, so erfolgte dies auf der Straße oder in der Schenke oder im 'ganzen Haus': Es gab keinen andern Ort. Erinnerungen an frühere Kämpfe dieser Art, an die Verteufelung der Sektierer durch die auf Seiten der Obrigkeit stehenden Kirche, die verleugnete Apostelgeschichte - 1322 wurde die Behauptung, daß die Apostel kein Eigentum besessen hatten, von einem Konzil für ketzerisch erklärt - das alles rückte kommunitäre Gedanken im Zuge der Auseinandersetzungen mit der Obrigkeit nahe und näher. Nicht zuletzt auch deswegen, weil das emotionelle Denken noch nicht auf den Bereich des jeweiligen Privatissimums beschränkt worden war. Sehr schnell schlugen die Wogen bruderschwesterlicher Begeisterung höher, wie die Geschichte des Chiliasmus zeigt.[34)] Um die Entstehung und damit den Charakter der ersten Utopie nachzuvollziehen, seien kurz die Umstände der Zeit um 1500 geschildert. Es ist exemplarisch für den Ausbruch früherer Revolten. Neu - und, wie wir noch sehen werden einzigartig - ist die Entstehung der Utopie.

Um 1500 - eine Collage

Der Aufschwung des großen Handels für (Süd)Deutschland sog die Ware weg und schwemmte das Geld in die Städte, Preisverfall für die landwirtschaftlichen Erzeugnisse war tendenziell gegeben (wie wir es heute in globalem Ausmaß in der 3. Welt erleben). Kredite aus der Stadt zu nehmen, schien als Überbrückung vernünftig und wurde doch mit einer berechneten Zinsanhebung zum Wucher existenzgefährdend für ganze Landstriche. Im Strudel einer sich ausdehnenden Warenzirkulation suchte jeder Stand an Land zu ziehen, was an Land zu ziehen war. Auf der Basis der feudalen Stadtrechte inszenierten Kaufleute und Bankiers die erste kapitalistische Anarchie auf deutschem Boden. Die Kirche schilderte die Höllenqualen der Sünder je mehr, umso höher die Kosten des zu errichtenden Petersdoms stiegen. Und die weltliche Obrigkeit versuchte die feudalen Lasten mit Hilfe des römischen Rechts zu erhöhen. Das sektiererisch-häretische Fieber stieg; übliches Vorgeplänkel einer Krise, d.h. auch einer Kommunewelle. Zwei Generationen war es damals, Anfang des 16. Jahrhunderts her, daß die kommunistischen Taboriten, eine, wie wir sahen, auch militärisch aktive Sekte, im Stande waren, die reichste Provinz der damaligen Zeit, Böhmen und Mähren, 15 Jahre lang feudaler Besteuerung zu entziehen. Sollte sich vergleichbares in Süddeutschland wiederholen, wo doch nun, um 1500, der Türke gegen Wien rückte und die feudale Sammlung der Surplus-Ressourcen dringend erforderte (erste Belagerung Wiens: 1529). Die Reformation in Deutschland begann 1517, in der Schweiz festigten sich die Separatisten, einzelne Kurfürsten scherten aus, der Ritterstand stellte sich quer (von Hutten), die Bauern rotteten sich zusammen: So zeichnete sich Anfang des 16. Jahrhunderts erneut die Gefahr eines politisch-gesellschaftlichen Zerfallsprozesses ab.

Anfang des 16. Jahrhunderts: Gerade das römische Recht - vom privaten Einzelindividuum statt der feudalen Korporation ausgehend - war geeignet, die gemeinwirtschaftlichen Komponenten des Christentums einerseits und der aus der Stammesgesellschaft überkommenen Dorfstrukturen andererseits herauszufordern. Was schon eher zum Geschäftsgebaren des entstehenden Bürgertums paßte, was dem anonymen Charakter ihrer Geld- und Warentransaktionen entsprach und ihre Tendenz zur privaten Familien-Separierung förderte, stieß auf dem Land diametral gegen eine Lebensweise, deren Beibehaltung als Hort der Sicherheit angesehen wurde: öffentlich kooperativ, kommunitär, sozial.

Die Arbeitsdisziplin der feudalen Bauernmassen war eine öffentliche: Vor sich die Burg des weltlichen Herrn und am Sonntag der Pfaffe mit seiner Höllenstory. Individuelle Trauer, Freude, Haß und Begeisterung waren immer auch ein Stück Dorf- und Stadtgeschichte; d.h. auch die emotionelle Seite war öffentlich. Feudale Gewalt und verordneter Glauben hielt die halbkommunitären Dörfer an ihrem Platz. Die Rationalität der feudalen Ordnung bestand darin, zum Schutz gegen die Feinde von außen, Abgaben von ihnen zu verlangen; Offenkundig war dann auch, wenn dieser zum Territorialschutz eingegangene Pakt zwischen Herren und Knecht von feudaler Seite verletzt wurde. So frei es dem Herrn war, zu prassen und zu drücken, so frei war es dem Knecht auch, diese Asozialität anzuprangern: Im Namen Christi Domini, d.h. Christus als Herren, ordnete er sich unter und im Namen Christi als Bruder der Armen erhob er sich. Dann konnte es leicht passieren, daß das System in zwei Teile zersprang, d.h. in seine zwei Klassen. Nämlich dann, wenn die Not (z.B. infolge von akuten Mißernten, durch Kriegsunglück, durch Verschwendung) groß genug war und die kirchlichen Kanzelsuggestionen nicht mehr ausreichten, um zu kompensieren.

Kommune versus Obrigkeit

NIPPERDEY bemerkt zu den sozialen Kämpfen im frühen 16. Jahrhundert (Bauernkrieg):
Der politische Gegensatz ... besteht in dem Gegensatz von autonomer Dorfgemeinde und landesherrlichem Territorialstaat. Die bäuerlichen Beschwerden richten sich vor allem ... gegen die Versuche der Landesherren, die bäuerliche Selbstverwaltung zugunsten des modernen Staates einzuschränken ...
... Franz weist darauf hin, daß sich die Bauernaufstände vor allem in der breiten Berührungszone der bäuerlich-genossenschaftlichen Selbstverwaltung mit dem aus dem Mittelmeerraum vordringenden herrschaftlichen Territorialstaatsprinzip finden,

und charakterisiert den Bauernkrieg als 'eine Auseinandersetzung zwischen dem genossenschaftlichen Volksrecht und dem obrigkeitlichen Herrschaftsrecht'. (S. 89f)

Und, noch einmal den säkularen Charakter dieser Vorgänge betonend, schreibt NIPPERDEY:
In gewisser Weise repräsentieren die Bauern eine vergehende historische Epoche, die sie gegenüber den zukunftsmächtigen Gewalten der Neuzeit erhalten oder eigentlich wiederherstellen wollen. (S. 103)

Daß es letztlich um Lebensformen in ihrer Ganzheitlichkeit gegangen ist, wird sehr wohl gesehen:
Waas hält den Sieg der Bauern nicht für unmöglich und sozialgeschichtlich (!! A.B.) für wünschenswert, politisch aber sei er nicht wünschenswert gewesen, weil er die Auflösung Deutschlands nur weiter vorangetrieben hätte. In diesem Gegensatz von sozialen und politisch nationalen Erfordernissen liegt für Waas ein tragischer, nicht auflösbarer Konflikt. (S. 103)[35]

Um 1520 kam es zur erneuten Zuspitzung eines, wie wir sahen, alten Konflikts: Nachdem Reichsstädte und sogar Landesfürsten auf die Seite des aufmüpfigen Mönchs Martin Luther gegangen waren, was sollte die Bauern noch daran hindern zu tun, was als vernünftig und gottgefällig auf der Hand lag: Abschütteln der Feudallasten, Ausscheren aus dem Staatsverband, Autonomie vor Gott, leben wie in einer Apostelgemeinde, nämlich in Gemeinschaftseigentum, kommunitär, ohne Obrigkeit?!

Wir wissen, daß es nicht dazu kam; wir wissen aber auch, daß es dazu hätte kommen können - wie es zuvor in Böhmen dazu gekommen war. Für Luther war das ebenso eine reale Perspektive wie für seinen Gegner Müntzer. Kein Wunder, daß sich um dieses fundamentale politische Problem leidenschaftliche Debatten drehten, daß man Farbe bekennen mußte: Obrigkeit, Staat, Zentralisierung, Singularisierung, wachsende Fremdbestimmung einerseits, Korporation, egalitäre Verbände, Dezentralisierung, Kollektive, kommunitäre Lebensgestaltung andererseits.

"Der Staat" - wenn er je praktisch infrage gestellt wurde, dann im Zuge der mittelalterlichen Kommunewellen. Politisch war diese Entwicklung, die nach 1500 einsetzte, haarsträubend - die Früchte hätten Türken und jene 'christlichen' Mächte geerntet, die mit Despotie nicht sparten. Aber vom sozialen Geschehen, von einer alltäglichen Warte aus gesehen, muten diese sektiererischen Forderungen nach wirtschaftlicher Autonomie und sozialer Brüderlichkeit eher sympathisch an.

Dieses politisch-soziale Hin und Her stiftete eine der Grundfragen des Humanismus. Macchiavelli mag für den politischen Pol stehen, Figuren wie Erasmus von Rotterdam für den sozialen.
Morus versuchte beides zu vereinen, - in "Utopia".

Und weil es zwischen der politischen und der sozialen Vernunft eine Lücke gab, weil der Gegensatz zwischen beiden Ebenen ein diametraler war, weil dies durch Reformen, die im gegebenen Rahmen möglich waren, nicht gelöst werden konnte, entstand die Utopie: jenes Modell, das die Einheit auf einer höheren Ebene wieder herstellt. Womit eine

Perspektive vorhanden ist, ein Denken jenseits der Grenze, die der Status quo erlaubt - eben utopisches Denken. Es entstand d i e real-revolutionäre Philosophie. Thomas MORUS war über all das durch seine Baseler und Antwerpener Humanistenfreunde informiert. Erasmus von ROTTERDAM selbst hatte etliche Wiedertäufer-Führer als Studenten geschult.[36] Die Lollardie war noch nicht vergessen - zumal die politischen Zugeständnisse an die Bauern im englischen Bauernkrieg von 1381 nie ganz rückgängig gemacht wurden. Die Wiedertäufer tauchten - sozial relevant - auf dem England gegenüberliegenden Festland, in den Niederlanden auf, die ersten aufrührerischen, kommunitär gesinnten Prediger begannen nun auch im Vereinigten Königreich ihre Mission.

Chiliastisch motiviertes Überlaufen war dem logisch geschulten Thomas MORUS nicht mehr möglich, dazu dachte dieser humanistische Kopf zu kühl-relativierend, zu wenig emotionell-schwärmerisch. Man könnte sagen, daß Thomas MORUS damit den Gegenpol bildete zu Thomas MÜNTZER. Wir wissen, daß MORUS für die Wiedertäufer nur Verachtung übrig hatte. KAUTSKY schreibt:[37]
Kommunistische Volksbewegungen waren ihm verhaßt, auch die Bewegung der Wiedertäufer. So schrieb er an Johann Cochläus: 'Deutschland bringt jetzt täglich mehr Ungeheuer hervor, als Afrika jemals tat. Was kann ungeheuerlicher sein als die Wiedertäufer?

Diese Gegnerschaft reflektiert mehr als den Hochmut des aufgestiegenen Bürgersohns MORUS, in ihm kommt ein zentrales Problem der damaligen Kommunen zum Tragen: ihre politische Blindheit. Und diese entsprang zumindest zum Teil dem Übersoll an sozialen Gestaltungsaufgaben, vor denen die Kommunen standen, nachdem sie sich aus der traditionalen Gesellschaft gelöst hatten. Sie waren viel zu sehr mit den grundsätzlichen Fragen eines christlichen Gemeinschaftslebens beschäftigt, um z.B. die Folgen abschätzen zu können, die aus einer türkischen Eroberung Mittel- und Westeuropas gefolgt wären. Obrigkeit war für sie erst einmal gleich Obrigkeit. M.a.W.:

Die damaligen Kommunebewegungen waren - zum einen - notorische Anhänger des Partikularismus. Die Tatsache, daß die Apostel kommunitär zusammenlebten und gegen den (römischen)Staat votierten, war ihnen Rechtfertigung genug, den Weg der radikalen Verweigerung zu gehen: Kein Eid, kein Steuergroschen, kein Kriegsdienst, kein Kniefall vor den Pfaffen.

Zum zweiten: So klar diese Richtung gegen den Staat, so verschieden der konkrete Weg, den die Kommunen sektiererisch gehen wollten. Die Wiedertäufer boten - wie vor ihnen die Taboriten und Waldenser - das Bild einer großen Zersplitterung, d.h. einer Sektiererei im heutigen Sinne. Die biblische Berufung war ebenso vielfältig wie in sich widersprüchlich.[38] Kautsky zitiert einen (mit den Wiedertäufern sympathisierenden) Historiker, Sebastian FRANCK, der über die süddeutschen und schweizerischen Wiedertäufer schreibt:
Die einen feiern den Sonntag, die anderen nicht. Manche haben Regeln über eigenartige Kleidung und Speisen und sondern sich auch äußerlich von der Welt ab. Deren sind nur wenige. Andere bequemen sich den Verhältnissen an. Etliche lehren, sie könnten nicht sündigen, 'der mehrere Teil predigt das Kreuz', mache einen 'Abgott aus dem Leiden'. Etliche predigen und erleiden darob Martern. Andere halten dafür, es sei die Zeit

gekommen, zu schweigen. Etliche leiden an Verzückungen und prophezeien ... (KAUTSKY, 1976, II, S. 143)

Die Zerrissenheit verunmöglichte eine Handlungseinheit, machte sie als politische Partei unmöglich. Sie zeigte sich in so grundsätzlichen Fragen wie der Eigentumsfrage, der Familie, des Verhaltens dem Staate gegenüber. Kein Wunder, denn diese Gemeinden wagten Riesenschritte, wo sich die Gesellschaft selbst nur mit Millimetern bewegte. Ohne Erfahrung, nur ausgestattet mit dem an vagen Bibelaussagen orientierten Gefühl für Gerechtigkeit, waren sie zumindest zeitlich überfordert. Die Umgebung in Form von Fürsten, Städten und Kirche verlangt von ihnen Handlung, wo sie Entwicklung brauchten. Nicht zuletzt unter diesem Erwartungszwang entwickelte sich die Eschatologie, die Prophezeiung vom nahen Reich, das kommen werde. Ereignisse wie z.B. die Niederlage der Bauern 1525 trugen dazu bei.

Woran die Bauern gescheitert, das sollten jetzt die Türken zustande bringen. Hans Hut selbst, ebenso wie viele seiner Genossen bauten auf den bevorstehenden Einbruch der Türken. Diese werden das Reich zerstören, lehrte Hut. Währenddessen sollten sich die Genossen in den Wäldern verborgen halten, dann aber hervorkommen, sobald die Türken ihre Arbeit getan und das Werk vollenden. Er gab sogar ein genaues Datum für den Beginn des 1000-jährigen Reiches an: Pfingsten 1528. (KAUTSKY, 1976, II, S. 177) [39]

Ohne den gruppendynamisch stabilisierten emotionellen Druck in diesen Kommunen ist dies nicht verständlich. Zentriert hat sich dies um die jeweilige Auslegung des Glaubens, auf dessen substantielle Bedeutung oben (S. 16 ff.) hingewiesen wurde. D.h., das was sie einerseits über ihre Zeit hinausgelangen ließ - Realisierung einer christlichen Kommune[40] - machte sie andererseits unkritisch gegen die Sphäre des Politischen im staatlichen Sinne. So konnte LUTHER höhnen, die Lehre vom Tausendjährigen Reich sei "aller Rottenmeister Gaukelsack" (bei Blick, S. 206). Und KAUTSKY ist zuzustimmen, wenn er über Morus und zeitgenössische Humanisten schreibt:

Sie verglichen das Proletariat mit den besitzenden Klassen ihrer Zeit und fanden diese jenem in allen Punkten so sehr überlegen, daß ihnen die selbständige Bewegung des Proletariats hoffnungslos erschien, daß nur aus den höheren Klassen die Macht herkommen konnte, die den Sozialismus durchführte. (KAUTSKY, II S. 58)

Selbst Thomas Müntzer - sonst Feind der Obrigkeit durch und durch - sah im niederen Volk einen Bündnispartner zweiter Wahl.[42]

Diese Kommunen waren in ihrer Rationalität an ihre Interessen gebunden, und diese hörten hinter dem nächsten Wald auf: "Christus wird kommen und alles richten. Seid nicht so kleingläubig!" Die Beschränktheit solcher Kirchturm-Rationalität ist der Preis, daß sie noch halbwegs eins waren mit ihrer Emotionalität, daß sie noch öffentliche Menschen waren. Eine Rationalität, die sich dem Problem einer Region oder eines Staatsgebietes stellt, war ihrer nur-gruppengebundenen Emotionalität fremd. Hier griff der Chiliasmus als entlastende Vorstellung ein.

So wird, zeitgleich mit Morus, im Elsaß die nahe Wiederkunft des Kaiser Friedrich prophezeit,

der kommen wird, weiß wie der Schnee, und seinem Volke alle Himmel öffnen wird, 'und sin stuol wird sin wie ein fur und tausend mal rausend und zehn mal hundertuasend werden ihm biston, wan er wird die gerechtigkeit handhaben', in seinem Reich wird das Paradies erneut, und tausend Jahre wird er regieren.[42)]

Daß dann nicht nur die präzise Ankunft des Kaisers genannt wird, sondern ebenso, daß alle bedeutenden Männer der Geschichte, von Adam bis Alexander d.Gr. Deutsche waren und Deutsch überhaupt die Ursprache der Menschen ist - all dies schluckt die wilde, ekstatische Emotionalität. Die Humanisten wußten, daß sie sich davon nicht nur distanzieren wollten, sie mußten dies, um politisch glaubwürdig zu bleiben.

Das zeigt sich natürlich auch im größten sozialen Versuch der religiös-wirtschaftlichen Kämpfe der damaligen Zeit, im Täuferreich von Münster. Von einer bestimmten Stufe an, als nämlich die Alltäglichkeit der neuen Ordnung einerseits und die zunehmende militärische Zwangslage andererseits normales Handeln und Routine erforderten, als die innere Veränderung in Münster erst einmal einen Punkt erreicht hatte, wo durch Arbeit viel und durch Prophetie wenig zu erreichen war, kurz, als chiliastische Irrationalität mit der Rationalität der Politik konfrontiert war, kam es zu großen Schwierigkeiten.
RAMMSTEDT schreibt dazu [43)]:

Aber Johann von Leydens Visionen blieben für die Gemeinde unbefriedigend, gerade wegen des rationalen Hintergrundes. Die chiliastische Wundergläubigkeit der Täufer bedurfte der dauernden Trennung von der Realität, wurde aber durch wirklichkeitsbezogene Versprechungen (die sich z.B. auf die Nahrungsmittelknappheit bezogen, A.B.) ihres Führers mit ihr konfrontiert. Johann von Leydens (der damalige Führer in Münster, der sich zum König küren ließ, A.B.) Prophezeiungen folgten daher ekstatische Tänze und Bußrufe; im Fanatismus versuchten die Täufer sich über die aufkommenden Zweifel an dem Chiliasmus hinwegzusetzen.
Johann von Leyden glaubte an göttliche Offenbarungen und Wunder und wurde dadurch von den jeweiligen Propheten abhängig. Seine Stellung, wenn auch institutionell abgesichert, geriet durch das Charisma, das von den Täufern denen zuerkannt wurde, die göttliche Visionen hatten, ins Schwanken. Der daraus entstehende Haß der Gemeinde in ihrer emotionalen Bindung an Johann von Leyden wurde durch die Apotheose kompensiert. Sie kulminierte zur Anerkennung Johanns als Messias.
Und:

Aber bereits im Herbst 1534 empfand Johann von Leyden die immanenten Folgen spontaner Massenbildung und verfehlte Prophezeiungen (wie z.B. militärische Siege, A.B.), Androhung des nahen Endes und Angst um die eigene Existenz hin als Gefahr und trat ihnen entgegen. Er organisierte die Massen - wer teilnehmen durfte, wurde bestimmt - und beendete die Versamlung mit einem Schock, indem er, ohne genaue Begründung, einen der Anwesenden hinrichtete. Ehemals spontane, außeralltägliche Ereignisse wurden zu Alltagserscheinungen, wurden zeremonialisiert, und was blieb, war die Angst um die eigene Existenz. (RAMMSTEDT, 1966, S. 78)

Was folgte, war die vollständige Reglementierung des Lebens, von der Kleidung bis zum Tagesablauf, Zell- und Blockeinteilung, ohne daß ein Kontakt der (Wohn-)Zellen untereinander möglich gewesen wäre. Die Gütergemeinschaft wurde rasch zum verhaßten Rationierungssystem, über das Militär restituierte sich die Hierarchie, der

Liebeskommunismus - aus Gottes Liebe werden alle, die rechten Glaubens sind, einander zu Brüdern und Schwestern - wurde zu einer durch Terror erzwungenen Ideologie.

Wie üblich, so zeigten sich auch in Münster die Spannungen zwischen der Egalität bzw. der neuen (nicht familial begründeten) Hierarchie einerseits und den familiären Strukturen andererseits. Zusammen mit einem eklatanten Frauenüberschuß führte dies zu einer neuen Basis-Organisation, nämlich die Zusammenfassung vieler Frauen unter einem Mann als Haushaltungsvorstand. Strenge Ablehnung jeglicher Lust, die losgelöst von der Kinderproduktion war, Verfolgung von Ehebruch oder auch nur andeutungshafter Begierde außerhalb der neuen Eheform deuten schon darauf hin, daß dies keine ketzerische Emanzipation der Sexualität wie bei den Adamiten beinhaltete, sondern eine Reglementierung der Frauen (wegen ihrer Anfälligkeit für Unruhen) und die Durchsetzung des wirtschaftlichen Rationierungssystems und überhaupt die Überwachung der Bevölkerung durch die neue, chiliastische Despotie.

Durch die sozialen Veränderungen (vor der Einführung der sog. Vielweiberei) hatten sich die gesellschaftlich fixierte Domestikation der Frau und die Sublimation der Sexualität aus dem Rahmen der Tabus gelöst. Die puritanisch strengen Foderungen des Täufertums verhinderten, daß sich die Entwicklung frei vollzog; sie förderten vielmehr die Kompensationen, da die Sexualität für die Täuferlehre als Sünde galt, und lösten die psychischen Spannungen auf, indem die das notwendigerweise gesteigerte Anti-Gesellschaftliche, das der Sexualität immanent ist, umdeuteten. Die Aggressionen gegen die Gesellschaft (nämlich die eigene in Münster, A.B.), eine Gesellschaft, die das Sexuelle frustrierte, wurde umgeleitet in die bereits durch den Chiliasmus angelegte Aggression gegen die Außengruppe (gegen die Gesellschaft allgemein, die in sündiger, weil nicht durch die richtige, d.h. durch die täuferisch Lehre geheiligter Ehe lebten, A.B.). (RAMMSTEDT, 1966, S. 100)

Natürlich war das Täufereich zu Münster letztlich Reaktion auf eine wirtschaftliche Krise. Die apostolische Ur-Gemeinde sollte die gegenüber frühkapitalistischen Tendenzen gefährdeten Zunft-Gruppen ideologisch festigen:
Die reichen Kaufleute und Handwerker, die sich gegen die anachronistische Wirtschaftsreform (d.h. die Einführung der Gütergemeinschaft, A.B.) nicht durchsetzen konnten und durch die enge Bindung an die Gilden sich den verändernden ökonomischen Bedingungen nicht anzupassen vermochten, sahen im Chiliasmus ebenso eine Lebenserfüllung wie die verarmenden Handwerker, die niederen Kleriker und Adligen. Der Chiliasmus ist dabei als Radikalisierung zu verstehen und verweist auf die Desorientierung der Anhängerschaft .. (RAMMSTEDT, 1966, S. 118)

Der entscheidende Punkt für die Humanisten und die aufgeklärten Aristokraten dieser Zeit (wie Thomas Morus) war freilich nicht die Desorientierung als solche - das konnte ihnen ja selbst auch unterlaufen -, sondern die Unzugänglichkeit gegenüber der Kritik, da Anti-Rationale. Wo seit mehr als einem Jahrhundert alle großen Neuerungen in Wirtschaft und Gesellschaft (Buchdruck, Pulver, Mühlen, Pumpen, Buchhaltung, Scheck etc.) auf rationale Erörterung der Dinge zurückgingen, war dies für die fortschrittlichen Zeitgenossen verachtenswert. Daß der Preis für die Festigung dieser Rationalität die Vereinzelung war, der Verlust von sozialer Verwurzelung, war noch nicht absehbar. Die Stärke der Humanisten in soziopsychologischer Hinsicht war somit wohl gerade das Fortbestehen der feudalen Kollektivität. Diese emotionelle Sicherheit hat letztlich die Stabilität bewirkt, mit der die rationalen Sprößlinge dieser Zeit sich aufschwangen, die Welt zu verändern.

Geht man von der Bedeutung der Magie und der Religion bei den sog. vorzivilisierten Völkern aus, d.h. von den Befunden der Ethnologie hierzu[44], dann muten diese chiliastischen Kommunen wie kulturelle Regressionen an. Es ist, als ob mit der Form der geschlossenen Gruppe und unter christlichem Vorzeichen sich so etwas wie "wildes" Bewußtsein aus der Zeit der getrennten Stämme und Sippen bildet. Karl MANNHEIM bejaht diese Charakterisierung, indem er schreibt:
Für da primitive oder mythische Bewußtsein ist charakteristisch, daß es in Form symbolischer Surrogate Flucht vor der Wirklichkeit anbietet, um den von der sozialen Realität frustrierten Wünschen und Triebregungen Befriedigung zu verschaffen. Eine solche Neigung des Bewußtseins arbeitet unmittelbar auf eine Verschmelzung der irrealen, subjektiven und symbolischen Fiktionen der Wunscherfüllung mit den Elementen objektiver Realität hin und kann tatsächlich zwischen beiden nicht unterscheiden. Und:
Die am meisten unter sozialen Tabus und Unterdrückung leidenden Schichten werden dann ebensosehr von den Impulsen ihrer Symbole angetrieben wie von den schnell erreichbaren Zielen. War das die Wirklichkeit transzendierende Element bisher nur ein wunscherfüllendes Surrogat (A.B.: z.B. das Kreuz), so bekommt es nun eine Kraft, die die Massen zum Kollektiv zusammenschweißt und zu gemeinsamer Aktion anspornt...[45]

Thomas Morus gehört zu der den modernen Rationalismus vorwegnehmenden Schicht. Er bewegt sich in genau der entgegengesetzten Richtung wie die Kommunen. Daß diese potentielle Regression auch im englischen Volk durchaus real war, zeigten ein Jahrhundert später der von "Cromwells ebenfalls chiliastisch erregten Scharen sich ablösende radikale Flügel der sogenannten Levellers und Diggers" (DOREN, a.a.O. S. 155). Und welche Massenrelevanz dies entwickeln konnte, ging z.B. daraus hervor, daß 10 Jahre nach dem Erscheinen von Utopia Tausende von Tiroler Bauern und Handwerkern auswanderten - auf der Suche nach einem besseren Gemeinwesen, jegliche Hoffnung auf eine Veränderung im System war aufgegeben. Utopia, der englische Diskussionsbeitrag auf der Suche nach Reformen, nach einem "Nirgendwo", war zwar für die Humanisten (Sprache: Latein) geschrieben, aber auf die Gesellschaft, auf alle Stände bezogen. Utopia 1516 - geschrieben auf der Schwelle zur modernen Familie, weg von der mittelalterlichen Gruppe; auf dem Weg zur emotional-rational gespaltenen bürgerlichen Persönlichkeit; geschrieben aber auch mit dem Gepolter der rebellierenden Bauern und Handwerker im Ohr, und Tausende von klösterlichen und weltlichen Kommunen vor Augen. Utopia verkörperte humanistische Bildung und Erfahrung in Wirtschaft und Politik: Die humanistischen Freunde waren des Lobes voll, als sie den Utopia-Roman studierten. Endlich Hoffnung, endlich eine Perspektive, die nicht die Peinlichkeit chiliastischer Hysterie hatte[46]; und auch nicht die Massenfeindlichkeit von Macchiavelli. Morus schien die demokratisch-republikanische Tradition von Athen und Rom fortzuführen, Utopia war somit ein Stück Renaissance.

Utopia

In Utopia verbinden sich die gemeinwirtschaftlichen Forderungen der Unterschicht mit den spätfeudalen gouvermentalen Forderungen nach einem Einheitsstaat. König Utopos ist absolut volksfreundlich - und absolut mächtig: z.B., wenn er kraft seiner Macht Ausbeutung und Geld abschafft.

Oder: Die Freiheiten der Utopier stoßen sich nicht mit den inquisitionsstiftenden Vorschriften, daß jeder, der eine geheime Versammlung besucht, zum Tode verurteilt werden muß. Daher ist Utopia tatsächlich damals eine kommunistische Utopie im oben definierten Sinne: an die kommunistische Realität (der Gilden, Gemeinden und Bauernhorden) anknüpfend, diese zu einem rationalem Gemeinwesen transformierend.[47]

Morus intellektualisierte und idealisierte, was bei den Massen religiöse und konkrete Realität war. Morus führte jene Ansätze bei den kommunitären Bewegungen seiner Zeit (und der Zeit zuvor), die nur allzu leicht zu einem bornierten Schilda gerieten, zu einem transparenten liberalen, merkantilistisch orientierten Absolutismus aus.[48]

Utopia - rational durchorganisiert wie sehr viel später bei Ledoux die Stadt und noch sehr viel später bei Taylor die Fabrik. Utopia - an die Stelle der peinlich konkreten Prophezeiungen der Chiliasten trat das Nirgendwo der Staatstheorie.[49]

Utopia - das ist auch der Schritt vom chiliastischen Evangelium zum zeitlosen Staatsroman; von der Predigt, der Taten folgen, zur Lektüre zwecks Kontemplation und Zerstreuung.[50]

Wegen dieser Vielschichtigkeit, mit der Morus "Utopia" neue Tendenzen aufgriff und wegen der - noch möglichen - optimistischen Zusammenschau christlich-optimistischer Anthropologie einerseits und humanistischer-rationaler Analyse andererseits wurde Thomas Morus wohl zu Recht berühmt.[51]

Nach Utopia

1500 - 1950 - Collage

Im nächsten halben Jahrtausend findet eine widersprüchliche Entwicklung statt: die konkrete Kollektivität der Bauerndörfer, der Stadtviertel, der Gilden und Bünde, Sekten und Schulen nimmt nach 1500 ab, die abstrakte Kollektivität dagegen nimmt zu, d.h. am Ende des 20. Jahrhunderts ist auch das letzte Dorf z.B. in Deutschland mit dem industriell-bürokratischen Komplex verbunden. Anders ausgedrückt: die Kollektivität hat sich auf die Produktivkräfte verlegt und hier eine ungeheuerliche Entfaltung vollzogen. Für den Rest kam die Familie auf. Kommunikation, Emotionalität, Spontaneität, Erziehung, lebendige Moral, Geist, Brüderlichkeit, Geborgenheit usw. - all das gehört mehr und mehr zur Aura der Familie. Das Kollektive verflüchtigt sich zur Kollektivität in der bloßen Vorstellung; z.B. von dem, was Familie ist, was man von ihr erwarten kann, wozu man selbst eine solche gründet. Die Realität der Familie ist, gemessen daran, weit entfernt. Auch im ärgsten Familienclinch gibt es noch ein tränentreibendes, d.h. an die Vorstellungen appellierendes Weihnachten, das Fest der

Familie, was ja erst mit ihr zu dem wurde, was es heute ist: Beschwörungstag der familiären Liebe.

Beide Komplexe bedingen einander, die abstrakte Kollektivität der Produktivkräfte braucht die konkrete Emotionalität der Familie. Was später die Ehe und Familie an emotionellem Versprechen nicht halten konnte, was aber zwecks Kompensation für die einseitig entfremdete Ratio und an emotionellen Träumen gegenüber der Macht zu leisten war, wurde Sache der Literatur, der Bühne und des Films.
Heute weckt das Fernsehen, anonymstes aller Medien, die intimsten Gefühle, Liebe und Hass, Tragik und Insurrektion. Von 7 Uhr 30 bis 16 Uhr im Büro und Fabrik, danach per TV Cowboy und Liebhaber, Verbrecher und Clown. Je ärmer die Identifizierungsangebote in der industriell-bürokratischen Realität werden, umso reichhaltiger der emotionelle Schnellimbiß vor der Mattscheibe: natürlich zu Hause, in der Familie, "bei sich". Während die Produktivkräfte zum Hort der Rationalität werden, wird die Familie bzw. Ehe (bzw. Zweierbeziehung) zum Terrain der Irrationalität. Beides wird, von Periode zu Periode, als Vorteil bzw. Nachteil angesehen.[52)]

Das "wilde" Denken des Mittelalters ist so zwar zurückgedrängt worden. Es kann nicht mehr per Gruppendynamik ungeplant soziale und politische Form annehmen, wie dies bei den mittelalterlichen Kommunen und Sekten der Fall war.[53)] Die Privatisierung des "wilden" Denkens zur familialen Irrationalität (oder Emotionalität) hat daher auch die politische Tragik verlagert: von der öffentlichen Ebene der im Kampf gegen rationale Staatlichkeit unterliegenden kommunitären Bewegungen zur Verstricktheit des vereinzelten Individuums. Diesem geht - in der Masse - sogar das Bewußtsein dafür verloren. Der Einzelne weiß in der Regel gar nicht, daß seine "Probleme" nichts anderes als ein Stück dieses Kampfes sind.

Im Falle der christlichen Kommunen des Mittelalters, ihrem Biblizismus, dem oft fanatischen Glauben an den Buchstaben des Neuen und Alten Testamentes lag eine Art Pathologie des Kollektivs vor.[54)] Mit der Atomisierung hin zur Familie wurde auch diese Pathologie atomisiert. Dies dürfte eine Voraussetzung dafür sein, daß die moderne Gesellschaft überhaupt entstehen konnte; das heißt, daß der Schein einer durch und durch rationalen Gesellschaft als Realität suggeriert werden kann.

Öffentlich werden kann die privatisierte Irrationalität nur als Ritual: in der Form der Literatur, des Dramas, des Films, der bildenden Kunst. So werden die Probleme öffentlich und zugleich wird die Privatisiertheit gewahrt. Simplizissimus - Faust markieren die erste große Phase der Entwicklung des bürgerlich-familialen Individuums. Simplizius ist noch öffentlich genug, um sich überall zurecht zu finden. Bei Faust ist es schon der megalomane Kampf des Einzelnen gegen alle anderen geworden, die Selbststilisierung zum Genie, die jeder Single heute bereits in der äußeren Aufmachung - ganz zu schweigen von der inneren Staffage seit eh und je - mit sich herumträgt.
Faust - Dostojewskis Idiot - Joyce' Leopold Bloom stehen für die zweite Phase. Von der infantilen Megalomania des Dr. Faustus zur unbegreiflichen Absurdität des im Labyrinth seines Tages herumirrenden Blooms von Joyce; von dem tragischen Versuch, der Welt Orientierung zu geben (Faust) zum kaum eingestandenen Suchen nach Orientierung (Bloom).

Das emotionale Denken in den kommunitären Bewegungen im Mittelalter brach sich an der staatlichen Rationalität, - sicher! Aber: bei aller Distanz zu diesen aus diesem Grund auch "Sekten" zu nennenden Gruppen muß man auch sehen, daß sie mit diesem Denken sehr wohl in der Lage waren, die Ganzheitlichkeit der menschlich-sozialen-ökonomischen-psychischen Existenz befriedigend zu organisieren. Ihr Denken bezog eben noch ihre Bedürfnisse voll ein. Ihre Gestaltungsversuche gingen noch von Hunger und Durst, Kommunikation, Tanz, Übermut, Kindererziehung aus. Indem sie davon ausgingen, waren sie gegenüber der Obrigkeit und der Kirche in Legitimationsnöten. Deswegen mußten sie christlicher sein als die Christen; deswegen der sektiererische Charakter. Aber die Kraft dahinter entspringt einer sozialen Wirklichkeit. Diese Energie hat ihre Quelle in dem Gelingen ihrer kommunitären Gestaltungsversuche. Sie sahen, daß sie tatsächlich eine Menge selbst organisieren können.

Gemessen daran ist tatsächlich die "Größe" eines Faust Randphänomen, ir-real, - eben Literatur. Mögen die chiliastischen Rotten, zu der die kommunitären Bewegungen im Kampf mit der Obrigkeit wurden, engstirnig sein - gemessen am schicksalhaften Subjektivismus des Leopold Blooms muten sie weitsichtig an.

Die Utopien

Welche Entwicklung nehmen unter diesen Umständen die Utopien? Utopie wird mehr und mehr zu einem negativ besetzten Begriff, bis sich Anfang des 20. Jahrhunderts eine neue Wende ergibt. Negativ wird dieser Begriff deswegen besetzt, weil die Utopien sog. wissenschaftlichen Kriterien unterworfen werden.[55] Diesen Kriterien der Schlüssigkeit einerseits und der Realistik der zugrunde liegenden Prämissen des Gesellschaftsmodells andererseits werden die Utopien deswegen unterworfen, weil dies zur einzigen Betrachtung von Gesellschaft überhaupt geworden war: die Betrachtung durch den von ihr distanzierten Intellektuellen. Bei Morus war dies noch nicht vollzogen. Utopia zeichnet sich gerade dadurch aus, daß sie an reale Kommunismen anschließt und diese weiter zu einer in sich geschlossenen Gesellschaft ausbaut. Insofern ist Utopia ein Stück in die Zukunft verlängerte Gegenwart.[56] Das Kommunistische - d.h.: das Gemeinschaftseigentum - wurde später immer als das Utopische in Utopia angesehen. Gerade dies aber war für Morus nicht der Fall: es gab genug Gegenwart, die zeigte, daß der Mensch durchaus im Gemeinschaftseigentum leben kann. Problem war eher sein Verhältnis zur Gesellschaft, d.h. zum Staat. Und dies war der Schritt über die damalige Zeit hinaus. Indem nun die kommunitären Formen der Dörfer und Städte mehr und mehr durch die des Privateigentums und der Familie abgelöst wurden, Gemeinschaftseigentum also nicht mehr praktisch erfahren wurde, wurde genau dies zum utopischen Moment. Und mit diesem Verlust kommunitärer Evidenz wurde Utopia nur noch ein Stück Literatur - als solches war es der Konkurrenz am Schreibtisch ausgesetzt. Wie alle Gesellschaftsmodelle wurde es an seiner Realitätsangemessenheit gemessen. Und da der Mensch Privateigentümer "ist", ist Utopia "utopisch", d.h. weltfern bzw. illusionär. Was Utopia widerfuhr, geschah auch mit anderen Utopien wie z.B. mit dem Civitas Solis von Tommaso Campanella.

War Utopia zur Zeit des Morus noch so etwas wie die soziale und politische Bibel der

Humanisten. so widerfuhr ihr danach das gleiche Schicksal wie der Bibel selbst: sie wurde ein Buch unter Büchern und als solches, nämlich bibliophil behandelt.

Neue utopische Romane entstanden, - aber eben als utopische Romane im neuen Sinn gedacht, mehr Roman als Utopie (im Sinne des 16. Jahrhunderts). Diese Entwicklung ist insofern richtig, weil es danach keine kommunitäre Basis mehr gab. Zugleich gilt: Das "Utopische" (sprich das Kommunitäre an den Utopien) affirmierte die bürgerliche Privatheit: Wenn so etwas wie Kommune nur in Utopien möglich ist, dann scheint die privat-bürgerliche Haut die eigentlich menschliche zu sein.
Wie kam es aber zur erneuten Wende am Anfang des 20. Jahrhunderts?
Folgende Schritte sollen diese Entwicklung skizzieren:

Französische Revolution. NIPPERDEY sieht die Französische Revolution als das große einschneidende Datum, mit dem die Zeit der Utopien endet. (NIPPERDEY, 1975, S. 138). Warum? Weil mit der Revolution selbst Ideale, die vorher als utopisch galten, zum Leitbild des Handelns geworden sind. Das, so müßte man meinen, müßte die Utopien aufwerten. Aber ebenso gilt (nach NIPPERDEY):
In der Revolution hat sich die objektive Bindung an Vernunft und Naturrecht, auf die sich doch eine Vielzahl antagonistischer Parteien berief, aufgelöst. Jede Idealbildung, jeder Entwurf einer die Gegebenheiten transzendierenden Weltgestaltung mußte sich jetzt aus der Erfahrung legitimieren. (S. 138)
Während noch galt:
Die Utopia lebt noch im Glauben an die Konstanz der Vernunft, an den statischen Charakter des Ideals, an die unhistorische Gegenüberstellung von Ideal und Wirklichkeit. (S. 139)
Jedoch nun heißt es:
Die programmgeleitete Aktivität der Weltveränderung ist nicht mehr Sache eines literarischen Entwurfs, sondern Sache der Praxis, sie kann sich voll in der Wirklichkeit entfalten.

Die Praxis erweist sich aber als viel differenzierter, als die Utopie vermuten ließ. Hinzu kommt: Am Ende des 18. Jahrhunderts befanden sich die *Kollektive* in Auflösung bzw. wegen der Defensivhaltung gegenüber dem Absolutismus in durchweg reaktionärer Einstellung.[57)] Die Zunft war zum Schrecken aller Reformer geworden. Eine neue Realität entwickelte sich, die durch eine Utopie viel schwerer zu erfassen war als die relativ statische Gesellschaft des 16. Jahrhunderts (statisch, was die Basiseinrichtungen anbelangt).

Das Frankreich der französischen Revolution stand unter der Konkurrenz des mit Riesenschritten sich auf privatwirtschaftlicher Grundlage entwickelnden *England*, vergleichbare Fortschritte waren im Bereich der Korporation nicht nur nicht anzutreffen, diese stellten sich gegen jede Veränderung (siehe oben), Kollektive generell hatten so das Odium des Dumpfen, Rückständigen. Die Utopien bestanden jedoch aus Kollektiven. Daher ließ deren Attraktivität nach (bis sie sich unter sozialistischem Vorzeichen neu bildete).

Und letzten Endes ist die Französische Revolution mit den meisten ihrer zuvor als utopisch anzusehende Versprechen - Freiheit, Gleichheit usw. - gescheitert; bzw. diese erwiesen sich, nachdem sie realisiert waren, als etwas viel weniger Erwünschtes als ursprünglich angenommen. Das Scheitern selbst wurde nicht zum geringen Teil den utopischen Zielsetzungen angelastet. Die bürgerlichen Freiheiten z.B. erwiesen sich mehr und mehr als *Vorrechte der Besitzenden* gegenüber den Nichtbesitzenden.

Fühlten sich die Konservativen durch den negativen Verlauf der Französischen Revolution in ihrer Skepsis gegenüber utopischen Gehalten bestätigt, so war dieses Scheitern für die liberale und, später, sozialistische Richtung eine Herausforderung, die Richtigkeit dieser Ziele auf neuer Grundlage zu beweisen bzw. zu begründen.

Das erfolgte u.a. auch in Form von utopischen Schilderungen z.B. bei Etienne CABET (Voyage en Icarie). Aber in weitaus größerem und sich mehr und mehr durchsetzendem Umfang erfolgte es in Form von Philosophie und Soziologie: Die Analyse des Bestehenden selbst sollte Anhaltspunkte für die Veränderung liefern. Die Ziele standen fest - Freiheit, Gleichheit, Brüderlichkeit - mehr und mehr *sollte die Wissenschaft Handlungsanleitungen entwickeln* helfen.

Bei dieser "wissenschaftlichen" Vorgehensweise spielten die Kollektive an der Basis selbst eine z.T. noch große Rolle. Die französischen Sozialisten, allen voran Proudhon, stellten ihre Politik ganz und gar auf jene in der ersten Hälfte des 19. Jahrhunderts sich bildende kommunitäre Entwicklung, nämlich auf die Genossenschaften ab.[59)] Dieses Vorgehen hat, wie wir sahen, in MORUS einen Vorgänger. Diese Methode war immerhin so verbreitet, daß sie als "Schule" bekannt wurde, nämlich als der eine große Zweig der Arbeiterbewegung und des Sozialismus im 19. Jahrhundert: utopische bzw. Frühsozialisten; und daß sich dies als Schimpfwort gegen diesen Zweig festsetzen und durchsetzen konnte. Gerade das Verankern der sozialistischen Politik in einer kommunitären Realität galt als vor-wissenschaftlich, als "früh"-sozialistisch und, das ärgste von allem, als "utopisch". Somit entstand der von MARX und ENGELS ebenso energisch wie letztlich sehr erfolgreich bekämpfte "Frühsozialismus".

Die französischen "utopischen Sozialisten".

Das was für MORUS gegebene Substanz war, schien sich in den Augen der französischen Sozialisten der ersten Hälfte des 19. Jahrhunderts auf neuer Basis zu bilden. Also hätte auch das utopische Verfahren auf neuer Grundlage wiederholt werden können. Stattdessen hat sich aber der sog. *"wissenschaftliche" Sozialismus von MARX und ENGELS* für die zweite Hälfte des 19. Jahrhunderts durchgesetzt.

Dieses Verdikt einer Wiederholung des MORUSschen Anknüpfens an kommunitäre Tatbestände konnte begründet werden: nicht zuletzt durch das *Scheitern dieser Genossenschaften*, voran der utopischen Kommunen im 19. Jahrhundert. Auf die Entwicklung dieser Kommunen im 19. Jahrhundert ist daher einzugehen (siehe unten).

Wir wissen heute, daß das MARXsche Versprechen, mit der "Wissenschaft" die "Gesetze" der Gesellschaft und ihrer Geschichte festlegen zu wollen, um daraufhin politisches Handeln "wissenschaftlich" zu begründen, selbst utopisch (im negativen, also MARXschen Sinne) ist.[59] Der Schluß aus der natürlich wohlbegründeten Beobachtung, daß Individuen und ganze Gesellschaften in einer von der Wirklichkeit abweichenden Begriffs-Welt leben, diese Entdeckung der Realität von "Ideologie" oder "Glauben", "Entfremdung" oder "Verdinglichung" kann ja nie den anderen Schluß begründen, daß es eine "wirklichere" Realität gibt, die folglich auch zu entdecken wäre (was dann Aufgabe der Wissenschaft ist). So evident die Erfahrung der Entfremdung scheint, so wenig kann daraus auf Nicht-Entfremdung geschlossen werden (oder, ökonomisch: so klar die Oberflächlichkeit der Preisbewegung ist, so wenig kann daraus auf eine Realität der Kategorie Wert geschlossen werden).

Diese Entdeckung (bzw. Wieder-Entdeckung) einer *generellen Relativiertheit* wurde ganz allgemein mit dem Beginn des 20. Jahrhunderts bedeutsam. Dadurch wurde das Utopische auch neu begründet. Gerade das Unwissenschaftliche in den Utopien, nämlich die Wünsche und Bedürfnisse, wird nun neu gesehen: als Zeichen der Unmittelbarkeit, ja *"Echtheit" menschlicher Bedürfnisse*, dessen Wahrheit sich gerade darin manifestiert, daß es intellektueller Reflexion entzogen ist.[60] Horkheimer z.B. schreibt:
Bewirkt die Ideologie den Schein, so ist dagegen die Utopie der Traum von der 'wahren', 'gerechten' Lebensordnung. (bei NEUSÜSS, 1968, S. 15)
HORKHEIMER sowie ADORNOs Absicht charakterisiert NEUSÜSS so:
... ging es ihnen doch um eine Rettung des Vernunftbegriffs im Namen von Utopie, die sich auf technische Rationalität nicht abrichten läßt. (NEUSÜSS, 1968, S. 54)
Das ist der gleiche Impetus, aus dem heraus in den späten 60er Jahren Herbert MARCUS zur "großen Weigerung" aufruft, zur "neuen Sensibilität", um neu an jenen Bedürfnisse anzuknüpfen, die wirklich sind, im Rahmen der entfremdeten, manipulierten Gesellschaft, aber utopisch scheinen. BLOCH schrieb über Utopien und mittelalterliche Sekten in den 30er Jahren den für die Gegenwart bezeichnenden Satz:
Aber die Hoffnung hatte an der Freiheit, Gleichheit, Brüderlichkeit der urtümlichen Gentes ihren ersten Anhalt, auch Inhalt. Den übersteigerte sie mit rückwärtsgewandter Utopie, den ließ sie aber erst recht aus der Zukunft sich wieder entgegengehen, aus der Zukunft des wiederhergestellten Paradieses. (bei NEUSÜSS, S. 207)
Hier wird die Verschiebung des *Utopischen des 20. Jahrhunderts gegenüber Utopia im 16. Jahrhundert* deutlich. Dort war die Utopie das rationale Fortführen der sich in kommunitären Bewegungen realisierten Freiheit, Gleichheit, Brüderlichkeit. Dieses wurde gelebt, die Harmonisierung mit den Herrschaftserfordernissen war dann das Utopische. Im 20. Jahrhundert werden Freiheit, Gleichheit und Brüderlichkeit zum zentralen Teil der Utopien. Das, was damals lebendig und praktisch war, wird nun zu Papier gebracht. Es ist nun das Utopische geworden.

Zusammenfassung

Mit Utopia will Thomas Morus an der Kommune festhalten, ohne die Gesellschaft zu negieren. Morus vermeidet es, angesichts der neuen wirtschaftlichen Erfolge, die auch in England auf privatwirtschaftlicher Basis gemacht werden, die Produktivität und Funktionsfähigkeit der Gemein(wirt)schaft zu verleugnen. Man könnte sagen, daß mit Utopia der Versuch gemacht wurde, jene regressiven Tendenzen hin zur Wiederherstellung vorzivilisatorischer Zustände aufzufangen und die gesellschaftlich-positiven Kräfte, die auf dieser Stufe der Gemeinschaft (der Sippe, dem Stamm) innewohnen, mit denen der großen Zivilisation zu verschmelzen. Angesichts der egalitären Strukturen, die die kommunitären Gemeinschaften die Neigung haben herzustellen und die in vielen primitivsten Ethnien auch gegeben sind[61], stellt Utopia den Versuch dar, demokratisch-egalitäre Strukturen staatsweit auszudehnen.

Utopia knüpft unausgesprochen an die christliche Moral an, sie geht von einer Einstellung aus, die den Einzelnen zu einem auf das Ganze hin konvergierenden Handeln veranlaßt, - das ist die Verbindlichkeit eines als Einheit begriffenen, da christlichen Kontinentes. Auf diese Weise löst Utopia das Problem der Autorität, indem es sich diesem n i c h t stellt. Die gouvermentalen Regelungen sind naiv einfach, ein relativ geringes Strafwesen genügt, Besitzstreben ist mönchisch erfolgreich eliminiert. Das Bewußtsein, durch die Anstrengung jedem einen relativ hohen Lebensstandard bieten zu können, ist, humanistisch-rational, in jedem Mitglied der Gemeinschaft vorhanden.
Die Basis all dessen ist das historisch wohl als einzigartig anzusehende Zusammentreffen von
- funktionsfähigen, sich selbst regulierenden Gemeinschaften in massenhaftem Ausmaß (die kommunitären Einrichtungen des Mittelalters)
- mit der durch rationale Regierungsführung möglichen Ausdehnung von Wirtschaft, Bildung, Wohlstand und Ordnung (Beginn des Nationalstaates bzw. der Territorialstaaten.
Der Kommune wird der chiliastisch-apokalyptisch-irrationale Stachel gezogen, die rational-humanistische Bildung eines aufgeklärten Fürstentums schien realisierbar.

Die rationale Komponente hat sich in der Folgezeit nicht nur durchgesetzt, sondern darüber hinaus die gemeinwirtschaftliche Komponente gekappt: mit der Auflösung der kommunitären Lebensformen in kleinfamiliäre Elemente. Die atomisierte Irrationalität der Familie und Zweierbeziehung vermag nicht unmittelbar zu politisieren. Sie bleibt in diesem Sinne "privat" (was nicht hindert, daß sie indirekt politisiert: z.B. als Faschismus). In diesem Sinne hat sich auch das aus der Sicht von Morus utopische Moment seiner Utopia realisiert: der Staat ist in einer viel stabileren Form entstanden als dies im Feudalismus der Fall war. Gerade weil er mit der Zivilisation verschmolzen ist, gerade weil das Leben der Menschen in der westlichen Welt ohne Staat ein amputiertes wäre, gerade deswegen braucht der Staat sich nicht mehr mit jenem äußerlichen Popanz feudaler Staatlichkeit zu stabilisieren: durch die Auflösung der Kommune i s t der Staat ein Stück des Menschen geworden.

Damit hat sich die utopische Problematik im Zuge des 19. Jahrhunderts deutlich verschoben. Nicht mehr die Staatlichkeit ist das zu Suchende, das in Konzepten vorwegzunehmende utopische Moment, sondern das soziale oder, besser, sozialisatorische Moment, d.h. das, was den einzelnen Menschen zur Gesellschaft hin vermittelt. Nicht von ungefähr wird von Soziologen und Historikern des 20. Jahrhunderts in den Wünschen und Hoffnungen der Menschen das gesehen, was die Utopien charakterisiert. Die Verwirklichung von Freiheit, Gleichheit und Brüderlichkeit zu testen, ist nun Aufgabe vereinzelter sozialer Experimente, eben der Kommunen des 19. und 20. Jahrhunderts.

Funktionsfähigkeit, d.h. Produktivität und Konsens, Demokratie und Führung, Entwicklung und Erziehung in kommunitärer Gemeinschaft sind nun das zu Beweisende.

Und die Kommunen selbst sind zugleich Orte, wo sich ein neues Selbstbewußtsein bildet; nämlich als Mensch, d.h. privat öffentlich zu sein, von seiner eigenen Basis her zur Politik zu stoßen. Beides macht dann die Utopie des 20. Jahrhunderts aus. Die Kommune steht im Mittelpunkt der neuen Utopie, nicht, wie bei und nach Morus, der Staat.

3. Kommunen im 19. Jahrhundert

Shalom WURM hat in seinem Buch über das Leben in den Kommunen vor allem des 19. Jahrhunderts einen wohl repräsentativen Querschnitt geliefert.[62] Danach zu urteilen ergibt sich folgende grobe Einschätzung:
- Die religiösen Kommunen funktionieren, haben aber keine Wirkung auf die Gesellschaft und sterben aus.
- Die sozialistischen Kommunen funktionieren nicht und haben deshalb eine negative Wirkung als Beispiel auf die Gesellschaft.

Die These

Das Verhältnis zur Gesellschaft scheint m.E. der Schlüssel für die Entwicklung dieser alternativen Versuche zu sein.
Bei den religiösen Kommunen ist es die Fixierung an den christlichen Rahmen, d.h. das Unvermögen, zu der sich agnostisch entwickelnden bürgerlich-kapitalistischen Gesellschaft des 19. und 20. Jahrhunderts ein positives Verhältnis zu finden. Bei den sozialistischen Kommunen ist es die Fixierung auf eine (der Kritik an dieser bürgerlich-kapitalistischen Gesellschaft verpflichteten) Anti-Werthaltung, z.B. auf Anti-Autorität, was zu unendlichen Organisationsschwierigkeiten führt, d.h. zur Dauerfrustration hinsichtlich der eigenen, alternativen Gesellschaft.

Es ist nicht der "private" Charakter des Menschen, der mit den Forderungen des Kollektivs kollidiert und der zum Scheitern führt. Und es ist auch nicht die relative Uniformität der äußeren Lebensgestaltung einer Kommune, was abschreckt: denn die Gestaltung des gesamten Lebens in einer Kommune bewirkt für den Einzelnen ein viel nuancenreicheres Leben als das des Durchschnittsbürgers einer heutigen Gesellschaft. Und es ist natürlich nicht das Fehlen von Produktivität, von Entscheidungsfähigkeit, das zur wirtschaftlichen Stagnation und politischen Nicht-Ausbreitung führt, sondern es ist die Fähigkeit der Kommune, auf die tatsächlich vorhandenen Probleme der Gesellschaft eine Antwort zu finden (wozu eine Negation der Gesellschaft nicht ausreicht) *und* mit dem Fortschreiten der Gesellschaft selbst Schritt zu halten, d.h. nicht eine einmalige Alternative darzustellen, sondern eine ständige, was ihren, der Kommune, Bestand sichert. Zwei bis heute nicht untergegangene Versuche bestätigen dies auf unterschiedliche Weise.

Die *Kibbuzim* zeigen mit ihrer religiös-weltanschaulichen Vielfalt nicht nur, daß die Kommune nicht von einer bestimmten Weltanschauung abhängt. Darüberhinaus geben sie ein Beispiel eines aktiven Bezugs zusammen mit und von der sie umgebenden Gesellschaft. Zu Beginn waren die Kibuzzim die Gesellschaft selbst, der jüdische Staat in seinen Anfängen war nichts als ein Netz von Kommunen. Danach, als mit verstärkter Einwanderung die neue, heutige Staatlichkeit Israels entstand, haben die Kibbuzim auf jede nur mögliche Weise deren Gestaltung mit aktiv beeinflußt. Auch heute sind sie auf den verschiedensten Ebenen mit der Gesellschaft verflochten.[63] Gerade die Kibbuzim scheinen somit die obige These zu bestätigen, welche von den Kommunen des 19. Jahrhunderts angeregt wurde: Entwicklung, Stabilität und Erneuerung der Kommune hängt von ihrem Verhältnis zur Umgebung ab.

Die *Hutterer* sind das Gegenbeispiel zu den Kibbuzim. Eine in sich geschlossene Gemeinschaft, die sich nur durch eigene Kinder vermehrt, die die Gesellschaft als Teufelsreich ansieht, zu der man so wenig Beziehungen wie möglich haben darf. Scheint das nicht unsere These - Kommune braucht aktiven Gesellschaftsbezug - zu widerlegen? Denn die Hutterer bestehen seit 450 Jahren und offensichtlich haben sie das, was mit aktivem Bezug zur Gesellschaft gemeint ist, gerade nicht. Sie haben aber auch nicht den Anschein eines gesellschaftlichen Bezuges, d.h. sie beschränken sich ganz und gar darauf, ihr Leben als ein gottgefälliges zu führen, ohne daß daraus Impulse für die sie umgebende (amerikanische) Gesellschaft entstehen. Sie leben vielmehr in einer Defensivhaltung ausgeprägter Art. Zum zweiten hat ihre 450jährige Geschichte - die immer eine Verfolgungsgeschichte war - sie zu einer Art ethnischen Gruppe werden lassen. Ihre zwei Bücher - eine Sammlung von neutestamentlichen Schriften und ihre eigene Geschichte - haben Gesetzescharakter und entsprechen damit dem bei den ethnischen Gruppen ohne Schrift überlieferten System von Tabus und Riten. In diesem Sinne bestätigen die Hutterer die Lebensfähigkeit und vielleicht sogar Überlegenheit der Sippen und Stämme gegenüber der instriell-bürokratischen Gesellschaft. Allerdings muß eine solche Gruppe ein sozusagen eisernes Verhaltsystem besitzen.

D.h. die Beziehungen zur (modernen) Gesellschaft müssen tatsächlich gründlich eliminiert worden sein. Bei den Hutterern erfolgte dies durch ihre Odyssee, die in Tirol begann, dann nach Mähren, dann nach Ungarn, dann nach Südrußland, dann nach Mittelrußland führte und schließlich in den USA endete. Hier liegt kein zu gestaltender Bezug mehr vor, sie sind "sie" und wir "wir". Zu dieser Stufe ist es bei den im 19. Jahrhundert gegründeten Kommunen nicht gekommen. Und deswegen müssen Sie auch diese nicht abgerissenen (meist verinnerlichten) Beziehungen und Ansprüche gestalten.

Bei Utopia wurde der gesamtgesellschaftliche Bezug von Morus selbst hergestellt, die Zusammenfügung der realen kommunitären Substanz zu einem rationalen staatlichen Gebilde war das Utopische. Die Kommunen des 19. Jahrhunderts in Amerika wollten die lebendige Auseinandersetzung mit der Gesellschaft, waren aber dazu nicht in der Lage. Von daher kamen sie gar nicht in das Stadium von Utopia. Dies gilt es näher zu beleuchten wobei wir dabei Shalom Wurm folgen.

Amana

Amana, oder auch die "Gemeinde der wahren Eingebung", die größte Kommune in den USA (sieben Dörfer mit nahezu 2000 Mitgliedern gegen Ende des 19. Jahrhunderts), dokumentiert das Scheitern jenes Versuches, der bei den Hutterern geglückt ist: die Errichtung einer in sich lebensfähigen (geregelt nach einem festen, einem Tabusystem nahezu gleichenden christlichen Glaubensschema), extrem partikulärer Subkultur im nahezu ethnischen Sinne. Wurde die Subkultur der Hutterer aus den reformatorischen Wirren herausgeschleudert, so die Amanas aus den chiliastischen Bewegungen des 17. und 18. Jahrhunderts, wieder aus Süddeutschland, nämlich aus dem württembergischen Pietismus. (WURM, 1977, S. 90ff.) Zunächst durch und durch familiär und bürgerlich nahmen sie auf ihrer Flucht - zunächst nach Hessen, dann in die USA - mehr und mehr kommunitäre Formen an, zusammengehalten und erleuchtet von Führern, die in extatischer Verzückung ganzheitlicher Schlüsse und umsichtiger Führung kraft überlegener Dominanz fähig waren - schamanenhaft.[64] Gemeinschaftseigentum an Produktions- und Reproduktionsmitteln, gemeinsame Verpflegung, demokratische Verfassung, Rotation, wenn es keine Führer gab, die "Gesichte" hatten; Familie, sexualfeindlich, die gemeinsamen Einrichtungen in Produktion und Reproduktion werden durch den Bund mit Gott begründet. Sie scheuten sich nicht, drei mal von vorne zu beginnen, zweimal mit der Rodung von Wildnis und der Errichtung von Haus für Haus. Ihre produktive Leistung war so groß, daß sie nach einigen Jahren Landwirtschaft und Handwerk daran gingen, Industriebetriebe zu errichten, die ersten und damit wegweisenden im damaligen Staat Iowa. Ihre Waren waren begehrt wegen ihrer Qualität. Mit ihrem Dampfbagger, der jährlich den von ihnen gestochenen Kanal reinigte, waren sie technisch auf der Höhe der Zeit.

Von der Umgebung anerkannt, geschätzt wegen der ruhigen Art ihrer Lebensweise (auch in der Fabrik ging es ohne die übliche kapitalistische Hektik zu), sind sie stolz auf ihre Unabhängigkeit, auf ihre Freiheit von Ausbeutung, auf ihre Leistungen. Die Frauen sind - dies tief im 19. Jahrhundert - nicht nur gleichberechtigt, sie sind auch z.T. von der üblichen Hausarbeit entlastet und brauchen bei Kindschaft zwei Jahre nicht zu arbeiten; hervorragende Sozialleistungen im Krankheitsfall und gegenüber den Alten. Trotz alledem beginnt mit der Abwanderung der Kinder Ende des 19. Jahrhunderts eine Abstimmung zu Fuß gegen diese Art von kommunitärer Lebenspraxis. Obgleich auch die Hutterer Jugendprobleme kennen - und eine Gemeinde ist, da zu nahe einer Stadt, daran zugrunde gegangen -, sind sie nicht mit einer Amana ähnlichen Abwanderung konfrontiert worden. Vielmehr nahm die Hutterer-Population von knapp 200 in den 80er Jahren des letzten Jahrhunderts auf 8.500 im Jahre 1950 (WURM, 1977, S. 11) zu. Zudem verlotterte die Ökonomie. Sie wurde unproduktiv. Erst als mit der Umwandlung in eine Aktiengesellschaft die Arbeit in Form der Lohnarbeit neu organisiert wurde, stellte sich nach einigen Jahren ein neuer Aufschwung ein. WURM schreibt zur Auflösung (S. 120):

Am 31. Mai 1932 nahmen die Leute von Amana ihre letzte Mahlzeit in den gemeinsamen Speisesälen der Kommune ein. Am nächsten Tag ging jeder an seinen Arbeitsplatz, um zehn Cent pro Stunde zu verdienen. ... Jedes Mitglied erhielt eine Vorzugsaktie, die ihm das Stimmrecht einräumt.

Wie kam es zu dieser Demoralisierung der in der Kommune verbliebenen, so daß die gemeinsame Versorgung der Kommunemitglieder - nach ihren Bedürfnissen - nicht nach Leistung - zur asozialen, weil von Faulenzern ausgenützten Einrichtung wurde? So daß der Sprecher von Amana am Tag der Auflösung tatsächlich sagen konnte:
Was sich unter uns in dieser Stunde abspielt, ist eine ganz natürliche Sache, die gar nicht zu überraschen braucht. Der Kommunismus steht in krassem Gegensatz zur sündigen Natur des Menschen. Durch eigenen Willen kann der Mensch seinen egoistischen Trieb nicht unterdrücken. Nur durch Zwang kann man Menschen dazu bringen, in einer Kommune zu leben. Doch wer kann Zwang ausüben? Entweder Gott oder - man möge mir diesen Vergleich verzeihen - irgendein Stalin. Solch ein Stalin haben wir nicht und werden wir hoffentlich auch nie haben. Und Gott? Gott ist tot. Er lebt nicht mehr in den Herzen der jungen Generation. Dank seiner übermenschlichen Kraft bestand unsere Kommune 90 Jahre lang. Doch die Herzen erloschen und es gibt keinen Funken echten Glauben mehr. Die Kinos der Nachbarstädte haben den Sinn für Inspiration abgestumpft ... (Wiedergegeben bei WURM, S. 119)

Abwendung der Jugend von der Kommune, Demoralisierung der restlichen Kommunarden, Mißwirtschaft, Parasitentum, drohender Konkurs, Rettung durch Anschluß an die kapitalistische Struktur der sie umgebenden Gesellschaft, so lauten die Glieder der abgelaufenen Kausalkette. Warum wendet sich die Jugend ab, nachdem sie zuvor über etliche Generationen der Gemeinde treu blieben? Was besagt der Kino-Hinweis, der als solcher ja gar nicht als Ursache in Betracht kommt (Kinos gab es um 1900 noch nicht, als die Abwanderung begann)? Die Gemeinde hat nie einen aktiven Bezug zur Gesellschaft gesucht. Zu anderen Kommunen bestand nur ein sehr loser Kontakt. Zeitungen wurden nicht gehalten, sondern nur Fachzeitschriften, eigene Schriften nicht herausgegeben. Ende des 19. Jahrhunderts erzwang die Jugend eine Bibliothek. Die schließlich nach Amana gebaute Landstraße wurde zum Verhängnis:
Als man eine betonierte Landstraße ins Iowa-Tal anlegte, wurde Amana aus seiner Isolation gelöst. Der Kontakt zur Außenwelt wurde intensiver, es kamen immer mehr Besucher aus den Städten, die dieses interessante Phänomen einer kommunalen Gemeinschaft mit eigenen Augen sehen wollten. Unter den Gästen waren auch Studenten aus Iowa-City. Wie andere Leute aus den Städten steuerten sie etwas dazu bei, den Horizont der jungen, in Amana geborenen Leute zu erweitern ... Bei der jungen Generation (der Kommune) erweckten die Stadtmenschen Neugier auf das Geschehen in der großen Welt wie auch verdrängte Gelüste nach Luxus, Literatur, Zeitungen und Autos. Das Auto wurde zu einem Rammbock, der die Mauer der Isolation, mit der sich Amana umgab, zerbröckelte. (WURM, 1977, S. 118)

D.h. als die Jugend sinnlich ihren eigenen Eindrücke in der Stadt ausgesetzt war, sog sie das stets verteufelte Leben "draußen" voll auf. Natürlich lag es nicht an der "Straße", d.h. an der technischen Verbindung. Hätte diese (und die Autos) in der ersten Hälfte des 19. Jahrhunderts bestanden, so hätte die Jugend nicht die gleichen Schlüsse aus ihren Eindrücken gezogen. Bis weit in die 60er und 70er Jahre war das Leben in der Amana-Kommune dem harten, entbehrungsreichen, einsamen Leben des durchschnittlichen Land-Pioniers sowie dem engen Leben des amerikanischen Kleinstädters überlegen. Erst danach entfalteten die Städte ihre Liberalität, ihr Medien-Angebot, einen gewissen (eher

Schein von) Luxus. Wichtiger vielleicht war, daß die religiöse Ausrichtung im Leben des Durchschnittsamerikaners nachließ. Im Amerika der 80er und 90er Jahre mit ihrer stürmischen, wirtschaftlichen Aufwärtsentwicklung waren neue Kräfte gesellschaftlich am Werk, krempelten die Gesellschaft um, revolutionierten die Produktion, ließen innerhalb weniger Jahre Riesenstädte entstehen. Die Wissenschaften und das große Geld entfalteten die Produktivkräfte, aus den Labors und Werkstätten der Großstädte kam der Fortschritt. Amana realisierte nicht mehr jene Werte, die jeder gerne realisiert hätte, Amana war nicht mehr gesellschaftliche Avantgarde wie noch in den religiös bestimmten Jahrzehnten des 19. Jahrhunderts. Die älteren Mitglieder der Amana-Gemeinde hatte seinerzeit, bei der Kommune-Gründung, auch niemand aufgefordert, zu radikaleren Formen des Glaubens überzugehen und eine christliche Kommune zu gründen. Sie taten es, weil alles, was ihnen ihre Zeit an Anschauungen vermittelte, im Kern auf die "gerechte" Sache, die die christliche Kommune war, hinweis. Ähnlich verhielten sich ihre Kinder um 1900, als sie in die Städte abwanderten. Insofern hat Amana als US--Kommune in den ersten Jahrzehnten den Kontakt zur Gesellschaft nicht nötig: er war mit der Zielsetzung sowieso vorhanden, die Kommunarden waren die "Gerechten", jeder Christ mußte sie anerkennen. Man könnte auch sagen: die Mitglieder der Amana-Gemeinde nahmen das Fehlen eines expliziten Bezuges zur Gesellschaft zu wörtlich. Als dann das Interesse sogar der fortschrittlich-bürgerlichen Welt an ihrem kommunitären Versuch wuchs - siehe die Besuche nach dem Bau der Straße - konnten sie das, völlig unerfahren über ihre Relation zur Gesellschaft, nur als Gefährdung erleben. [65]

Zoar, Bethel und Aurora, Shakers und Rappisten

Bei den anderen christlichen Kommunen des 19. Jahrhunderts in den USA hat eine sehr ähnliche Entwicklung stattgefunden. *Zoar*, etwas früher begonnen als Amana, hat keine so starke Tradition wie Amana, es fehlen die "Gesichter", es fehlt die Tradition schamanenhafter "Erleuchteter", die die Kommune führten. Michael Bäumler, der die (im übrigen schon seit der Reformation abtrünnigen) Bauern und Handwerker aus Deutschland (es war wieder Württemberg) 1817 nach den USA führte, war eher ein begabter Manager und Kirchenmann, gebildet, intelligent, von großem Standvermögen. Die Zoaries zeigten, daß man auch ohne großes Startkapital - wie es die Amanas hatten - ein blühendes Gemeinwesen errichten kann, das 500 Menschen gut zu ernähren in der Lage war. *Als wir beschlossen, als Kollektiv zu leben, begann sich sofort der Erfolg abzuzeichnen, heißt es im Bericht der Zoar-Veteranen* (wiedergegeben bei WURM, S. 76). Und:

Schon in den 40er Jahren gab es dort zwei große Sägewerke, eine Fabrik zur Verarbeitung der Wolle, die sie von ihren Schafherden gewannen, eine Spinnerei für Flachs, den sie auf den Feldern der Kommune ernteten, eine Färberei, Gerberei, eine Werkstatt zur Produktion von Eisenöfen, eine Brauerei, einen Betrieb zur Gewinnung von Säften und eine Werkstatt für Maschinenreparaturen. (WURM, 1977, S. 76f)

Eine enorme Leistung innerhalb von 20 Jahren, an deren Anfang ein Nichts stand! Als jedoch 1853 Michael Bäumler starb, ging es relativ schnell bergab. Dem Gemeinschafts-leben fehlte die Figur, die sich lebendig und schöpferisch mit der Realität auseinandersetzen konnte, stattdessen wurde alles mehr und mehr nach festen Regeln gehandhabt. Man verlor den Vorsprung in der Produktivität, die Jungen wanderten ab, Drückebergerei kam auf. Der Enkel des Gründers, Levi Bäumler, bekämpfte dann sogar die Kommune, fordert die Einführung des Privateigentums und gibt zum Zwecke der Auflösung der Kommune sogar eine eigene Zeitschrift heraus. Seine Schilderungen scheinen dem Vokabular reaktionärer Anhänger des Privateigentums entnommen:

Der Kommunismus hebt - wie es in Zoar bewiesen wurde - die Klassen und die Ränge auf. Jeder, der nach Zoar kommt, kann sich davon überzeugen, daß die Nichtswürdigen und Unbedeutenden den ihnen an Alter, Wissen und Lebenserfahrung Überlegenen keine Ehre erweisen ... Was kann man schon von solch einer Lebensweise erwarten außer Streitigkeiten und Untergang? ... Der Kommunismus tötet den Willen, die Energie und das Streben des Menschen zum persönlichen Aufstieg. Er bedeutet nichts anderes als eine Belohnung für die Faulpelze und Untüchtigen, und er raubt dem Menschen die Fähigkeit, im Existenzkampf zu bestehen, wenn er dazu gezwungen wird, was früher oder später alle Menschen, die in kommunistischen Gesellschaften leben, erwartet. (WURM, 1977, S. 88)

Tatsächlich wurde die Kommune 1898 aufgelöst. Trotz des ökonomischen Niedergangs war noch genug Substanz vorhanden, um auch die Alten mit genügend Privateigentum auszustatten.

Wie man sieht, macht Zoar, das noch weniger als tendenziell "ethnische Subkultur" zu bezeichnen ist als die Hutterer oder Amanas, uns auch mit neuen Problemen des Gemeinschaftseigentums bekannt:

- Das Problem der Arbeitsmotivation
- Das Problem der Autorität.

Spätere Ausführungen vorwegnehmend gilt m.E.: Es sind dies Probleme der bürgerlichen Gesellschaft. Jede Kommune, die sich aus bürgerlich sozialisierten Individuen zusammensetzt, ist damit konfrontiert. Eine starke Persönlichkeit bzw. ein starker Glaube bzw. beides zusammen können diese Probleme eines privaten Rollenselbstverständnisses neutralisieren. Fehlt dies, dann treten sie hervor. [66] Und dann zeigt das Gemeinschaftseigentum plötzlich sehr ambivalente Eigenschaften. Aus dem Hort von Fortschritt, Produktivität und Qualität wird eine abstoßende Anhäufung von Fehlleistungen, mangelnder Initiative, Parasitentums und von Kriminalität.

Gerade mit Zoar beginnt deutlich zu werden, daß nicht nur das Privateigentum eine Beziehung zwischen Menschen darstellt, sondern auch das Gemeinschaftseigentum. Je nachdem wie die Beziehungen zwischen den Mitgliedern einer Gemeinschaft beschaffen sind, so gestaltet sich auch deren Gemeinschaftseigentum.

Bethel und Aurora nannten sich zwei weitere Kommunen, die von einer 1000 Menschen umfassenden Gruppe hintereinander errichtet wurden. Diesmal waren es zwar deutsche, aber sich erst in Amerika findende Emigranten, die diese weitere große Kommune bildeten.

Dem Boden ihrer Heimat entrissen und unter Menschen eines fremden Landes zerstreut, die unter dem Einfluß verschiedener und merkwürdiger protestantischer

Gruppen standen, war es nur natürlich, daß sie von den Auferstehungsversammlungen (eine religiöse-chiliastische-sektiererische Strömung im Amerika der 20er und 30er Jahre, A.B.) beeinflußt wurden, die nicht selten die Grenzbewohner durch ihren religiösen Eifer und ihre messianischen Prophezeiungen in Extase versetzten. (WURM, 1977, S. 55).

Es bedurfte aber einer acht Jahre dauernden missionarischen Tätigkeit eines Führers, Wilhelm Keil, (Schneider, als Arzt Wunderheilungen vollführend, sehr lernfähig, was technische Fertigkeiten anbelangte, Begeisterung weckend und damit führend) daß eine Kommune gegründet werden konnte. Und was für eine:
Doch Keil predigte kein enthaltsames Leben ... Farmer aus der Umgebung strömten nach Bethel, um sich zu amüsieren. (WURM, 1977, S. 58)

Auch in Aurora wurde viel getanzt und Theater gespielt, "eine angenehme Kommune" kennzeichnet sie Wurm (S. 64). Wieder waren diese Kommunarden zugleich technisch-wirtschaftliche Pioniere in der Gegend, in der sie siedelten. Aurora hatte soviel Vertrauen, daß der 'halbe' Bundesstaat Oregon Geld und Werte in der Kommune als Bank deponierte.
In einem Land wie Oregon, schrieb Nordhoff, das unter dem Mangel an Arbeitskräften leidet und wo der Arbeitslohn hoch ist, könnte eine Kommune wie Aurora gar nicht existieren und gedeihen, wenn nicht ihre Leute volle Befriedigung an ihrer Lebensweise und ihren Errungenschaften gefunden hätten (Nordhoff nach seinem Besuch in Aurora, bei WURM, 1977, S. 65).

Und hinsichtlich des bei Amana und Zoar tragisch verlaufenden Generationenproblems heißt es hier:
Die meisten Söhne der Kommune blieben am Ort, solange die Kommune bestand, und da sie keine Existenzsorgen hatte, heiratete die junge Generation früh. (WURM, 1977, S. 65)

Keils Predigten waren eher die öffentliche Besprechung zentraler Probleme der Kommune als theologische Auslegungen, es gab keinen Ritus bei den Versammlungen in der Kirche. Es gab keine Glaubensprinzipien, die die Kommunarden von den Leuten um sie herum schieden und sie so zur Sekte machten. Tatsächlich war der Unterschied vor allem durch ihre kommunitäre Praxis gegeben. Damit hat sich Bethel und Aurora am weitesten von der subkulturellen, quasi ethnisch-abgesonderten Lösung der Hutterer entfernt, sie ist in die Nähe der sozialistischen Kommunen gerückt. Es zeigt sich, daß keineswegs Religion die Voraussetzung dafür ist, daß eine Kommune funktioniert. Denn an ökonomischem Erfolg standen Bethel und Aurora den anderen Kommunen nicht nach. Immerhin blieb die Kommune bis 1878/79 ihrer Umgebung ökonomisch und gesellschaftlich überlegen. Der Verfall kam dann sehr abrupt: Nach dem Tod Wilhelm Keils 1877. 1880 werden dann schon einige Wirtschaftszweige stillgelegt, weil sie unrentabel waren, was man zuvor nicht kannte. 1881 wurde Bethel und Aurora aufgelöst, der Besitz verteilt, aus den Kommunarden wurden Privateigentümer; die sich allerdings alle nach der Kommunezeit zurücksehnten. Keil hat es versäumt, das Führungsproblem hinsichtlich seiner eigenen Position anzugehen. So hatte er zwar mit seinem Charisma fast 40 Jahre lang eine riesige und blühende Kommune zustande gebracht, eben weil er eine so zentrale, von allen geachtete Rolle spielte. Weil aber dieser Entstehungsgrund der Kommune nicht mit reflektiert wurde, brach die Kommune auseinander, als mit Keil die diese Rolle zu spielen vermögende Person fehlte.

Folgerungen für die nicht-religiösen Kommunen

Bei Bethel und Aurora beginnt schon recht deutlich zu werden, daß ein nicht-religiös begründeter Kommunismus einer neuen Basis bedarf. Die reinen Sach-Argumente genügen nicht; ebensowenig - dies stellt sich noch heraus - eine Analyse der Gesellschaft oder eine Weltanschauung. Ein solches auf Einsicht abgestelltes Kommunekonzept setzt, wie die Aufklärung, auf die Kritik der bestehenden Gesellschaft und dem daraus folgenden Anstoß zur Gründung einer neuen. Analyse und Ursachenerforschung als grundsätzlich rückwärtsgerichtetes Denken bzw. Weltanschauung als nicht praxislegitimierte Verallgemeinerung einerseits und Kommune-Gründung als eine auf Zukunft, in die Ungewißheit hinein konzipiertes Ganzheitsmodell andererseits, sind zwei verschiedene Arten von "Theorie". Ist dies doch auch der Grund, warum im vorliegenden Beitrag der Begriff der "Utopie" dem der "Theorie" vorgezogen wird. Die (unausgesprochen rückwärtsgerichtete) Analyse wird, wenn sie lückenhaft und falsch ist, nicht von den nicht bzw. falsch erfaßten Tatsachen 'erschlagen'. Eine in die Praxis gelangte Theorie, wie es die Kommune darstellt, ist vor allem damit konfrontiert: jede auch nur geringe Abweichung der Realität von der Prognose steht für ein mehr oder minder großes, erst noch zu entdeckendes Problem der neuen Gesellschaft. Offenheit, Kooperationsbereitschaft, Konsens und Konsequenz sind in einem völlig neuen Ausmaß notwendig.

Die Hutterer mit ihren 400 Jahren Erfahrung wiedergebenden zwei großen Büchern geben minituose Anleitung für alle Eventualitäten, d.h. sie waren ganz auf eine statische Gesellschaft eingerichtet. Als die Frauen ein helles statt ein schwarzes Kopftuch aufzusetzen wünschten, gab es darüber dann eine mehrmonatige Unruhe, weil selbiges in den Büchern nicht vorgesehen war. [67] Die Amanas ließen sich das mit den 'Gesichten' einfallen, die ethnologisch normale Lösung, wie wir wissen, sie erlaubt Veränderung mit Anpassung. [68] Und Bethel und Aurora, die nicht mehr auf den religiösen gemeinsamen Nenner in sektiererischer Weise reklamierten, hatten ihren Wilhelm Keil.

Damit wird für die bürgerliche Kommune, wie sie Bethel und Aurora schon weitgehend darstellt, eine wichtige und neue Perspektive deutlich: Bringt das Bürgertum die sich für abgeschlossen haltende Persönlichkeit hervor, deren psychosoziale Basis die positive Eltern- (vor allem: Mutter-) Fixierung darstellt [69], dann kann die Negation der bürgerlichen Privatheit ebenfalls nur über eine positive Lernfigur, wie sie die Eltern idealerweise darstellen, vonstatten gehen. Zumindest erweist sich dies mit Bethel und Aurora als ein möglicher Weg. Die sozialistischen Kommunen bestätigen dies durch ihre Mißerfolge.

Neben diesen Implikationen des Scheiterns ist aber mit Bethel und Aurora noch etwas anderes Neues deutlich geworden: die Kommune jenseits christlicher Askese und sektenhafter Enge kann ein Ort der Lebensfreude und Lebenslust werden. Es geht lustig zu, wenn die Menschen einen kommunitären Rahmen haben, lustiger als sonst, heiterer;

da - um es als These, die aus der Gegenwart schöpft, vorwegzunehmen - die Tragik bürgerlicher Vereinzelung entfällt.

Von den *Rappisten und Shakers* ist noch abschließend zu vermerken, daß diese mit ihren enormen wirtschaftlichen Leistungen die Produktivität des Gemeinschaftseigentums auf eine zusätzliche Weise dokumentieren [70]. Und zum zweiten: daß ihr personelles Wachstum - z.B. das der Shakers - in der ersten Hälfte des 19. Jahrhunderts ebenso wie ihr Aussterben in der 2. Hälfte die Wichtigkeit bezeugen, die dem Verhältnis zur Gesellschaft zukommt. Wenn die Gesellschaft wie die amerikanische der 1. Hälfte des 19. Jahrhunderts noch religiös-christlich ist, dann profitieren die religiös-christlichen Kommunen. Wenn sie sich - wie in der 2. Hälfte des 19. Jahrhunderts - in säkularisierter Richtung entwickelt, dann gehen sie daran zugrunde, sofern sie weiter christlich-religiös bleiben [71].

In einer anderen Hinsicht scheinen aber die meisten religiösen Kommunen vorbildlich gerade heute: sie haben die gemeinwirtschaftlichen Züge nicht programmatisch, sondern aus pragmatischen Gründen eingeführt. Die Hutterer hielten an der mittelalterlichen Gemeinwirtschaft fest, verteidigten sie gegen die moderne Privatisierung (ein halbes Jahrtausend lang!). Die Amanas werfen ihr Hab und Gut zusammen, als es daran ging, die riesige Kommune von Grund auf und in aller gesellschaftlichen Komplexität zu organisieren:

In dieser Situation großer Besitzunterschiede unter den Mitgliedern der Gemeinde und auf Grund der Tatsache, daß viele für die landwirtschaftliche Arbeit nicht geeignet waren, konnte nur eine Zusammenfassung zu einer vollständigen Arbeits- und Konsumkooperation die gesellschaftliche (!! AB) Einheit der Gemeinde sichern und sie vor der Gefahr der Auflösung schützen. (WURM, 1977, S. 99)

Gemeinschaftseigentum als die einer Pionierphase angemessene Form scheint hier die unausgesprochene These zu sein. Die Zoaries bestätigten dies. Wurm schreibt über ihren Entschluß zur kommunitären Wirtschaft *(WURM, 1977, S. 74)*:
Doch stieß der (ursprüngliche, AB) Plan, individuell zu siedeln, auf große Schwierigkeiten. Ein Teil von ihnen waren alte Leute oder in mittleren Jahren, während die Jungen, die voll arbeitsfähig waren, meistens kein Geld hatten, um privates Land zu erwerben (sie hätten also in die Städte abwandern müssen, AB) ... und nach Diskussionen, die einige Wochen dauerten, einigte man sich, alle privaten Konten aufzuheben und ein vollständiges Produktions- und Konsumkollektiv einzuführen.

Keil warb für seine Kommune mit Gemeinschaftsform unter den Siedlern selbst. Angesichts der eminenten ökonomischen Schwierigkeiten, die diese durch ihre Vereinzelung hatten, war es aus praktischen Gründen einleuchtend, sie zum Gemeinschaftseigentum als der einzig wirklichkeitsgerechten Form des Leitspruches "Liebe deinen Nächsten wie dich selbst" zu überzeugen: der Mangel an nachbarschaftlicher Hilfe und genossenschaftlicher Solidarität war zu evident. Und dies erweist sich unmittelbar als richtig:
Doch nicht nur das gesellschaftliche Leben in der Kommune erweckte den Neid (der Nicht-Kommunarden). Der Betrieb des Einzelsiedlers konnte mit der Wirtschaft der Kommune nicht konkurrieren. Die Kollektivsiedlung war ihnen durch höhere Produk-

tivität in der Landwirtschaft und in der Industrie überlegen und verschaffte ihren Mitgliedern soziale Vorteile und das Gefühl einer sicheren Existenz. (WURM, 1977, S. 59).

Hier wird der pionierhafte Charakter dieser Gemeinwirtschaft noch deutlicher: nämlich den optimalen Stand der Produktivkräfte des 19. Jahrhunderts zu erreichen, um mit der Gesellschaft in ihren fortgeschrittensten Formen konkurrieren zu können. Diese Formen waren im 19. Jahrhundert nicht mehr die der privaten Einzelwirtschaft, sondern der - durch das Kapital inszenierten - Vergesellschaftung der ökonomischen Basis. Die Kommune vermag es, mit der Form des Gemeinschaftseigentums den akkumulativen Vorsprung des Kapitals, d.h. den höheren Grad an realer Vergesellschaftung einzuholen und mit der Entwicklung Schritt zu halten; letzteres zeigten die Kommunen mit ihrer jahrzehntelangen wirtschaftlichen Blüte sehr deutlich. [72]

Zugleich warfen die Kommunen mit der Form des Gemeinbesitzes die private Hülle der Vergesellschaftung der Produktivkräfte ab, wie es sozialistische Zukunftsausmalung nicht besser hätte beschreiben können. Wenn es somit, vom rein Ökonomischen her, möglich war, zum Gemeinschaftseigentum auch schon im 19. Jahrhundert überzugehen, und wenn dies niemand mehr gefordert, erkämpft und erstreikt hat als die Sozialisten selber, warum, so muß man sich fragen, haben sie, die Sozialisten, es dann nicht geschafft, was die christlichen Kommunen ihnen vorexerzieren? Aus Bethel und Aurora ergeben sich hierzu bereits einige Fragen, die die Basis der Kommune zu beantworten hätte:
- Was stiftet Konsens (d.h. die reale Vergesellschaftung der Mitglieder), wenn dies nicht mehr der Glaube tut?
- Was lehrt die integrierende Rolle einer leitenden Figur wie die des Wilhelm Keil?
- Was stiftet die Konvergenz der Kommunikation und der Meinungen zu einem kommunitär fruchtbaren Konsens, wenn die Mitglieder der Gemeinde bürgerlich sozialisierte Privatkonkurrenten sind, deren Identität sich an die zwar nur vermeintlich vorhandene, aber deswegen umso mehr zu berufene Einzigartigkeit der sog. "Persönlichkeit" heftet?

New Harmony und die Phalansterien

Der Versuch Owens, erfolgreicher Geschäftsmann *und* Sozialreformer aus Schottland, in den USA, ausgestattet mit einem Millionen-$-Fond, in Besitz einer schlüsselfertigen Stadt - sie war eben von den Rappisten verlassen worden -, den Grundstein einer neuen, befreiten, demokratischen, den Bedürfnissen der Einzelnen folgenden Gesellschaft zu legen, überdauerte nicht das zweite Jahr. Jedermann war eingeladen und es waren tatsächlich auch viele Handwerker, Bauern und nicht nur Gelehrte und Kostgänger gekommen. [73]

Tatsächlich funktionierte New Harmony, solange er 1824-26 selbst kräftig Hand anlegte, Entscheidungen fällte, deren Durchführung besorgte usw. Nur: die Gremien der Selbstverwaltung versagten, so oft sie auch umbenannt und neu konzipiert wurden. Die Flucht nach vorne in radikalere Formen des Kommunismus und der Selbstverwaltung vergrößerten die Mißwirtschaft. Wir können es auch so formulieren: Owen wollte aus ideologischen Gründen die Rolle, die er tatsächlich innehatte, nicht spielen, er versuchte seine Autorität im Namen des Modells alsbald überflüssig zu machen. Owen war vom Kapital, von seiner Bildung und von seinem kaufmännisch-industriellen Wissen her, seiner Weltgewandtheit und sozialen Erfahrung nach eine viel größere Potenz als Keil (der Führer von Bethel und Aurora); jedenfalls hatte er all diese Fähigkeiten in New Lanark in Schottland unter praktischen Beweis gestellt. Aber er scheiterte daran, daß er die Rolle nicht spielen wollte, die Keil, von der Pike alles selbst mit aufbauend, zwangsläufig spielen mußte. Das Kapital erlaubte ihm einen Spielraum, so zu tun, als ob es diese Rolle einer positiven Autorität nicht gäbe, ein Spielraum, den Keil nie besaß. Keil gleicht insofern Owen, als auch er die Konsequenzen nicht sehen wollte, indem er es unterließ, das Problem einer solchen Rolle nach ihm anzugehen. Owen hatte aus ideologischen Gründen geglaubt, daß es diese Rolle gar nicht gibt; und wenn, dann ist sie mit dem Übergangscharakter geschuldet.Noch zu seinem Tod glaubte Owen, daß er lediglich den falschen Zeitpunkt gewählt hätte. Er meinte, es sei noch zu früh gewesen für ein solches Experiment; zu früh, was die Reife der Teilnehmer anbelangt. [74]

Phalansterien

Charles Fourier, in seinen Gedanken nicht nur das Privateigentum weit hinter sich lassen wollend, sondern auch die bürgerliche Form der Sexualität [75], hat sich davor gescheut, in einem beschränkten Rahmen die Probe auf seine exemplarische Gesellschaft, eine in großen Gruppen, regelmäßig die Arbeit wechselnd, in großen Gebäuden, Versailles-artig zusammenwohnenden Gemeinschaften, zu machen. [76] Wenn schon, dann galt es die Sache landesweit zu beginnen. Dazu kam es nicht. Erst nach Fouriers Tod 1837 wurden die ersten Phalansterien in den USA gebaut, auf familiärer Basis, denn die Schüler Fouriers verschwiegen die sozial aktive Sexualphantasie ihres Meisters.[77]Von den über 40 praktischen Versuchen hat keiner überlebt, zwölf Jahre währte der längste Versuch. In der Regel dauerten sie nur Monate. Der Umfang überstieg nie 200 Mitglieder.

Schwierigkeiten, die zwar bei den religiösen Kommunen bekannt waren, aber bewältigt wurden, führen hier zur Auflösung (sie sind uns allerdings aus der heutigen Alternativpraxis her sehr vertraut); wir folgen UNGERS und UNGERS (1972), die schreiben (S. 60ff.):
- Endlose Diskussionen um kleine Entscheidungen führen bei der Brook-Farm zum Weggang qualifizierter Leute.
- Ein durch feindschaftliche Nachbarn gelegter Brand läßt die Kommunarden der Northamerican Phalanx resignieren, sie räumen das Feld.
- Und die Wisconsin-Phalanx, wirtschaftlich sehr erfolgreich, 150 Leute umfassend, endet mit einer friedlichen Verteilung des erklecklich angewachsenen Kommunevermögens auf die Familien, die sich nach einem ungestörten Familienleben sehnten und deshalb die Kommune-Auflösung beschlossen.

Obwohl also diese Kommunen ganz bewußt auf die Probleme der modernen Gesellschaft zugeschnitten waren, somit ihr eine bessere Alternative bieten wollten, d.h. obwohl die Auseinandersetzung gesucht wurde, der Verfalls-Grund der religiösen Kommunen somit nicht gegeben war, kam es nicht zu dieser gesellschaftlichen Auseinandersetzung. Mangel an Entscheidungsfähigkeit, an Durchhaltevermögen und Gemeinschaftswillen ließen erst gar nicht jene kommunitäre Substanz entstehen, die groß genug gewesen wäre, um glaubhaft mit der Gesellschaft zu konkurrieren. Die religiösen Kommunen wären von der Masse und Solidität der Kommune der Auseinandersetzung mit der Gesellschaft fähig gewesen; aber ihre Axiome lagen woanders, der Vergleich war gar nicht möglich, nur eine Entscheidung ohne Debatte. Und diese ging zugunsten der größeren Bataillone aus, d.h. der kapitalistisch-bürgerlichen Gesellschaft. New Harmony und die Phalansterien hätten, von der Ausrichtung ihrer Kultur her gesehen, eine Auseinandersetzung führen können, hätten sie eine kommunitäre Glaubwürdigkeit zustande gebracht. So hat ihr Scheitern die Gesellschaft in ihrem privaten und kapitalistischen Charakter bestätigt. Was sich bei diesen Versuchen bereits andeutet, ist das Versagen jener Figur, der die Aufgabe zukam, die Rolle einer integrierenden Autorität zu spielen, dort war es Owen, hier weniger bekannte Amerikaner. Gerade weil Owen dies von seiner Persönlichkeit her gekonnt hätte, darf man vermuten, daß es sich nicht um ein individuelles, d.h. zufälliges Unvermögen handelt. Es ist vielmehr ein gesellschaftliches Problem. Progressive Einstellung und Autorität scheinen in der bürgerlichen Gesellschaft in einem widersprüchlichen Verhältnis zueinander zu stehen. Wird hier eine utopische Lücke signalisiert? Mit anderen Worten: Wenn wir behaupten, daß Owen die Rolle der Autorität aus ideologischen Gründen nicht sehen wollte (obwohl er sie spielen konnte), dann heißt das auch, daß die nachreligiöse Ideologie, hier die sozialistische, zu einer Realitätsausblendung führen kann, die wir üblicherweise den Sekten und generell der Religion zubilligen. Wenn dies auch im Rahmen einer letztlich der Aufklärung und der Wissenschaft verpflichteten Ideologie möglich ist, dann ist damit auch ein neues Kommuneproblem angesprochen: die Frage der Ansprüche und Ziele, ihrer Realität, ihrem Verhältnis zur Erfahrung, zur Praxis. Es sind zweifellos Probleme der heutigen Kommunen ebenso. Insofern beginnt tatsächlich mit Owen unsere eigene Periode der Kommune.

Neue Pädagogik. Alle längerexistierenden Phalansterien ebenso wie New Harmony haben sehr gesuchte und z.T. berühmte pädagogische Einrichtungen hervorgebracht. (Ungers und Ungers, 1972, S. 54f.) Sie knüpfen dabei an eine schon bei den mittelalterlichen Kommunen beobachtbare Entwicklung an. Schon z.B. die Waldenser begannen mit systematischer Bildung aller Kommunemitglieder. Den böhmischen Brüdern, der Nachfolgegruppe der Taboriten und Hussiten entstammt Comenius, der erste große Pädagoge. Dieser konnte auf die Praxis der böhmischen Brüder selbst zurückgreifen. Mit der bürgerlichen Kommune wurden die relativ engen Grenzen der religiös ausgerichteten Bildung erweitert. Bildung als notwendiges Teil der Sozialisation hat nun eine viel grundsätzlichere Bedeutung. Und dies nicht nur für die Elite einzulösen, sondern die emanzipatorische Bedeutung für jeden zu sehen, hierzu schufen die ersten sozialistischen Kommunen die Voraussetzung; und ein stolzes Ergebnis, die Schulen waren begehrt. D.h.: Mit der neuen Pädagogik erwiesen sich schon die ersten sozialistischen Kommunen dem Wettbewerb und der Auseinandersetzung mit der sie umgebenden bürgerlichen Gesellschaft gewachsen.

Fassen wir zusammen: so kurz bzw. klein die kommunitären Experimente von Owen und nach Fourier auch waren, so konfrontieren sie uns bereits mit elementaren Problemen der

Vergesellschaftung auf nicht-religiöser Basis: das Verhältnis von Demokratie und Autorität neu zu finden, die Rolle von Ideologie und Realität zu klären und einer neuen pädagogischen Aufgabe gerecht zu werden. Nur im letzten Punkt lieferten die frühen profanen Kommunen positive Ansatzpunkte. Die erst genannten blieben aufgeworfen, bis heute.

Die beiden anderen großen sozialistischen Versuche in Amerika, Icaria und Llano, welche länger dauerten und in viel größerem Umfang stattfanden, machen dies deutlicher. Die Frage der Sexualität - in den mittelalterlichen Kommunen immer mit ein wichtiges Thema bei den Fragen der kommunitären Organisation [78] - blieben, bis auf den Exoten unter den Kommuneversuchen, Oneida, im wahrsten Sinne des Wortes in der Schublade: die theoretischen Vorarbeiten z.B. von Fourier zu Sexualität wurden von seinen Schülern versteckt (siehe S. 171). Der Grund ist so einfach wie viktorianisch: man wollte die Kommuneversuche nicht noch mehr in Verdacht einer 'unordentlichen' Lebensführung kommen lassen als notwendig war. Die Frage der Sexualität schien noch nicht auf der Tagesordnung zu sein.

Icaria

Icaria und Utopia haben einige Parallelen. Fast kann man den Verfasser der "Reise nach Icarien" als den Morus des 19. Jahrhunderts bezeichnen: Mitglied der Bildungselite in den Pariser Salons, erfolgreicher Schriftsteller und Politiker, Parlamentsabgeordneter, als solcher nach der Juli-Revolution abgesetzt und verurteilt. Im Exil in London schreibt er seinen utopischen Roman. Wie Utopia wird dieses Brevier des Kommunismus zu einem großen literarischen Erfolg, mehrere Auflagen erscheinen. Aber "Icaria" bleibt kein literarisches Ereignis: im Frankreich der 40er Jahre, kurz vor der 48er Revolution, hat sich die Unzufriedenheit vor allem in der Arbeiterschaft zugespitzt. Man will handeln. Zwei Revolutionen sind in einer neuen Form der Unterdrückung geendet. Das Schicksal in die eigene Hand nehmen, in einem neuen Land von vorne beginnen, eine neue, eine kommunistische Gesellschaft aufbauen. Diese Vorstellung von der "Reise nach Ikarien" suggeriert, zündet. Es bildet sich eine Massenbewegung, eine eigene Zeitschrift in hoher Auflage, "Populaire" genannt, erscheint:
Zu Beginn der 40er Jahre gab es nur wenige Arbeiter in Frankreich, die das Buch "Reise nach Icaria" nicht gelesen hatten ... errang Cabet großen Einfluß bei den französischen Arbeitern. (WURM, 1977, S. 193)

Cabet wollte mit seinem Buch nur eine scharfe Kritik an der französischen Gesellschaft leisten. Von den Lesern wurde Icaria zur Utopie gemacht, sie wollten diese ganz andere Gesellschaft verwirklichen, weil sie sie für realisierbar hielten.

Außerdem stand es unter scharfer Kritik seitens der revolutionären Sozialisten. WURM schreibt (S. 193):
Als die Diskussion zwischen Cabet und seinen Gegnern schärfer wurde, forderten ihn seine treuen Anhänger auf, mit den Vorbereitungen zur Errichtung einer icarischen Siedlung zu beginnen, um die Richtigkeit seiner Gedanken an dem lebendigen Beispiel eines praktischen Versuchs zu beweisen.

Massenbasis - einige 100.000 Icarier gab es - große publizistische Aufmerksamkeit, eine nationale Debatte um diese Kommune, eine sowohl politische als auch personelle Verbindung zur 48er Revolution, zur Ersten Kommunistischen Internationale und zur Pariser Commune 1871, all dies weist auf den mannigfaltigen und intensiven Bezug dieser nun folgenden großen Kommuneexperimente zur Gesellschaft hin.

Cabet war der geistige Führer dieser Bewegung. Als es soweit war, sollte er auch ihr organisatorischer werden. Die Abfahrt der ersten Icarier aus Le Havre am 3.2.1848 wurde als "Wendepunkt der Menschheit" gepriesen. Cabet ließ sich für die Phase des Aufbaus "diktatorische Vollmachten" geben.

Eine Million Morgen Land wurden erworben, mit zuerst 20.000, dann einer Million Siedler wurde gerechnet, eine massenhafte Spendenaktion lief.

Bald trat jedoch eine Wende ein. Eine Pioniergruppe von 69 Mann fuhr los. Die zweite Gruppe betrug jedoch nicht, wie erwartet, 1.500 Leute, sondern nur 19; und: Das tatsächlich in Besitz genommene Land betrug nur 10.000 Morgen statt 1 Million. Zudem war das Land eine Wüstenei, die man alsbald verlassen mußte.

Nach vielen Wirren konsolidierte sich Icaria auf die von den Mormonen verlassene Kleinstadt Naovo und zählte auf ihrem Höhepunkt 500 Einwohner. Nach acht Jahren ergibt sich die erste Spaltung, 1864 wohnen noch 20 Leute in der Kommune, einige andere Abspaltungen machen weiter; insgesamt wurden 50 Icaria-Kommunen gegründet, die meisten existierten nur ein bis zwei Jahre, die letzte schloß 1898 wegen Überalterung. Immer war es der Mangel an Konsens, die Streitigkeiten nahmen den Schwung und die Begeisterung der Kommunarden. Dies förderte die Spaltung, und all das minderte die Anziehungskraft auf das entschiedenste. Cabet hat in den letzten Jahren seines Lebens, 1856/57 mit aller Kraft, List und Tücke *gegen* (!) die Kommunen gekämpft, nachdem er als Präsident abgesetzt wurde. Warum wurde aus der glanzvollen Periode 1847/48 das elende Ende 1857 (Tod von Cabet), von dem sich die anderen icarischen Kommune-Versuche nie mehr erholten? Es war tatsächlich das Problem des Konsens und das Problem der Rolle der Autorität.

Cabet beging zunächst nicht den Fehler Owens, die Rolle des Leiters, die ihm nun einmal nach Lage der Dinge zufiel, *nicht* zu spielen. Aber er spielte sie so schlecht, daß den Kommunarden nur noch die Abwahl blieb (und eine dadurch ausgelöste große Verwirrung).

Der Landerwerb in Texas von der kommerziellen Peters Company wurde von Cabet so schlampig ausgehandelt, daß er den Trick nicht durchschaute, mit dem dieses Unternehmen ihm das riesige Land umsonst übereignete, - um dennoch einen Profit zu machen. Statt mit dem Schiff erreichbar zu sein, mußte man sich zwei Monate durch tiefste Wildnis schlagen, nach einem weiteren Monat gab es keinen gesunden Mann mehr, denn das Gebiet war durch und durch malariaverseucht. Die Peters-Company hatte ihnen keine zusammenhängenden Morgen vermittelt, sondern schachbrettartig verstreute 640 Einheiten, auf der innerhalb von zwei Monaten 640 Holzhäuser zu errichten gewesen waren (dies von 60 malariakranken Leuten).

Der Trick war, mit dieser schachbrettartigen Besiedlung die Infrastruktur ins Land zu bringen zu lassen, um dann die zweite Hälfte, d.h. die restlichen Quadrate (die der Peters Company gehörten) teuer, weil erschlossen zu verkaufen. Ein grandioser Fehler Cabets, unverzeihbar, wenn man vergleicht, mit welcher Sorgfalt, nämlich durch monatelanges Suchen und Prüfen die Amanas, Zoaries und Bethel-und-Auroras ihre Ländereien erwarben. Cabet übernahm die Verantwortung nicht, verschwieg das Scheitern in Texas und machte sogar den armen Pionieren Vorwürfe.

Als er schließlich selbst nach Amerika kam, war er ein überheblicher, ungeduldiger Führer ohne praktischen Sinn. Nach drei Jahren, mitten in tiefster Not, fuhr er nach Frankreich, um einen Ehrengerichtsprozeß zu führen und ließ die Pioniere damit im Stich. Als sie sich schließlich in Naovo konsolidierten, war einer ihrer Haupterwerbzweige die Produktion von Alkohol. Cabet verbot, daß ein Tropfen getrunken wurde.

Cabet wurde zu einem asketisch ausgerichteten Hüter der Keuschheit, er verbot den Frauen Kosmetica, Zuspätkommen beim Essen wurde gerügt, die Gelder nicht den wirtschaftlichen Erfordernissen entsprechend investiert, Rauchen wurde einfach verboten. Schließlich erwarb er neues Land weit weg von der Zivilisation, um seine Genossen von den "Einflüssen der kapitalistischen Welt abzuschirmen". (Wurm, 1977, S. 207) Wenn die Genossen seine diktatorischen Vorschläge nicht annehmen wollten, drohte er mit seiner Abfahrt. 1855 schon glaubte er unfehlbar zu sein; und nur der Mangel an Geld hinderte ihn daran, jenen Propagandafeldzug durch Frankreich zu unternehmen, um die Bevölkerung für den Kommunismus zu gewinnen. Als sich oppositionelle Stimmen schließlich nicht länger unterdrücken ließen, sandte er eine heimliche Mitteilung nach Paris, keine weiteren Kommunarden nach Amerika zu senden. Als er zur Rede gestellt wird, droht er mit den Gerichten. Von der Mehrheit abgewählt, versucht er den Boykott und ruft schließlich zur Sabotage auf. WURM schreibt über eine Szene:
Die Anhäger Cabets weigerten sich, ihre Ämter niederzulegen. Gleich nach dieser Mitteilng stürmten sie die Druckerei und eroberten sie die Vorstandsräume. Cabet verfolgte diese Szene, feuerte seine Anhänger mit Rufen an und putschte sie auf, den gemeinsamen Speisesaal zu besetzen. ... Nur das schnelle EIngreifen der Polizei verhinderte Blutvergießen. (S. 211) Und:
Der Gipfel dieser Sabotageaktionen war, daß er sich an das Staatsoberhaupt mit der Forderung wandte, ein Urteil zur Auflösung der Icaria-Gemeinschaft zu fällen. (WURM, 1977, S. 212).
Icaria hatte sich ja zuvor in den Jahren 1848 - 1855 allen Schwierigkeiten zum Trotz auf eine ansehnliche Kommune von 500 Bewohnern entwickelt. Sie waren auch ökonomisch der Umgebung voraus. Wie sich schon bei Bethel und Aurora zeigte, kann sich auch auf nicht-sektiererischer Grundlage eine Kommune von größerem Umfang bilden. Aber es gelang nicht, diesen Erfolg zu halten, nach zwei weiteren Jahren hatten die Wirren um Cabet die Spaltung gebracht, eine Wirtschaftskrise drückte noch mehr nach unten. Cabet steuerte in seinen letzten Jahren weg von der Gesellschaft, denn er wollte, wie schon gesagt, jeden Einfluß des kapitalistischen Systems abwehren. Das bedeutet, der sozialistische, mitten aus der Gesellschaft heraus unternommene Versuch einer Alternative zeigte nach wenigen Jahren sektenhafte Züge: Weil Cabet unfähig war, eine von seinen moralischen Vorstellungen abweichende Entwicklung zu integrieren. D.h. das Sektenhafte vermittelt sich hier über die Führung.

Ganz offensichtlich hat Cabet in seinen letzten Jahren wahnhafte Züge entwickelt. Dies zeigt z.B. sein Tagebuch. Letztlich war sein ganzes Wirken in Amerika auf Frankreich gerichtet, auf die dortige öffentliche Meinung, dort wollte er als Sieger hervorgehen. Ein Interesse an der Kommune hatte er zwar, - aber es war das des Eselreiters am Esel, um auf den Berg zu kommen. WURM schreibt: (S. 213)
In den Jahren, in denen er in Naovo lebte, war er von der Angst gepeinigt, daß man ihn in Frankreich vergessen könnte.

Vermutungen

Es scheint kein Zufall, daß die christlichen Kommunen von so fähigen Leitern geführt wurden. Die christlichen Normen sind integrierende Normen, sie dämpfen den Individualismus und betonen den Nutzen des Gemeinsamen für den Einzelnen. Die bürgerliche Gesellschaft will diese Integration durch einen offenen Kampf aller gegen alle erreichen. Tatsächlich hatte dieses gewagte Konzept der "invisible hand", wie es Adam Smith nannte, einen großen Erfolg. Icaria zeigte aber, wie schwierig es werden kann, wenn bürgerlicher Ehrgeiz und Kommune zusammentreffen. Es scheint, daß Demokratie und Autorität in einer Komune nach-religiöser Art mit der Frage einer zweiten Sozialisation in der Komune verbunden ist.

Die vielen Icaria-Versuche, die fehlgeschlagen sind, legen ja nahe, daß es nicht nur das zufällige Versagen eines Einzelnen (hier Cabets) war (obgleich die durch Cabet ausgelösten Spaltungen sich fortsetzten). Verfolgt man die Geschichte der größeren Icaria-Versuche nach Cabet, so stellt man fest:
Ein neuer Ort war wieder so schlecht gewählt, so daß die Malaria wütet. Als die ökonomische Krise halbwegs überwunden ist, bricht ein Prinzipienstreit aus:
Die Minderheit ... forderte Demokratisierung der Führungsinstanzen. Die Mehrheit war der Meinung, daß der gute Wille des einzelnen nicht genüge. ... Daraus zogen sie die Konsequenz, daß es keinen anderen Weg gibt, als einem Mann diktatorische Vollmachten zu erteilen ... (WURM, 1977, S. 216)

Demokratie und Autorität wurden als Gegensätze angesehen, eine Sichtweise, die merkwürdig erscheint und die, wie die religiösen Kommunen zeigen, keineswegs in der Natur der Sache, d.h. der Kommune liegen (siehe unten, S. 79ff). Die Restkommunen sind relativ klein, sie klagen über Einsamkeit, ihnen fehlt ein aktiver Bezug zur Gesellschaft. Andere gehen aus den ideologischen Spaltungen mit einem rigiden Glaubenskatalog hervor, das Klima wird moralisch, man lebt weiter zusammen, weil alleine zu leben eine noch weniger glückliche Perspektive bietet. Andere werden in ihrem heroischen Durchhaltevermögen missionarisch-moralisch, - keine Attraktion für neue Kommunarden, auch wenn es die eigenen Söhne sind. WURM schreibt (S. 223):

Die Einheit ihrer Mitglieder, der durch den schweren Existenzkampf erhärtet wurde, verstärkte in ihnen das Gefühl einer moralischen Mission, und als sie zu Beginn der 70er Jahre einen bescheidenen aber gesicherten Wohlstand erreichten, könnte man annehmen, daß sie nun ohne Furcht in die Zukunft sehen konnten.

Doch als die Pariser Kommune 1870/71 in ganz Frankreich die Hoffnungen in die kommunitären Möglichkeiten erneuerte und als, nach der militärischen Zerschlagung der

Commune, viele sich den amerikanischen Kommunen zuwandten, zerschellte die am längsten bestehende Icaria-Kommune an dem daran aufbrechenden Generationenkonflikt.

Die Söhne bildeten mit den neuen Kommunarden eine starke Minderheit. Sie warf den Alten vor, ihre politische Aufgabe gegenüber der Gesellschaft zu vernachlässigen und nur auf die Kommune fixiert zu sein. Der höhere politische Zweck schien ihnen jedes Mittel zu heiligen:
Als den Jungen klar wurde, daß sie auf legitimem Weg aus Kräfteverhältnis nicht ändern konnten, beschlossen sie, die Kommune zu spalten. (WURM, 1977, S. 226)

Die Alten konnten dies eine zeitlang verhindern, der Konflikt schwelte. Was das in Wirklichkeit für das Leben der Kommune bedeutete, geht aus der Lächerlichkeit des Anlasses hervor, der, von einem Tag über den andern, die Spaltung besiegelte: Aus Angst vor privatistischen Tendenzen wurden private Gärten um die Wohnhäuser verboten. Drei Häuser hatten noch Weinreben an ihren Häusern.

Als die Zeit der Weinlese 1877 kam, forderte einer der Jungen, erst die Trauben von den Privatweinstöcken zu beschlagnahmen, bevor man mit der Weinlese in den Weinbergen der Kommune beginne. Auch die Veteranen sahen die Privatgärten nicht gern; doch die ultimative Art, in der die Forderung erhoben wurde, und die Form ihrer Durchführung waren provokant und beleidigend. ...Am 26.9. gab die Minderheitsfraktion (der Jungen) ihren unabänderlichen Entschluß bekannt, die Veteranen zu verlassen. ... Unter Ausnutzung des schwachen rechtlichen Standes der Mehrheitsfraktion (der Alten) wandten sich die Jungen an das Bezirksgericht mit der Forderung nach Aufteilung. (WURM, 1977, S. 227f)

Im politisch motivierten Streit zögerte gerade die sich sozialistisch-antibürgerlich gesinnte Fraktion nicht, die Institutionen zur Sicherung des Privateigentums, als die das Gericht in diesem Fall angerufen wurde, einzusetzen. Vielleicht mutet dies als alltäglich, ja natürlich an, da in der Gegenwart bei kollektiven Projekten eher solche als andere Erfahrungen gemacht werden. Bezogen auf die Praxis der religiösen Kommunen erscheinen sie aber eher als durch und durch bürgerlich. Gerade die religiös liberalste Kommune von Bethel und Aurora blühte und gedieh, obwohl die Eigentumsverhältnisse, formal gesehen, privat geregelt waren. Erst nach vielen Jahren wurde eine gemeinwirtschaftlich korrekte Lösung gefunden.[79)] Weil das Gemeinschaftseigentum ein reales war, d.h. kommunitäre Verhältnisse zwischen den Kommunemitgliedern ausdrückte, waren Konflikte wie die in Icaria nicht möglich.

Die von den Veteranen "gereinigte" Icaria-Kommune gab sich eine perfekte Verfassung, um damit eine Wiederholung von Fehlentwicklungen zu vermeiden. Aber nach zwei Jahren war man am Ende:

Als der Traum, aus Icaria ein großes Zentrum des Sozialismus zu machen, sich nicht verwirklichte und sich die Begeisterung über die Erneuerung der Kommune legte, begannen Meinungsverschiedenheiten über Weg und Lebensordnung. ... Zwar führten die Meinungsverschiedenheiten zu keinen Streitereien und spitzten die gegenseitigen Beziehungen nicht zu, doch verbrachte man ganze Tage mit Diskussionen, sogar über ganz unwichtige Dinge. Aus Enttäuschung verließen viele Mitglieder den Ort. (WURM, 1977, S. 233).

Man hatte schließlich den langweiligen Getreideanbau satt, glaubte, daß "Gärten und Obstplantagen ... dem Charakter und der Mentalität der Franzosen näherkommen" und zog daher um ins wärmere Kalifornien. Dort endete der politische Weg der jungen Fraktion, - da ein führendes Mitglied, Wortführer bei der Spaltung, den Erlös aus dem Verkauf der alten Kommune in einem gewagten, eigenmächtigen Pferde-Geschäft verloren hatte. Denn in der neuen Kommune galten nicht mehr die strengen Kommuneprinzipien, sonden die spontane Initiative ...

Das Pferdegeschäft, das den Ärger der Kommunefreunde erregte, war sicher ein schwerer moralischer Schlag für die Mitglieder, doch Peron und einige seiner Gehilfen glaubten nicht an die Notwendigkeit einer verantwortlichen Leitung, obwohl sie Anhänger des wissenschaftlichen Sozialismus waren. Hätten sie eine tüchtige Leitung gehabt, so hätte sie diese möglicherweise über die Krise hinweggebracht. (WURM, 1977, S. 238)

Gerade die letzten Phasen von Icaria wurden deswegen so ausführlich wiedergegeben, weil sie stark an die Gegenwart der Alternativszene erinnern. Erst auf dem Hintergrund einer längeren historischen Entwicklung, wie es mit diesem Beitrag versucht wird, werden Umrisse sichtbar, die zu ersten Thesen führen, warum es diese spezifische Krankheit sozialistischer Alternativen gibt. Ein Gemeinschaftseigentum, das aus einem ideologischen Konzept heraus eingeführt wird, führt dann zu großen Problemen, wenn dieses Konzept den gemeinsamen Nenner der Kommunarden ausmacht; d.h. wenn Prinzipien die Verhältnisse der Kommunemitglieder zueinander definieren. Der Ideologie widersprechende Erfahrungen aus der Praxis gelangen unter diesen Umständen erschwert ins Bewußtsein: gefährden sie doch die Ideologie und damit den kommunitären Zusammenhalt. Damit erschweren sie auch dem Einzelnen, die Rolle der konsensstiftenden Autorität zu spielen. Letztlich kann dieser Zirkel aber nur von einer Person durchbrochen werden. Diese muß es fertigbringen, Konsens zu stiften, ohne auf Ideologie zurückzugreifen. Cabet vermittelt einen Eindruck davon, mit welchen Risiken dies verbunden ist, wenn es probiert wird. Die icarischen Versuche nach ihm dokumentieren das mindestens ebenso große Risiko, wenn es unterbleibt.

Llano und andere

Auch die Geschichte der Kommune in Llano weist jene starke Diskontinuität auf, die für die icarischen Kommunen so charakteristisch und für religiöse Kommunen so untypisch war. Die Kommune Llano hatte mit goßen ökonomischen, politischen und personellen Schwierigkeiten zu kämpfen. Verfolgt man den Verlauf und vor allem das Ende von Llano (der Zwangsverkauf des Vermögens in den Jahren der großen Wirtschaftsdepression der 30er Jahre), so könnte man leicht zu dem Schluß geraten, daß diese Kommune ein Opfer der kapitalistischen Krise wurde. Anfeindungen der bürgerlichen Umgebung, kriminelle Übergriffe durch das anschwellende Subproletariat und wenig Solidarität seitens der Linken sowie Ablehnung, ja Feindschaft durch die Gewerkschaften, haben diesen alles in allem heroischen Kommuneversuch in der "postutopischen" (Wurm) Epoche sturmreif gemacht. Und dieser Sturm war dann die Weltwirtschaftskrise nach 1929. Und doch darf man diesem Erklärungsansatz die These entgegenstellen, daß es eher an der Art und Weise gelegen hat, wie in diesem Kommuneversuch auf die äußeren Schwierigkeiten reagiert wurde, daß diese Gemeinschaft unterging: nämlich durch immer mehr Machtbefugnisse eines Mannes, des Geschäftsführers, der, sich durch diktatorische Vollmachten formal abstützend, in Wirklichkeit aber sich von der produktiven Basis seiner Genossen entfernend, zu immer riskanteren finanziellen Rettungsmanövern Zuflucht nahm. [80]

Bei den christlichen Kommunen war das anders: Die Position eines Bäumler (Zoar) oder Keil (Bethel und Aurora) waren eingebettet in eine Gruppe von qualifizierten Leuten, die Verantwortung trugen und delegierten, die für sich schöpferische Lösungen fanden und zu realisieren wußten. Die Manager der religiösen Kommunen waren offensichtlich in der Lage, ihre Kommunarden zur Selbständigkeit, Kooperation und Unternehmungsgeist zu veranlassen und zu fördern. Dadurch erst entwickelten diese großen Kommunen die ihnen eigene enorme produktive Potenz. Schwierigkeiten waren ja auch in Hülle und Fülle vorhanden, aber zugleich war der Pegel an schöpferischer Arbeitsteilung hoch genug, daß sie in einer Fülle an Lösungen und Arbeit ertränkt wurden. Alle religiösen Kommunen, auch die, die arm angefangen hatten, wurden innerhalb einer Generation wohlhabend.

Die sozialistischen Kommunen waren dagegen immer eher Armenhäuser. So scheint m.E. die Annahme, daß auch bei Llano das Führungsproblem der Kern aller anderen Probleme war - besser gesagt: das Verhältnis des zum Leiter Gewählten zu seinen Mitkommunarden - zuzutreffen. WURM schreibt:
Sogar diejenigen, die sein autokratisches System bei der Leitung der Kommune kritisierten, mußten zugeben, daß Llano - wie viele andere Kommunen zu Beginn ihres Weges - ein Fehlschlag geworden wäre, hätte er nicht die Leitung in die Hände genommen, als die Kolonie in Gefahr war. Picket (eben dieser Manager) konnte wirklich einige wichtige Initiativen verbuchen, die in Llano verwirklicht wurden; daneben steht die Tatsache, daß es ihm gelang, Mittel für den wirtschaftlichen Aufbau zu erhalten. Es gab ein Krankenhaus, eine Zahnklinik, einen Tanzsaal, dramatische Zirkel, ein Streichorchester, ein Kino, eine groß angelegte Kulturaktivität für Erwachsene ... eine reichhaltige Bibliothek, die rund 10.000 Bände umfaßte ... Das alles war Pickets Werk ... (WURM, 1077, S. 262)
Die neuen diktatorischen Vollmachten und den Verzicht auf Kritik begründete er dem Kollektiv gegenüber so:
Die Kolonie ist eine verfolgte Minderheit innerhalb des kapitalistischen Wettbewerbsregimes. Um den Kampf mit der feindlichen, ihr vollkommen entgegengesetzten Umwelt zu bestehen, muß sie eine geschlossene Front bilden, in der es keinen Platz für eine Minderheit gibt. (zitiert bei WURM, 1977, S. 263)

Nicht die Tatsache, daß eine Kommune tatsächlich einen dichten Konsens braucht, um handlungsfähig und damit entwicklungsfähig zu sein, ist das Problematische an Pickets Position, (ja m.E. nicht einmal die Tatsache, daß es eine solche Position überhaupt gibt); sondern vielmehr die Art und Weise, *wie* der Konsens zustandekommt und *was* somit die Autorität Pickets ausmacht, d.h. letztlich, *welche* Verhältnisse der Gemeinschaft damit ausgedrückt werden.

Die russische Kolonie *Krinitza*, die ebenfalls von Anfang bis Ende unter großen wirtschaftlichen Schwierigkeiten litt, hat ebenfalls ihre größten Belastungsproben durch ökonomische Einzelritte einzelner Kommunarden, die besonderes Vertrauen genossen, durchzumachen: Wahl des falschen Bodens (wieder: fieberverseucht), Anmassung von Kompetenzen durch Einzelne, die ihnen das tolerante Kollektiv erst in einem jahrelang währenden Kampf wieder entreißen konnte, Spekulation um Goldminen ohne Absicherung durch das (in Unkenntnis gelassene) Kollektiv, wodurch, weil Betrug im Spiel war, der gesamte Boden der Kommune drei Jahre lang verpfändet war und ständig mit dem Pfändungsvollzug gerechnet werden mußte, daraus folgend eine "hohe Fluktuation und interne Kämpfe" und, damit zuammenhängend: "die Hauptquelle der Schwierigkeit lag in den Beziehungen zwischen den Älteren und den Jüngeren auf Grund des Altersunterschiedes' (WURM, 1977, S. 282, S. 285 und S. 296ff).

Vermutungen

Daß sich die sozialistischen Kommunen mit der Rolle der Autorität so schwer taten - und heute bis zur Selbstzerstörung gehend, sich weiter so schwer tun[81] - hängt natürlich mit der weltanschaulichen Grundentscheidung gegen die Autorität zusammen. Der kausalen Zurechnung der in der Gesellschaft vorgefundenen Mißstände zu den gesellschaftlichen Autoritätsfiguren steht als Konsequenz der völlige Autoritätsverzicht im eigenen alternativen Modell gegenüber; und damit auch die vielen Ausnahmeregelungen, um handlungsfähig zu bleiben, und damit entsteht viel irrationaler, der kommunitären Gestaltung nicht verfügbarer Entscheidungsspielraum. Krinitza soll hier als Beispiel zitiert werden (ähnlich lautende Formulierungen sind in den Chartas von Owen bis zur ASH in Frankfurt 1978 zu finden).
Wir widersetzen uns bedingungslos jedem Zwang und jedem Versuch, künstlich eine Änderung im Leben herbeizuführen, besonders in unserer nächsten Umgebung. Wir schätzen die persönlichen Neigungen jedes Mitglieds sehr hoch ... Wir dürfen sie nicht anrühren ... Daher kommt unser Widerstand gegen jede Form von Beherrschung durch Zwang und gegen jegliche Selbstüberhebung. (zitiert bei WURM, 1977, S. 283: "Das erste Prinzip von Krinitza")

Es sind dies Prinzipien der Herrschaftslosigkeit, deren Pathos von der Betroffenheit herrührt, das der jeweiligen, individuellen Geschichte mit Autorität, Herrschaft und Gewalt - beginnend bei der Familie und endend bei der Polizei - entspringt. Gerade weil so viel autoritäre Praxis dahinter steht, sind Parolen gegen jedwede Autorität so emotionell vereinnahmend: hier fühlt sich jeder ident. Erlittene Praxis war durch Autorität gekennzeichnet, die eigene Praxis in einer Alternative dazu soll dieses Makel nicht tragen. So breit und alt der anti-autoritäre Impetus bei den Kommunen ist, so tief und junggeblieben sind die Konsens- und Durchführungsprobleme in der zweiten, nicht mehr von der Gründungseuphorie geprägten Periode der Kommune.

Die religiösen Kommunen fanden hier eine Lösung. Es wäre verfehlt zu meinen, daß sie weniger anti-autoritär gewesen sind. Kein Anarchist war staatlicher Gewalt, den Gerichten, der Kirche so unversöhnlich gewogen wie die Mitglieder der mittelalterlichen Kommunen: In diesem Punkt trennt Müntzer und Bakunin nichts. Und der Haß auf die

Obrigkeit war es, der die Leute um Bäumler zur Auswanderung trieb, nicht umsonst hießen diese Gruppierungen in Süddeutschland die "Separatisten".

Was sie von den sozialistischen Kommuneversuchen unterscheidet, war, daß sie einen "Fundus" an Autorität mitbrachten. Sozialpsychologisch mag es vielleicht als ein "Trick" bezeichnet werden, daß mit der Konstruktion "Gott" eine (raffinierterweise vom Denkansatz her nicht aufhebbare) Autorität installiert ist: Und daß mit dem verinnerlichten Christentum in den Kommunemitgliedern eine Sample an sozialen Werten verinnerlicht ist, auf die stets reklamiert werden kann und daß diese christlichen Werte gemeinschaftsorientiert waren (Urchristentum, Bergpredigt). D.h.: die Normen waren für die Praxis und diese erfolgte im Namen Gottes; Praxis wurden die Normen durch die Kommunikation hinsichtlich der ökonomischen und reproduktiven Aufgaben von Tag zu Tag. Wer dies sah und mitteilte, wer hier kombinierte und produktive Vorschläge zu machen wußte, wer Kurzfristiges mit Langfristigem verband, wer bei all dem den Menschen nicht aus dem Auge ließ, wer damit die anderen zu fördern verstand und sich fördern lassen konnte, wer mutig genug war, um auszusprechen, daß jemand bzw. etwas faul ist, wer den Mumm hatte, eine Minderheitenposition der Sache nach durchzuhalten und so zu überzeugen, - der erwarb sich ganz praktisch Autorität, die sich durch die Praxis legitimiert, die sich der Demokratie stellt, auf deren urchristliche Formen sich zu berufen, ja den Kern dieser Dissidenten ausmachte. Es handelt sich um eine Demokratie, die selbst, wie überhaupt alle Normen des Zusammenlebens "gottgefällig" ist und die auf der Gottesfurcht basiert. Wer sich praktisch als guter Leiter herauskristallisiert, ist daher auch der "Mann Gottes". Seine leitende Rolle ist somit transzendiert.

Cabet als auch Picket haben dagegen sehr deutlich selbst "abgehoben": Der eine hielt sich am Ende für unfehlbar, der andere schloß zum Schluß die Opposition aus. Beide nahmen sozusagen selbst die Transzendierung ihrer Rolle vor. Der Unterschied zu den religiösen Führern liegt darin, daß der zugrundeliegende sozialistische Wertekatalog diese Transzendenz nicht vorsah, ja geradezu verbot. Deswegen bildete sich bei Cabet die Rechtfertigung seiner Position mit dem "Übergang" und bei Picket die mit der "feindlichen Umgebung", den zu bewältigen bzw. gegen die zu schützen eine immer als vorübergehend angesehene Sonder-Autorität begründete. D.h. die den Kommunarden geheiligten Werte von Brüderlichkeit, Gleichheit, Selbstverwirklichung standen der Konstruktion nach in keinem praktischen Verhältnis zur praktischen Rolle der Autorität. Von daher gesehen hatte der gewöhnliche Kommunarde weniger Kompetenz als sein Genosse in der religiösen Kommune. Die Ausschließung der Rolle der Autorität aus dem Sample anzustrebender neuer Rollen in der neuen Gemeinschaft der Sozialisten führte paradoxerweise zur irrational tiefen Verankerung der Autorität:

Der bzw. diejenige, welche die Rolle der Autorität spielen, sind aus dem gleichen Grunde - Fehelen einer Beziehung der Kommune-Werte zur Führung - nicht in der Lage, aus ihrer leitenden Position heraus positiv die Kommunarden zu fördern. Nicht so die christlichen Kommunen: Bei den christlichen Kommunen verkörperte der Leiter in besonders starkem Maße die christlichen Normen der Kommune.

In der sozialistischen Kommune war die Autorität durch Nicht-Kommune-Genuines definiert, sie hatte "Ausnahme"- bzw. "Übergangs-Charakter", sie hatte mit dem "eigentlichen" Kommunesystem "nichts" zu tun: Im Grunde war die ganze Existenz dieser Rolle eine einzige Peinlichkeit, ein permanenter Skandal. D.h. die Kluft, die in den sozialistischen Kommunen immer Führer und Geführte trennt, war viel größer als der durch die größere Werthaltung sehr wohl definierte Abstand des Führers der religiösen Kommune.

Oneida

Wir haben keinen Anlaß, den religiösen Kommunen nur deswegen nachzutrauern, weil sie "wenigstens" funktionierten: Denn wir wollen keine religiösen Kommunen. Aber damit ist die Rollengestaltung noch nicht obsolet geworden. Und der Nenner, den die christliche Kommune mit der Bergpredigt oder den Apostelgeschichten hatte, ist neu zu finden. Wie schwierig dies ist, soll am letzten Beispiel, an der Kommune Oneida gezeigt werden. Deren Gründer John Humphrey Noyes wollte ganz klar über die alte Religion hinaus, soweit sie mit irgendwelchen Verboten einherging. Er wollte die Kommune nicht auf verinnerlichten Normen der Gemeinsamkeit gründen, sondern auf den manifesten, sozusagen "äußeren" Interesse der Menschen aneinander: auf der Basis der Sexualität. Die reale Kollektivität der Liebesbeziehungen statt der christlichen Normen sollte den gemeinsamen Rahmen abgeben: Es war zweifellos der Schritt zu einer materialistischen Basierung der Kommune.[82]

Freilich, den Mut dazu mitten in einem asexuell ausgerichteten Zeitalter, nämlich dem puritanischen frühen 19. Jahrhundert hat sich Noyes, zumindest in der Vorstellung, von "außerhalb" geholt: die g a n z e Liebe sei es gewesen, von der Christus gesprochen hätte. Und der Anbruch eines neuen Zeitalters, das hierauf baue, stehe im Amerika der 30er und 40er Jahre des letzten Jahrhunderts bevor, -glaubte Noyes.

Das Schicksal dieser Kommune zeigt, daß auch der subtile "exterristrische" Rückgriff nicht um den Punkt herumführt, der in den sozialistischen Kommunen *die* Lücke markiert: das Problem einer Neudefinition der Rolle der Autorität.

Dieser 1844 begonnene und 1881 mit der Umbildung zur Aktiengesellschaft endende Kommuneversuch - ca. 200 - 300 Erwachsene umfassend - ist noch religiös und schon sozialistisch. Oneida sucht die Auseinandersetzung mit der Gesellschaft, ja die Gemeinschaft sieht sich als Vorläufer einer neuen, auf Kommunen gründenden Nation.

Die Oneida-Kommunarden waren Vorkämpfer gegen die Neger-Sklaverei.[83] Sie wird wegen des Gemeinschaftseigentums, aber vor allem wegen der Sexualität von Presse und Kanzeln attackiert, von Anfang bis zum Ende. Nach einem Jahrzehnt z.T. bitterster Not hat sie den wirtschaftlichen Durchbruch, die großen Industrieunternehmen Oneidas gibt es noch heute, ihre Papiere werden an der Aktienbörse gehandelt.[84] Oneida sucht empirisch vorzugehen, gerade auf dem heiklen Gebiet von Familie und Sexualität:
Die menschliche Erfahrung hat bewiesen, daß die Beziehungen des Ehestandes nicht auf das Leben von Paaren begrenzt sind. ... Die private Familie befindet sich immer in der Gefahr des Ehebruchs. Außerdem ist das Hauptopfer die Frau. (NOYES bei WURM, 1977, S. 137)
Es ist eine Forschung, die von der Präferenz des Lebens in einer Gemeinschaft ausgeht.

Die Aufhebung der Monogamie ist eine Folge dieser Entscheidung:
Die monogame Familie in der Kommune kann ein großes Hindernis darstellen. Die Liebe in der Form der Ausschließlichkeit hat einen Antipoden - nämlich den Haß, und der Haß bringt Streit und Trennung mit sich. Eine Kommune, die das Prinzip der einzigen, ausschließlichen Liebe aufrechterhält, trägt den Samen der Zerrüttung in sich.

Das positive Erbe der bürgerlichen Familie, nämlich aktive, bereichernde Beziehungen in der Sexualität hervorzubringen, wird bewahrt und fortentwickelt, der Anspruch auf Selbstverwirklichung in der Beziehung bestimmt das soziale Niveau:
Hier gibt es keine freie Liebe, die anarchistisch und verantwortungslos gegenüber der Frau und den Kindern ist und zu nichts verpflichtet... Es stimmt, daß wir unter uns die Einschränkungen und Gebräuche aufgehoben haben, bei denen der egoistische Trieb die Beziehungen zwischen Mann und Frau regelt. Doch die Beziehungen zwischen uns wurden menschlicher und kultivierter. (NOYES, bei WURM, 1977, S. 138)

Hier wird eine Radikalität und Vorurteilslosigkeit deutlich, die wir im 19. Jahrhundert nur bei einem Teil der Sozialisten wiederfinden. Mit dieser Lebendigkeit ging Oneida weit über die christlichen Kommunen hinaus; das war nicht mehr religiös im Sinne von Amana, Zoar. Es war die Weiterentwicklung von dem, was in Bethel und Aurora begonnen hatte. ONEIDA war alles andere als genußfeindlich:
Das Haus (in dem alle wohnten, A.B.) sieht noch heute wie ein Schloß aus... Das Haus war mit allem Komfort ausgestattet, der damals möglich war: Dampfanlagen für die Bäder, Küchen und Zentralheizung. Es hatte 200 Wohnungen ... eine umfangreiche Bibliothek, Schulhäuser... (WURM, 1977, S. 147) Und:
Noyes warnte immer seine Genossen vor Leuten, die ihre Körper verleugnen ... Über Oneida lag ein Hauch von jugendlichem Glanz und optimistischen Glauben an das Leben. (WURM, 1977, S. 150)

Rotation der Manager, demokratische Gremien, Befreiung der Frau von der Hausarbeit, "die Frauen nahmen, gleichberechtigt, an fast allen Ausschüssen teil", - all dies mutet wie eine traumhafte Vorwegnahme kühner sozialistischer Forderungen an. Oneida strafte alle anti-sozialistische Propaganda von der Funktionsunfähigkeit des Kommunismus Lügen. Und doch nannte Noyes seine Konzeption "Bible Communismus". Und unter der Hand erscheint dann noch ein ganz anderer NOYES, der, durch und durch bürgerlich-protestantisch, erklärt:
Dieser Gedanke (einer Gruppenehe, A.B.) hat sich in unserer Gemeinde bewährt, deren Mitglieder Sprößlinge aus guten Häusern Vermonts sind, denen die Moral und der gute Geschmack Neuenglands angeboren sind und deren Lebensweise immer untadelig war. (zitiert von WURM, 1977, S. 137) [85]

Und immer konnte Noyes letztlich vor einem typisch christlichen Gewissen bestehen, wenn er sagt, daß der Grundgedanke der sich erneuernden Gemeinschaft darin liegt, daß der
... religiöse Glaube der erstrangige und wichtigste Faktor, die Moral des Ehestandes der zweitwichtigste Faktor bei der großen Aufgabe ist, das Gottesreich auf Erden zu errichten.

Und WURM kommentiert dies so:
Mit diesem Satz wollte er ausdrücken, daß das erstrangige Ziel die Heilung und Erhabenheit des Geschlechtstriebes unter die religiöse Extase (ist). (Wurm, 1977, S. 136f)

Lüge und Heuchelei, von der Noyes hier spricht, sind Folgen der bürgerlichen Moral: Beziehungen als Basis von Ehe und Familie zu predigen, aber nicht die Voraussetzungen dafür zu schaffen, daß Beziehungen leben und sich entwickeln können.[86] Noyes versucht letztlich eine Lösung dieses der bürgerlichen Familie innenwohnenden Widerspruchs, - freilich wiederum im Namen der Moral auf christlicher Basis. Das Revolutionäre an Oneida ist zum einen, auf die Widersprüche der bürgerlichen Familie nicht mit einer Wiederholung der alten Moral zu antworten, sondern mit einer neuen; und zum zweiten, daß diese neue Moral Ausdruck auch einer neuen Praxis ist. Die emotionelle Begründung mit "Erhabenheit" und "Heiligung" spricht jedoch wiederum auf die bürgerliche Moral in ihrem Kern an: denn Erhabenheit gibt es nur dort, wo es Erniedrigung gibt und heilig ist die Sexualität nur dann, wenn sie auch teuflisch ist:

Und doch ist damit noch nicht die ganze Dialektik des Noyesschen Denkens benannt worden:
Noyes hat über die Kommunen eine gründliche Studie verfaßt, die heute noch zur engeren Standard-Literatur über die historischen Kommunen gehört. Als Kommune-Forscher hatte er auch eine sozialtechnische Sensibilität für die der Kommune als neue Basisform des Zusammenlebens innewohnenden Erfordernisse. Nicht zuletzt das Scheitern bzw. die Schwierigkeiten der von ihm studierten sozialistischen Kommunen zeigten ihm dies:
Der Gründer Oneidas sah die Ursache für den Mißerfolg der profanen sozialistischen Kommunen in der Tatsache, daß sie es nicht verstanden, die Einheit mit der Freiheit zu verbinden; diese Verbindung war seiner Meinung nach nur dort möglich, wo der religiöse Glaube eine Garantie für die geistige Disziplin darstellte. (WURM, 1977, S. 186)

Die Fähigkeit, aus einer religiösen, als solche nicht hinterfragten, weil nicht hinterfragbaren Entscheidung heraus eine Kommune zu gestalten, d.h. vor allem die Rolle des Leiters (im umrissenen Sinn, siehe S. 180f) zu spielen, ist uns nicht mehr möglich. Für uns wäre es tatsächlich Zynismus, nämlich Glauben, der nicht da ist, zum sozialtechnischen Zwecke zu heucheln, - ein nicht praktikables Unterfangen.

Aber die Aufgabe, die sich uns stellt, ist von Noyes bereits mit sozialpsychologischer Klarheit beschrieben worden. Und in diesem Punkt ist Noyes bereits Kind des wissenschaftlichen, von der Relativierung lebenden Zeitalters.

Noyes war so eine Zeitlang auf der Höhe seiner Zeit, Oneida verkörperte in jeder Beziehung die progressiven Tendenzen. Es partizipierte zum einen an der Hauptleistung des 19. Jahrhunderts, die jahrtausende alten materiellen Grenzen des Menschen zu sprengen, voll und ganz. Und Oneida war ein Ort der politischen, wissenschaftlichen und künstlerischen Kommunikation. Wahrscheinlich gab es zur damaligen Zeit keinen zweiten Ort, wo Wissen und Praxis, Kopf und Hand, Emotionales und Intellektuelles so dicht und einander fördernd zueinander in Beziehung stand. Und Oneida hat es gewagt, eine mit der Bejahung der Sexualität vereinbarte Eheform - die Gruppe - zu praktizieren.

Basis war und blieb - das macht das Ende Oneidas deutlich - die Religion. Daß das nicht zu hinterfragende, weil tief verinnerlichte religiöse Bewußtsein zu einer so großen, differenzierten Aufbauleistung wie die Schaffung Oneidas in der Lage war, vermittelt uns eine Ahnung von jenen Kräften, die heute vielleicht noch in der 3. Welt vorhanden sind.[87]

Das Ende Oneidas hängt mit dem Ende dieses Denkens als ein gesellschaftlich bestimmendes Denken zusammen. Mit dem Ende Oneidas ist vermutlich auch die Verbindlichkeit dieses Ansatzes - zumindest für uns - zu Ende gegangen.

Was passierte? Wie schon seit 40 Jahren, so strebte auch im Jahre 1879 die kirchlich-bürgerliche Hetze gegen die "Sekte" Oneida, dieses Sodom und Gomorrha mitten in der Zivilisation, ihrem Höhepunkt entgegen. Aber wie oft schon hatten es die Kommunarden verstanden, mit Hilfe des antiklerikal eingestellten Teils der Presse, d.h. durch Unterstützung des liberalen Amerika, die Rückendeckung seitens ihrer unmittelbaren Nachbarn (die sie gerne mochten - nicht zuletzt als geldbringende Kunden) durch fachmännische Hilfe im Prozessieren und, schließlich, auch durch Kontakte mit einflußreichen Persönlichkeiten, die Angriffe abzuwehren bzw. sie schlicht zu überstehen (einmal in den 50er Jahren mußten sie sich z.B. gegen einen aufgehetzten Mob wehren, der mit Stöcken, Fackeln und Mistgabeln anstürmte).

Fast schon periodisch veranstalteten die Kirchen Hetzkampagnen gegen Oneida. Warum haben sie diesmal 1878/79 durchschlagen können und Noyes zur Aufgabe der Gruppenehe bewegen können? Der Grund: Oneida war in sich gespalten und zwar im Zuge des Generationenproblems. Folgendes war geschehen:

Wenige Jahre vor 1878 war eine befreundete Kommune zur Oneida-Gruppe gestoßen, geführt von einem gewissen Towner, einem geschickten Rechtsanwalt, der der Oneida Kommune schon einige nützliche Dienste erwiesen hatte. Die hinzustoßende Gruppe brachte auch einiges Vermögen mit; und aber auch den ungebrochenen Ehrgeiz von Towner, die Macht zu übernehmen... Diese lag, wie wir wissen, in John Humphrey Noyes Händen, jener Mann, der zehn Jahre gepredigt hatte, bis er jene 40 Begeisterte gefunden hatte, die mit ihm dieses revolutionäre Experiment begannen. Noyes war die integrierende Figur gewesen, die alle als Schiedsrichter akzeptierten, Noyes hatte viele Jahre lang mit vollem Einsatz die Ökonomie von Oneida aufgebaut, auf Noyes ging das System der Rotation zurück, das zur Demokratisierung der Ökonomie eingerichtet wurde.

Noyes übte seine Autorität durch Rat und Förderung aus, er konnte auch schwierige Kommunarden - wie jenen Sonderling an genialem Fallenbauer, der immer nur des Winters hereingezugvogelt kam und nie sein Fallenbaugeheimnis preisgab - integrieren, er war sehr beliebt und hatte die große Mehrheit hinter sich. Noyes war das Gegenstück zum intransigenten Sektenführer und zum sozialistischen Kommunediktator. Aber Noyes war alt geworden. Er hörte nicht mehr und konnte nur noch flüstern. Man sah ihn nur mehr wenig in der Kommune. Und er hatte versäumt, das Nachfolgerproblem anzugehen. Wir wissen, daß das schon bei Zoar und bei Bethel und Aurora versäumt worden war.

Dennoch hätte Towner Noyes keine Konkurrenz anzusagen vermocht; nicht zuletzt deswegen, weil die Kommunarden den Machthunger von Towner spürten. Towner hätte vielleicht eine Diadochenrolle spielen können, - d.h. nach Noyes' Tod. Daß er zu Noyes' Rivalen wurde, verdankt er nämlich letztlich der Jugend Oneidas.

Die Jugend, die in den 50er und frühen 60er Jahren des 19. Jahrhunderts geboren wurde, besuchte z.T. in den 70er Jahren die Colleges, um Arzt, Ingenieur, Chemiker zu werden. Sie gingen - gemeinschaftlich erzogen, auf eine säkularisierte, liberale Weise christlich-gläubig zur Universität und kamen als Agnostiker in die Kommune zurück. Nicht mehr der Glaube, das Dafür-Halten, das Bestimmte-Soziale-Werte-Für-Richtig-Ansehen war ihr intellektuelles Selbstverständnis, sondern der Zweifel, das Infragestellen. Klar! Das war die Haltung der Wissenschaft, das war, was zu Erfindungen führte, das rührte in der bürgerlichen Gesellschaft die Produktivkräfte, das war die Haltung, die den Fortschritt ausmachte. Und der war damals, im entstehenden Kapitalismus der USA, auf eine denkbar berauschende Art am Werk. Was soll da der Glaube, wenn der Agnostizismus Berge versetzt?

Nun, daß das in einer g e g e b e n e n Gesellschaft wie dem US-Kapitalismus des 19. Jahrhundert eine durchaus positive Einstellung war, daß der Agnostizismus die - von ihnen nicht hinterfragte - Normsetzung durch das Kapital voraussetzte, daß die Profitlogik entschied, was an Wissen in die Produktion ging, was also real wurde, wurd allgemein und daher auch von der Jugend Oneidas übersehen.

Eine Kommune wie Oneida, mußte beides leisten, eine positive Normsetzung dessen, was "richtig" ist, als auch dessen Kritik im Sinne einer Korrektur. Anders ausgedrückt: eine e n t s t e h e n d e Gesellschaft wie sie Oneida darstellte, bedarf der Kritik im Sinne des Konsens.

Diese Erfahrung, daß Kritik, Analyse usw. nicht genügen, um eine Alternative aufzubauen, machten ja auch wir, als wie in den späten 60ern unsere ersten WG- und Produktionsversuche machten. Der erste alternative Schritt wird eben nicht mehr allein durch das "Nein" zum bestehenden System bestimmt, sondern durch ein "Ja". Und dieses "Ja" muß beibehalten werden, bis der erste Schritt vollzogen wurde, - beim zweiten kann man die Richtung ändern, eben weil man den ersten getan hat, der sich nun möglicherweise als falsch herausstellte. Und auch das zweite "Ja" muß durchgehalten werden, bis alle ihn gemacht haben, - um über das Gemachte reflektieren zu können. Sonst ist Konfusion gemacht worden und konfus ist dann die Diskussion darüber.

Das war der Jugend Oneidas nicht bewußt, das hatten sie auf der Hochschule nicht gelernt; aber eben auch nicht in ihrer Kindheit in Oneida. Denn Noyes war in diesem Punkt - bei all seiner sonstigen Genialität - ein Mann des frühen, d.h. religiösen 19. Jahrhunderts. Für ihn war das, was er für alternativ hielt, christlich abgesichert, also ein ewiges "richtig", ein erster Schritt, der auch der letzte war. Dieses Vorgehen war eben um 1830/40/50/60 n o c h möglich: Weil das damalige religiöse Erleben gesellschaftlich noch gegeben war, es war den Kommunemitgliedern ebenso wie den Außenstehenden "evident". Nach 1850 war dies nicht mehr so und auf den Hochschulen noch weniger und bei den forschrittlichen Wissenschaftsdisziplinen des 19. Jahrhunderts am allerwenigsten.

Über dieses Mißverständnis - ein notwendiges, historisch bedingtes - stolperte Oneida. Denn Towner, auf seine Weise blind infolge Ehrgeizes, sammelte die (akademische)

Jugend um sich; wie auch alle anderen, die, zu recht oder nicht, unzufrieden waren. Dies war eine Minderheit zwar, aber eine aktive, die sich geheim traf und sogar eine interne Zeitung herausgab.
Mit mechanisch anmutender Konsequenz stellte diese Jugend auch die Form der Sexualität ihrer Eltern an den Pranger. Richtig, - denn Ordnung war dies in den eigenen Augen der Noyes-Kommune ja nur, wenn sie aus dem Geist Christi heraus erfolgte, aus der "Erhabenheit", wie es hieß, "des Geschlechtstriebes". Und dies war der akademischen Jugend (und damit der übrigen zum großen Teil) fremd, weil die religiöse Grundhaltung spätestens mit dem Studium gänzlich eliminiert wurde.

Als nun die Pfaffen 1878 wieder zum Halali bliesen und die Presse mangels anderer Themen (z.B. keine Streiks wie vorher) ebenfalls froh für "Sex and Crime" war, Noyes mangels Konstitution das Ganze auch nicht mehr gut durchschaute und zwei seiner Vertrauten paranoid wurden, (sie meinten, daß die interne Opposition zur Opposition draußen übergelaufen sei - höchstwahrscheinlich zu Unrecht angenommen daß die Verhaftung von Noyes unmittelbar bevorstehe, Handeln somit geboten sei, - floh John Humphrey Noyes bei Nacht und Nebel über die Grenze nach Kanada. Zurück blieb eine erschütterte und geschockte Kommune; auch die interne Opposition war gelähmt.

Nach einigen Wochen schlug Noyes die Aufhebung der Gruppenehe vor, um der Außenwelt den Hauptangriffspunkt zu nehmen. Es wurde wieder geheiratet und gefamiliert. Und nach einem Jahr war es aus mit dem Gemeinschaftseigentum. Was sie in den 40er Jahren während ihrer "Complex Marriage" nicht beunruhigte, wurde nun Hauptbeweggrund: Was gehört wem, wer kann es auf seine Kinder vererben? 1881 war es soweit, auf einer Generalversammlung wurde die Umwandlung in eine Aktiengesellschaft vollzogen - die Anteile durften freilich nicht nach außen veräußert werden.

WURM schreibt über das Ende von Oneida:
Als sie beschlossen, die übliche Form der Ehe einzuführen, hofften sie - und viele glaubten es auch -, daß dadurch die Gefahr für das Bestehen der Kommune abgewendet wäre. Sie wußten nicht, daß diese Änderung zwangsweise dazu führen würde, das Gemeinschaftsleben aufzuheben. Im Sommer 1880 fiel die Entscheidung. Nach einem Jahr des Abtastens und der Versuche, das Kollektiv zu retten, gelangten beide Fraktionen zu der Einsicht, daß eine Besitzgemeinschaft im Rahmen einer großen Gruppe, in Familien aufgeteilt, unmöglich ist. Es wurde ihnen klar, daß die Annullierung des früheren Ehesystems den allgemeinen Wunsch erweckte, zum Privateigentum und den gängigen Normen der Außenwelt zurückzukehren. Es wurde offensichtlich, daß die familiären Interessen die Treue zur Gemeinschaft erschütterten und daß der familiale Egoismus stärker war als der Geist des Verzichts, der die Grundlage des Gemeinschaftslebens ist. (WURM, 1977, S. 173)

Bei der Auktion schlug dann schon der Geist des Kleinbürgertums voll zu:

Die Familien konkurrierten untereinander, um fast wertlose Gegenstände zu erwerben. Dieser Auktionsabend war die letzte gemeinsame Versammlung aller Oneida-Mitglieder. (WURM, 1977, S. 175)

20 Jahre dauerte die nun folgende wirtschaftliche Krise, bis die dritte Oneida-Generation

um 1900 begann, das Unternehmen auf der neuen kapitalistischen Grundlage zu reorganisieren und einer neuen Blüte entgegenzuführen

Zusammenfassung

So wie Morus die Rationalität in das Staatswesen zu bringen versuchte und damit tatsächlich die Politik der nächsten Jahrhunderte vorwegnahm, so stellt die Entwicklung der historischen Kommunen eine Kette von Versuchen dar, die Basis des menschlichen Zusammenlebens jenseits familialer Atomisierung zu erforschen.
Die Resultate haben eine weite Spannbreite. Sie reichen von der Entstehung einer quasi ethnischen Gruppe (Hutterer) bis hin zum Versuch, die Sexualität zum Schutze der Frau in einer Gemeinschaft rational zu gestalten (Oneida).

Die Kommunen der Neuzeit haben ebenso die Funktionsfähigkeit einer Wirtschaft erwiesen, die auf Gemeinschaftseigentum basiert, wie dies im Mittelalter der Fall war. Funktionieren oder nicht ist keine Frage der Eigentumsordnung. Denn soviel wir nun über die privaten Produktionsverhältnisse - Privateigentum, Familie, Staat - wissen, so wenig wissen wir über das, was ein kommunitäres Produktionsverhältnis auszeichnet. So differenziert das kapitalistische Produktionsverhältnis beschrieben wurde - Konkurrenz, Kostenminimierung, Geldfetisch, Kapitalschein, Zirkulationssphäre usw. bis hin zur Taylorisierung - so vage sind die Vorstellungen darüber geblieben, was ein gemeinwirtschaftliches Produktionsverhältnis auszeichnet. Wir wissen, daß die Koordinierung der privat-wirtschaftlichen Aktivitäten über den Markt erfolgt, daß in der Warenwirtschaft so etwas wie ein "Wertgesetz" existiert, daß Adam Smiths "invisible hand" usw.; modernere Ökonomen haben die mathematischen Gleichgewichtsbedingungen dafür formuliert (Böhm-Bawerk). Hinsichtlich des Gemeinschaftseigentums wissen wir viel weniger. Grenzenloser Optimismus in die Fähigkeiten der assoziierten Genossen wechselt mit bodenlosem Pessimismus gegenüber allem, was nicht durch kühles Gewinnstreben geleitet wird. Empirisch können sich beide verschanzen. Tatsächlich scheint für diese allgemeine, mehr theoretische Frage die Geschichte der historischen Kommunen, von Owen bis Llano und Kibbuz eine ganze Reihe sehr konkreter Anhaltspunkte für eine Antwort zu liefern:

● Owens New Harmony und Fouriers Phalansterien zeigten, daß die Ideologie als Basis für eine kommunitäre Wirtschaft zu kurz greift. Von Ideologie sprechen wir deshalb, weil die Realität ohne Rückkoppelung nach einer zuvor verfaßten Theorie gestaltet werden sollte. Abweichungen werden dem "alten" Menschen angelastet, statt hieraus Anregungen zur Revision der ursprünglichen Theorie zu ziehen. Ideologisch war vor allem, daß vermutet wurde, der Konsens der Kommunemitglieder würde sich aus nur rationaler Einsicht entwickeln, gut begründete Mehrheitsentscheidungen sich über kurz oder lang bilden. Daß die Ratio viele Wirklichkeiten als richtig erweisen kann (im Grunde: unendlich viele), daß es deshalb vor allem darum gehen muß, Entscheidungen für *eine* Realität zu fällen, also Konsens für eine aus mehreren Möglichkeiten herbeizuführen, d.h. daß die Kommune vor einem kreativen Grundproblem steht, - das sagt uns heute die Wissenschaftstheorie. Die Kommunegeschichte liefert dafür Beispiele.

● Die Hutterer zeigten und zeigen, daß dieser Konsens im quasi-ethnischen Sinne möglich ist, wenn die Normen der Gemeinschaft einem vorzivilisatorischen Ritensystem gleichkommen. Der Rückgriff auf die zwei großen Bücher erlaubt Entscheidungssicherheit wie dies bei den Gerichten der Fall ist: ein ähnlicher Fall von früher wird gesucht und die Entscheidung von damals wiederholt; mit dem Unterschied gegenüber der staatlichen Rechtssprechung, daß die alten Entscheidungen von der Gemeinde für richtig, für sanktioniert gehalten werden. Auf diese Weise gibt es auch keine Entscheidungsprobleme im Ausmaße von New Harmony und den Phalansterien. Damit stellt sich auch nicht das Problem der Autorität als einer durch Konsens abgesicherten Figur, die diese Entscheidung aus der Auswahl vieler Möglichkeiten trifft.

● Die religiösen Kommunen Amana, Zoar, Bethel und Aurorazeigen dann, wie dieses Entscheidungs- sprich Autoritätsproblem Zug für Zug entsteht. Je glaubens-offener die Kommune wird, umso mehr stellt sich das Entscheidungs- und Konsensproblem. Je rationaler, je aufgeklärter eine Gemeinschaft ist, desto größer wird das Sample an Möglichkeiten, das sich für die weitere Zukunftsgestaltung der Kommune stellt. Je kritischer der Bezug zur vorgefundenen Gesellschaft ist, umso länger ist der Katalog von Aufgaben, für die eigene Lösungen gefunden werden müssen; wobei wir wissen, daß die Kritik des Bestehenden noch keinen ausreichenden Anhaltspunkt für die zukünftige Konzeption liefert.

● Bei diesen noch religiösen Kommunen zeigt sich eine Zunahme der Rolle der Autorität, je geringer die religiöse Vorgabe für die Realitätsgestaltung ist. Je allgemeiner das Glaubensbekenntnis, je offener die Gemeinde, sprich je mehr sie der Gesellschaft hin transparent ist, je weniger sektenhaft abgeschlossen, umso wichtiger wird die Entscheidungsfindung, umso wichtiger ist der Lernprozeß der einzelnen Kommunemitglieder; umso zentraler wird es, daß dieser Lernprozeß integrierter Bestandteil des Kommunelebens wird. Und: umso bedeutungsvoller wird die Figur der Autorität als eine pädagogische; womit sich auch das Moment der Negation der feudalen Momente der Autorität andeutet, - ihre Aufhebung zur pädagogischen "Rolle".

● Die drei genannten religiösen Kommunen lösten dieses Autoritätsproblem akzidentiell, nicht systematisch. Sie bildeten sich und hielten sich als Kommunen, w e i l sich eine charismatische Führung "zufällig" ergab. Die Rolle der Autorität für die Kommune zu formulieren, gehörte nicht zu ihrem Konzept. Sie scheiterten daher auch am - gar' nicht begriffenen - Nachfolgeproblem, d.h. an der pädagogischen Aufgabe. Mit dem Zufall des Charismas war die Kommune auch dem Zufall überhaupt ausgeliefert. Mangelnde Rationalität in soziologischen Angelegenheiten ließen es gar nicht erst in das Blickfeld gelangen, daß die Bildung von Autorität eine pädagogische, letztlich sozialisatorische Aufgabe der Kommune sein könnte.

● In den religiösen Kommunen war die Führung zwar charismatisch, zufällig, akzidentiell, - aber sie war vorhanden. Die Rolle der Autorität konnte, wenn auch unbegriffen, gespielt werden. Dieser "Zufall" wurde durch die christlichen Normen systematisch gefördert. Zeichneten sich diese Kommunen dadurch aus, daß für sie die christlichen Normen einen besonders lebendigen, praktischen und verbindlichen Charakter hatten, so hieß das für die Führung, in besonders starkem Maße auf dem sozialen, das Verhalten zur Gemeinschaft hin konvergierendem Charakter dieser Normen Entschei-

dungen basieren zu können. Zwar waren es immer noch Ent-Scheidungen, aber in Bezug auf einen Normen-Rahmen, der stets das Gemeinsame betonte, von sich selbst absehend (bis hin zum Asketischen), das Ganze stets im Auge behaltend.
Die Kommunemitglieder hatten eine hohe Neigung, sich christlich, d.h. kommunitär, für andere und auf eine so definierte Gerechtigkeit hin zu verwirklichen. Sie hatten von daher eine hohe Bereitschaft dem zu folgen, der ihnen Chancen bot, um diese Neigung zu realisieren. Es ging ihnen nicht um rationale Richtigkeit, sondern um christliche Richtigkeit. Während ersteres ein völliger Fetisch, weil inhaltsleer seiend, ist, ist letzteres durch Geschichte und Gegenwart anschaulich dargestelltes Sample an Handlungen. Das erlaubt der Autorität ihre Rolle sozial zu spielen.

● Als mit der Aufklärung im Philosophisch-Politischen, mit der Industrie in der Technik und in den Wissenschaften und mit dem Kapitalismus in der Wirtschaft der Zweifel, die Kritik, die Individualität in ihrer Absolutheit, die Konkurrenz des einzelnen mit allen, immer größere Sphären als unantastbar "privat" sich abschlossen - mit einem Wort, als die bürgerliche Gesellschaft sich durchgesetzt hatte - hatten sich damit auch die - auf die Gemeinschaft bezogenen - divergierenden Einstellungen durchgesetzt. Das (konkurrierende) Gegeneinander wurde zum neuen sozialen Prinzip. Damit isolierten sich nicht nur die christlichen Kommunen des 19. Jahrhundert, ihnen ging auch die personelle Basis verloren. Die nur allzu sichtbaren Resultate der auf Konkurrenz basierenden Einzelaktivitäten - Industrie, Reichtum, Städte, Wissenschaft, Konsum, Luxus - waren eine millionenfach gegebene Suggestion gegen Kommune, gegen Gemeinschaft. Sie entzogen jeder Führung die Legitimität. Obwohl allseits durch die Realität der autoritären Strukturen widerlegt, setzte sich dennoch keine Ideologie so durch wie die antiautoritäre.

● Die sozialistischen Kommunen setzten diese bürgerliche Entwicklung fort, Kommune sollte ein "jedem-nach-seinen-Bedürfnissen, jedem-nach-seinen-Fähigkeiten"-Paradies sein. D.h., bürgerlich gesehen, unendliche Konkurrenz, aber ohne Verlierer. Durch die im bürgerlichen Denken kategorial angelegte Negation der Autorität konnte auch nicht deren konkrete Negation erfolgen, d.h. dadurch, daß man die Fähigkeiten, eine solche Rolle zu spielen, lernt. Stattdessen ging man von der Fiktion aus, daß der bürgerliche Konsens, der sich aus dem - kontaktlosen - Gegeneinander ergibt (aus der sog. "invisible hand"), in der freien Assoziation der Kommune sich nicht nur fortsetzen, sondern sich erst recht einstellen wird. Die dann tatsächlich festgestellten Divergenzen, Streits, Asozialitäten bis hin zum manifest kriminellen Verhalten der Einzelnen der Gemeinschaft gegenüber wurden dann oft gar als anthropologischer Beweis für die asoziale Natur des Menschen angesehen (wo es sich doch nur um eine stinknormal bürgerliche Soße handelte).

● Auf dieser Basis die Rolle der Autorität zu spielen, war eine denkbar schwere Aufgabe. Praktische Überforderung einerseits und diktatorische Vollmachten andererseits stellen sich als Regel heraus und als zwei Seiten von ein und derselben Misere. Die sozialistischen Kommunen bringen daher mit einer deprimierenden Regelmäßigkeit schlechte Führungspersönlichkeiten hervor. Kein Wunder, wer sich auf der Basis dieser anti-kommunitären Normen durchsetzt, kann nicht offen, fördernd, integrierend sein. Noch viel weniger ist es den anderen Kommunarden möglich, durch Erlernen der Autorität als Rolle diese in ihren feudalen Komponenten zu negieren. Entweder erfolgt die Verabsolutierung der Führungspersönlichkeit heimlich oder offen; oder aber es erfolgt deren völlige Verketzerung, so daß die Führungsrealitäten zur Ausnahme deklariert werden mußten.

● Oneida schließt mit der offenen Frage, was den Konsens dieser 40jährigen Gruppe mehr ausmachte: war es die tatsächlich gelebte, also reale Gemeinsamkeit der Sexualität, die mit der Gruppenehe im sozialen, nicht mehr lediglich privatem Ausmaß möglich war oder war es der Rückgriff auf die christlichen Normen der Gemeinschaft? Jedenfalls finden wir in Noyes erneut eine Figur, welche die Rolle der Autorität ohne megalomane Schieflage zu spielen in der Lage ist. Was fehlte, war die pädagogische Komponente hinsichtlich des Autoritätsproblems. Und was ebenfalls zu kurz kam, war der Bezug zur Gesellschaft, welche zu einer agnostizistischen geworden war. Weil diese Wende durch die Oneida-Kommune nicht mitvollzogen wurde, weil Oneida in der (überholten) Avantgarde-Position des Amerika der 30er und 40er Jahre des 19. Jahrhunderts verblieb, wurde die Sexualität über das Generationenproblem zum Sprengsatz, d.h. zum Grund für Spaltung und Ende dieser Kommune. Wenngleich Oneida den Vorstoß zur realen Vergesellschaftung in der Sexualität noch durch religiösen Rückgriff vornahm, wurde doch damit neues Gebiet betreten. Wir wissen nicht, wie stark diese neue Komponente bei Oneida war. Aber wir wissen, daß sie eine reale Komponente war. Die Ideologie reicht, wie die sozialistischen Kommunen zeigen, als Kommune-Basis nicht aus. Die christliche Religion widerspricht unserem "ererbten" Agnostizismus. Die Basis der kommunitären Praxis in Produktion und Reproduktion muß offensichtlich eine reale sein, eine erlebbare, die an den tatsächlichen Bedürfnissen anknüpft. Die Sexualität scheint eine solche zu sein.

● Konsensstiftende Normen, die in realen Bedürfnissen, nicht in Ideologien wurzeln, deren Verbindlichkeit durch die Praxis und nicht durch Glaubensbekenntnisse reproduziert werden, erweisen sich somit als ein entscheidender Schritt, damit die Rolle der Autorität in einer den einzelnen Menschen nicht überfordernden Weise gespielt werden kann. Das ist das eine. Die Beziehung zu der Entwicklung, die in der Gesellschaft vor sich geht, wird zur zweiten großen Randbedingung, damit die einmal gefundene Lösung sich dynamisierend erhält. Sind diese beiden Kriterien erfüllt, dann kann auch der weitere Schritt hin zu einer neuen Utopie gemacht werden.

Ausblick

Eine Utopie entsteht heute nicht mehr am Schreibtisch, sondern vor Ort. Es geht nicht darum, den neuen Morus zu finden, der den kirchturmpolitischen Kommunen den Weg in die große Gesellschaft weist. Denn es fehlt schlicht und einfach das sozialisatorische Fundament, um eine gesellschaftliche Utopie darauf zu errichten; obwohl die seit der Renaissance sich potenzierende Rationalität den gesamten Globus ökonomisch, politisch (und leider auch ökologisch) miteinander vernetzt hat. Obwohl somit eine Utopie, die Zukünftiges gedanklich vorwegzunehmen versucht, global zu sein hätte, liegt die utopische Lücke schlicht beim Menschen, genauer: an seiner Gesellschaftsfähigkeit, an seinem Vermögen, öffentlich zu werden, an seiner Potenz, konkret und politisch zu sein. Es fehlt das Medium zwischen Individuum und Gesellschaft. Die Basisinstitution

Familie ist und bleibt in fatalem Ausmaß privat, ir-rational. Die politischen Institutionen sind in fatalem Ausmaß abstrakt, abgehoben, nur-rational, fremd.

Daher sprechen wir von der Gruppe als der utopischen Lücke. Erst wenn diese Lücke näher bestimmt ist, ergibt sich die Chance einer neuen gesellschaftlichen Utopie. Gegenwärtig reichen die Perspektiven einer gesellschaftlichen Rekonstruktion nicht über das Dorf hinaus. Die sozialen Netze, Netzwerk, Genossenschaftsverbände usw. sind viel zu großmaschig, um von einer Alternative zu sprechen.

Aber genau in diese Richtung einer Verdichtung dieses Netzes gingen die bisherigen historischen Versuche, wie wir bei Novy erfahren.[88]

Welches sind die Bestimmungen, die sich für die Gruppe aus den Erfahrungen der historischen Kommunen ergeben?

- Eine Gruppe muß Normen hervorbringen, die einen Entscheidungsprozeß erlauben, so daß Erfahrungen gemacht werden können; damit ein alternativer Lernprozeß einsetzt.
- Diese Normen können nur vorübergehender Art sein, sie müssen sich der Kritik stellen. Denn wir haben nicht die Wahl, hinter dem Agnostizismus zurückzufallen. Vielmehr gilt es, daß aus Zweifel, Kritik und radikaler Infragestellung schöpferische Potenzen werden.
- Eine Gruppe muß diesen Wechsel Normen-Normeninfragestellung personell so gestalten, daß während der Normen-Phase einzelne Personen handlungsfähig sind, d.h. führen können.
- Gerade diese Rolle einer Führung darf nicht irrational oder im Namen einer Ideologie negiert werden, vielmehr muß eine Gruppe hier soziologisch kühl zu Werke gehen. Denn eine Gruppe kann nur überleben, wenn sie auch die Führungsrolle tradieren kann, d.h. wenn die Führungsrolle von der Fixierung an eine Person gelöst ist. Da ist zugleich auch die praktische Negation der traditionellen Autorität.
- Das Interesse der Gruppenmitglieder aneinander muß das ihrer eigenen Lebensbasis sein, die Gruppe muß sich im Kern des menschlichen Zusammenlebens, der Sexualität und der Partnerschaft als Alternative erweisen, - ohne in diesem Punkt den Agnostizismus fürchten zu müssen. Es geht somit um nichts geringeres wie um eine Versöhnung von Ratio und Sexualität, d.h. dann auch von Ratio und Sentiment, von Sehnsucht und Willen, von Infantilem und Vernünftigem. Dann und nur dann kann eine Utopie lebendig sein und bleiben, weil sie auch an den "geheimen" Wünschen des Menschen anknüpft, d.h. an denjenigen, die lebendig sind, bei denen Kraft und Energie schlummern.

Anmerkungen

1) Nach: Die Zeit vom 7. Mai 1982. Diesem Beitrag entstammt auch der Hinweis auf Gardener.
2) Zur BRD-Alternativszene siehe Joseph HUBER, Wer soll das alles ändern? Berlin 1981
3) Siehe hierzu den Beitrag Michael PFISTERs in diesem Band
4) Arnhelm NEUSÜSS, Utopie - Begriff und Phänomen des Utopischen. Neuwied und Berlin 1968
5) Zitiert bei Maurice DOBB, Die Entwicklung des Kapitalismus, Berlin und Köln 1970, S. 271
6) Daß die Dampfmaschine zuerst relativ "ungreifbar" war, zeigt sich auch daran, daß die erste große Dampfmaschinen-Investitionswelle, die dann die wirtschaftlich-gesellschaftliche Umwälzung einleitete, erst um 1825 einsetzte, d.h. 50 Jahre nach der Erfindung.
7) Thomas NIPPERDEY schreibt in Reformation, Revolution, Utopie. Göttingen 1975, über Thomas MORUS: "... als Sohn einer in den bürgerlichen Juristenstand aufgestiegenen Familie." MORUS war Aufsteiger, als Jurist verdiente er gut an den Transaktionen des englischen Handelskapitals. "... er vertritt vielfach die Interessen der großen Londoner Kaufmannsgilden, er ist von ihrem großbürgerlichen Selbstbewußtsein mit geprägt." (S. 134) Sein politischer Aufstieg zum Lordkanzler ist bekannt. Privat hatte er ein salonhaftes Familienleben, "... er hat sein ländliches Haus zu einem Ort der Bildung, der Kunst, des humanistischen Gesprächs und der Geselligkeit gemacht."
8) Siehe dazu auch den Beitrag von Michael PFISTER, Hausarbeit, Entfremdung und Emanzipation der Frau - Zur Vergesellschaftung des hauswirtschaftlichen Reproduktionsbereiches, 2. Kap., in diesem Band, im weiteren mit Michael PFISTER, Hausarbeit (1982) abgekürzt.
9) Maurice HALBWACHS, Das Gedächtnis und seine soziale Bedingungen, Berlin und Neuwied 1966 (Paris 1952), S. 384
10) Siehe hierzu Elmar S. SERVICE, Ursprünge des Staates und der Zivilisation, Frankfurt 1977
11) Margaret MEAD, Mann und Weib, Reinbek 1958,
Wo sie fünf Kulturen prototypisch einander gegenüberstellt, alle in der Südsee beheimatet, d.h. auf vergleichbarem ökonomischem Niveau befindlich.
Anthropologisch ist die Organisation des Menschen in Familien als generelle Form seiner reproduktiven Organisation nicht auszuschließen, wenngleich diese Position mit einer so lockeren Definition von Familie - letztlich nämlich als eine nur auf das Kind in seinen ersten 3-5 Lebensjahren bezogene Gemeinschaft - verbunden ist, daß der Verbund mit anderen Individuen bzw. Familien meist engere - d.h. kommunehafte - Formen annehmen kann als nach den Erfahrungen mit der heutigen Kleinfamilie angemessen scheint.
Wenn Ethnologie und Anthropologie eine Verallgemeinerung erlauben, dann m.E. nur die, daß die Geschichte der Familie als Geschichte eines Laboratoriums zur Erforschung geeigneter Reproduktionsformen unter wechselnden ökonomischen Bedingungen anzusehen ist. Homo Sapiens zeigt gerade hier wenig Dogmatik.
12) Siehe hierzu Heidi ROSENBAUM (Hrsg.), Seminar: Familie und Gesellschaftsstruktur, Frankfurt 1978.
Die Trennung zwischen öffentlich und privat beschreiben vor allem die Beiträge von Otto BRUNNER (ROSENBAUM, S. 83-91), Norbert ELIAS (ROSENBAUM, S. 152-160), Eric HOBSBAWN (ROSENBAUM, S. 404-412) und Max HORKHEIMER (ROSENBAUM, S. 425-434).
BRUNNER macht vor allem den Zusammenhang zwischen der Spaltung einerseits ("Rationa-

lität" im Betrieb, "Sentimentalität" in der Familie) und der ökonomischen Entwicklung andererseits (Trennung von Arbeits- und Wohnbereich im Gegensatz zu ihrer Einheit im "Ganzen Haus") deutlich.
ELIAS weist dagegen auf die zunehmende "Zurück- und Geheimhaltung des (sexuellen, A.B.) Trieblebens" hin, wodurch diese Spaltung zwischen privat und öffentlich am stärksten eingeübt und somit "natürlich" wird.
HOBSBAWN betont wiederum die Sentimentalität in der Familie als Ausgleich für den harten Konkurrenzkampf außerhalb der Familie und HORKHEIMER betont die Rolle der Liebe gegenüber dem Vater als Mittel, um die Autorität zu verinnerlichen und somit ohne (großen) äußerlichen Druck im Wirtschafts- und Privatleben zu funktionieren.
Indem BRUNNER den ursächlichen Zusammenhang betont, ELIAS das Mittel, HOBSBAWN die Funktion des Resultates und HORKHEIMER die Lautlosigkeit dieser Struktur, behandeln sie verschiedene Seiten dieses bedeutungsvollen Wandels der Familie. Siehe zu diesem Komplex auch den Beitrag von Michael PFISTER, Hausarbeit, 2. Kapitel.

13) Wir abstrahieren an dieser Stelle von den Widersprüchen die von diesen nicht erfüllbaren Forderungen ausgehen und die den Gegenstand der familienkritischen Literatur in unserem Jahrhundert bilden. Siehe dazu Friedrich MÜLLER-LYER, Die Familie, München 1921, Max HORKHEIMER, Zur Kritik der instrumentellen Vernunft, S. 269-287 und 288-301, Michael MITTERBAUER und Reinhard STIEDER, Vom Patriarchat zur Partnerschaft, München 1977, S. 94-119, Thomas ZIEHE, Pubertät und Narzismus, S. 45-55, J.A. SCHÜLEIN, Der Familie entkommen?, Giessen, o.J., Einleitung des Verfassers, H.E. RICHTER, Patient Familie, Reinbek 1970.

14) Vergleiche auch die oben in Anmerkung 1) genannte Literatur. Über die alte Familie schreiben PINCHBECK und HEWITT "Die Ehre und Prosperität der Familie, weniger das Zusammengehörigkeitsgefühl und die Zuneigung innerhalb der Familie, war das Hauptinteresse der einzelnen Mitglieder, und nichts zeigt dies so deutlich wie die Umstände, unter denen diese Kinder verheiratet wurden." (bei ROSENBAUM, 1978, S. 508)
HOBSBAWN schildert den Glauben (nicht die Realität) an die Familie im 19. Jahrhundert so: "... ihr Heim nannten sie einen 'Hort der Freude', einen Ort, wo 'das Herz sich seines gestillten Verlangens erfreut' ..." (bei ROSENBAUM, 1978, S. 410)

15) Wie verinnerlicht gerade diese Erwartungen, die an die Familie gerichtet werden, sind, zeigt ein Teil der heutigen kritischen Pädagogik-Literatur. Alice MILLER (Das Drama des begabten Kindes) weist auf die Inkompetenz der unsensiblen, emotionell abgestumpften Erwachsenen in der Entwicklung der unverdorbenen Anlagen des Kindes hin, d.h. kritisiert wird somit die mangelnde Reproduktion zeitgemäßer Innerlichkeit. Und HORKHEIMER (Zur Kritik der instrumentellen Vernunft, Frankfurt 1974, S. 277f) weist auf die rationalistischen Krämpfe hin, welche beflissene Eltern heute unternehmen, um diesen Ansprüchen zu genügen:
Die ideale moderne Mutter plant die Erziehung ihres Kindes nahezu wissenschaftlich, von der wohlausgewogenen Diät bis zum wohlausgewogenen Verhältnis von Lob und Tadel, wie die populärpsychologische Literatur es empfiehlt. Ihre gesamte Einstellung zum Kind wird rational. Selbst die Liebe wird gehandhabt wie ein Bestandteil pädagogischer Hygiene.
So richtig die Kritik an der "obergescheiten" Steifheit der überforderten Eltern auch sein mag, in dem Gebrauch des Begriffes "Liebe" kommt die unkritische Weitergabe jener verinnerlichten Kategorien, von denen hier die Rede ist, bei den Kritikern (MILLER und HORKHEIMER) selbst zum Tragen. Sie nehmen den bürgerlichen Anspruch ernst, sie bleiben, bei aller Radikalität, in den bürgerlichen Kategorien befangen.

16) Siehe dazu HORKHEIMER bei ROSENBAUM, 1978, S. 425ff

17) Auf das damit latent vorhandene faschistoide Potential der Familie im Kapitalismus des 20.

Jahrhunderts haben ADORNO, HORKHEIMER, REICH, FROMM und MARCUSE immer wieder hingewiesen. Vergleiche Max HORKHEIMER, Autorität und Familie in der Gegenwart, in: Max HORKHEIMER, Zur Kritik der instrumentellen Vernunft, Frankfurt 1974, S. 276ff

18) Vom Standpunkt des Individuums aus gesehen, ergibt sich eine andere Beurteilung. Für den einzelnen ist Familie in der Regel gleichbedeutend mit einer Periode materieller Stabilität bei psychischer Abstumpfung. In aller Regel sind die durchschnittlichen Eltern darin überfordert, die schöpferischen Potentiale und die Fähigkeit zur sozialen Kommunikation zu wecken. Nur: dies fordert die Gesellschaft von der Masse der Familien nicht. Von den der bestehenden Gesellschaft innewohnenden Kriterien an eine durchschnittliche Erziehung ausgehend, kann daher auch von der Erfüllung der integrierenden Funktion gesprochen werden. Daß dieses niedrige Niveau - gemessen an den schöpferischen Möglichkeiten fast aller Menschen - wiederum sich zu einer objektiven Schranke, ja Gefahr für das Weiterbestehen der Gesellschaft sich auswachsen kann - wie dies z.B. der Club of Rome mit seinem 4. Bericht ausspricht - steht auf einem anderen Blatt.

19) Die Wohngemeinschaft der 70er Jahre zeichnet sich gerade dadurch aus, infolge ihrer Instabilität und trotz bedeutender Vorteile gegenüber der Kleinfamilie keine Alternative zur Familienerziehung anbieten zu können. Vergleiche Gudrun CYPRIAN, Sozialisation in Wohngemeinschaften, Stuttgart 1978.

20) Siehe dazu die oben genannte Literatur, insbesondere die neuere Einleitung von ARIES (ARIES, 1975, S. 61-65). Für den deutschen Raum siehe Herbert MARCUSE, Ideen zur kritischen Theorie der Gesellschaft, Frankfurt 1969, S. 59ff, wo am Beispiel Luther und Calvin die Entstehung einer spezifisch bürgerlichen Autoritätsstruktur dargelegt wird. Das Neue bei Luther, betont MARCUSE, ist die Vorstellung vom vereinzelten Individuum. Von dieser Vorstellung aus entwickelt er die neue Freiheit des Christenmenschen und sein Verhältnis zur ihm nun äußerlichen Macht der weltlichen Autoritäten. Diese bürgerliche Vereinzelung im entstandenen Bürgertum der Städte.

MARCUSE schreibt S. 76:
Im Zusammenhang der bürgerlich-protestantischen Lehre der Reformation erfolgt bekanntlich eine programmatische Reorganisation der Familie und eine kräftige Stärkung des Pater Familias.

Was MORUS in der "Vorrede" von "Utopia" über seine Familie sagt, mutet wie eine Illustration der Lutherischen Forderungen an den Familienvater an:
Denn komme ich nach Hause, so muß ich mit meiner Frau plaudern, mit den Kindern schwatzen, mit den Dienstboten reden. Da das alles unbedingt notwendig ist, zähle ich es zu meinen Geschäften. Notwendig aber ist es, wenn man nicht im eigenen Haus zum Fremdling werden will. Man muß sich überhaupt Mühe geben, mit den Menschen, die einem Natur oder Zufall oder die eigene Wahl zum Lebensgefährten bestimmt hat, so freundlich wie möglich umzugehen; nur darf man sich nicht durch Gutmütigkeit verderben oder sie aus Nachsicht aus Dienern zu Herren werden lassen. Dabei vergehen die Tage, die Monate, die Jahre. (nach: Klaus J. HEINISCH (Hg.), Der utopische Staat, Reinbek 1960, S. 13f)

21) Vergleiche Otto BRUNNER, Vom "ganzen Haus" zur "Familie". In: Heidi ROSENBAUM, Seminar, 1978, S. 89

22) Edward SHORTER, Bäuerliches Heiratsverhalten und Ehebeziehungen in der vorindustriellen Gesellschaft, in: Heidi ROSENBAUM, Seminar, 1978, S. 261

23) Vergleiche dazu Norbert ELIAS, Zum Zusammenhang von Triebkontrolle und Familienform bzw. Gesellschaftsstruktur. In: Heidi ROSENBAUM, Seminar, 1978, S. 152ff

24) Vergleiche Gabriele BECKER, Helmut BRACKERT u.a. Zum kulturellen Bild und zur realen Situation der Frau im Mittelalter und in der frühen Neuzeit. In: BECKER u.a., Aus der Zeit der Verzweifelung - Zur Genese und Aktualität des Hexenbildes, Frankfurt 1980, S. 63 u. 70

25) Diese Gemeinschaften hatten auf die Bevölkerung so große Anziehungskraft, daß am Ende des 13. Jahrhunderts ein Verbot erlassen werden mußte, fernerhin bedurfte die Kloster- bzw. Ordensgründung der päpstlichen Genehmigung. Es ist klar: unter dem Schutzmantel der christlichen Ideologie konnte man eine - in der Regel - blühende - Gemeinwirtschaft einrichten, die feudaler Aussaugung zumindest Grenzen setzen konnte. Wilde Gründungen fielen dann, mehr und mehr, unter die Inquisition (s. unten)

26) Vergleiche Thomas NIPPERDEY, 1975, S. 104ff

27) Vergleiche Karl KAUTSKY, Vorläufer des neueren Sozialismus, 8. Auflage, 1976, S. 115ff

28) Vergleiche Max WEBER, Die Familien- und die Arbeitergemeinschaft. In: Heidi ROSENBAUM, Seminar, 1978, S. 67f

29) Das hat immer wieder Ernst BLOCH hervorgehoben. Siehe seinen Beitrag zur Orginalgeschichte des Dritten Reiches. In: NEUSÜSS, 1968, S. 193ff und sein Buch Tendenz, Latenz, Utopie, Frankfurt 1973, S. 292f. Vergleiche auch Otto BRUNNER, Vom 'ganzen Haus' zur 'Familie'. In: ROSENBAUM, 1978, S.89

30) Gustav LANDAUER, Zwang und Befreiung, eine Auswahl aus seinem Werk, Hrsg. von Joachim HEYDORN, Köln 1968

31) Karl KAUTSKY, Vorläufer des neueren Sozialismus, drei Bände: Bd. 1 Kommunistische Bewegungen im Mittelalter, 8. Auflage 1921, wieder abgedruckt 1976, Bonn Bad Godesberg, im weiteren mit KAUTSKY, 1976 abgekürzt, Bd. 2 Der Kommunismus in der deutschen Reformation, 9. Auflage, Nachdruck der 1969 erschienen 8. Auflage, Bonn Bad Godesberg 1976, im weiteren mit KAUTSKY, 1976 II abgekürzt. Bd. 3 zusammen mit Paul LAFARGUE, Die beiden ersten großen Utopisten Thomas MORUS, Thomas CAMPANELLA, Der Jesuitenstaat in Paraguay, 3. Auflage, Nachdruck der 1922 erschienenen 2. Auflage, Bonn Bad Godesberg 1977, im weiteren mit KAUTSKY, 1977 abgekürzt.

32) Diese Äußerungen beziehen sich auf die Klöster, sie gelten jedoch auch für die anderen kommunitären Bewegungen wie z.B. die Waldenser. "Kloster-Orden" sind nichts anderes als diejenigen kommunitären Bewegungen, die von der Kirche integriert wurden (daß dies sehr konfliktreich war, zeigen z.B. die Franziskaner); gelang es nicht, sie zu integrieren, dann wurden sie "Ketzer" (wie z.B. die Waldenser).
KAUTSKY sieht bei diesen kommunistischen Ansätzen große Nachteile. Dadurch daß die moderne Entwicklung zum Kapitalismus zu einer objektiven Vergesellschaftung der Produktivkräfte geführt habe, werde der moderne Sozialismus auf eine viel breitere Basis gestellt. Dadurch sei er z.B. des Konfliktes Familie - Gemeinschaftseigentum enthoben. Daß dies eine sehr optimistische Interpretation der materiellen Basis darstellt, wissen wir zumindest heute. Die Bequemlichkeit des sog. materialistischen Standpunktes, daß die Produktivkräfte, d.h. der Faktor Zeit objektiv und "für uns", d.h. für eine Vergesellschaftung im Sinne einer freieren, besseren Gesellschaft arbeitet, haben wir nicht mehr. Von daher ergibt sich auch eine andere Wertung der Unterschiede zwischen mittelalterlichem Kommunismus und modernem Sozialismus. Heute hat es eher den Anschein, daß man von den damals gemachten Erfahrungen lernen kann, weil damals Probleme angeschnitten wurden, vor denen heute jeder steht, wenn er sich mit grundsätzlicheren Neuerungen im Reproduktions- und Produktionsbereich auseinandersetzt.

33) Siehe dazu Gunnar HEINSOHN, Ralf KNIEPER, Otto STEIGER, Menschenproduktion, Frankfurt 1979, S. 24ff

34) Vergleiche Alfred DOREN, Wunschträume und Wunschzeiten. In: Arnhelm NEUSÜSS, 1969, S. 123ff und Ernst BLOCH, Zur Orginalgeschichte des Dritten Reiches, ebenda, S. 193ff

35) NIPPERDEY stellt dabei die "westliche" der "marxistischen" Forschung gegenüber, wobei die oben zitierte eine "westliche" ist. Die marxistische Forschung (das ist bei NIPPERDEY die sowjetische) hält an der Verelendungsthese als Grund für den Bauernkrieg fest. Das entbehrt nicht der Ironie, daß gerade die gemeinwirtschaftlich-sozialistische Komponenten der Bauernkriege, nämlich ihre kommunitäre Substanz, Gegenstand der "westlichen", sprich bürgerlichen Forschung ist.
Daß sich diese beiden Ursachen nicht nur nicht zu widersprechen brauchen, sondern sich sogar ergänzen, ist der Preis, der an diese sich verschiedenen Lagern zurechnende Geschichtsschreibung zu entrichten ist. Das betont auch NIPPERDEY in seiner abschließenden Abwägung (vergl. S. 101). Zu den ökonomischen Widersprüchen siehe Maurice DOBB, Die Entwicklung des Kapitalismus, Köln o.J. S. 48ff
Seit 1300 kann man von ökonomischer Stagnation und Dauerkrise sprechen. Innerhalb dieser langen Periode kommt es zu periodischen Zuspitzungen. Eine solche lag in Deutschland um 1500 vor. Dabei scheint dem Angriff auf die bäuerliche Selbstverwaltung eine Ausdehnung des Schutzes derselben und auch eine Besserstellung ökonomischer Art vorausgegangen zu sein. Deshalb spricht man auch von einer 'feudalen Reaktion' auf diesen Gewinn des Bauernstandes hin (Vgl. NIPPERDEY, S. 89). Die Auseinandersetzungen wurden dann deswegen so hart, weil die Defensive der Feudalherren nicht nur in eine über die bisherigen Grenzen hinausgehende Offensive überging (mit der Forderung nach Einführung des römischen Rechts), sondern auch auf eine nicht lumpenproletarische, sondern z.T. recht vermögende Schicht bäuerlicher Korporationen traf. Vergleiche zu den einzelnen Phasen dieser somit relativen Schlechterstellung nach 1500 auch Hans MOTTEK, Wirtschaftsgeschichte Deutschlands, Berlin (Ost) 1968, S. 225ff

36) Vergleiche dazu KAUTSKY II, S. 130f. Das ist ein für unsere Problemstellung interessanter Zusammenhang: die Trennung in rationales Denken einerseits (Humanismus, Thomas MORUS, Utopien) und emotionales Denken andererseits (Wiedertäufer, Th. MÜNTZER, Chiliasmus) ist weit weniger stark als uns erscheint. Die relative Abgehobenheit der Humanisten gegenüber den ins Volk gehenden 'Akademikern' (wie z.B. HUBMEIER, REUBLIN, GREBEL usw.), d.h. den Wiedertäufer-Führern, erleichtert die Parteinahme für eine der beiden nicht gerade. Hier wird eine Problematik deutlich, die ihre Geschichte bis zur Studentenbewegung herauf hat.

37) Karl KAUTSKY, Paul LAFARGUE, Vorläufer des neueren Sozialismus, Dritter Band, 3. Auflage, Berlin-Bonn 1977, S. 57

38) Über die Vielfältigkeit der Wiedertäufer siehe Otthein RAMMSTEDT, Sekte und soziale Bewegung, Köln und Opladen, 1966, S. 101ff. RAMMSTEDT arbeitet die besonderen Bedingungen heraus, die in Münster gegeben waren, so daß dort eine relative Einheitlichkeit vorhanden war. Im fortgeschrittenen Stadium des Münsterischen Experimentes war einer dieser vereinheitlichenden Faktoren nackter Terror.

39) Daß dies keine bloße Propagandalüge ihrer Gegner war, geht auch aus Ernst Blochs Aufsatz, Zur Orginalgeschichte des Dritten Reiches. In: Arnhelm NEUSÜSS, Utopie - Begriff und Phänomen des Utopischen, Neuwied und Berlin 1968, S. 196 hervor. Siehe dort auch zur Geschichte des mittelalterlichen Chiliasmus. Siehe zur Türkenfrage auch KAUTSKY, 1976 II, S. 191ff

40) Die Hutterer-Bewegung zeigte, daß aus diesem Kampf um neue Formen sehr wohl eine stabile Form der kommunitären Reproduktion hervorgehen kann. Siehe dazu KAUTSKY, 1976, II,

S. 197ff und Shalom WURM, Das Leben in den historischen Kommunen, Düsseldorf, 1977, S. 11ff

41) Vergleiche NIPPERDEY, 1975, S. 63
RAMMSTEDT zeigt in seiner Arbeit über die Wiedertäufer zu Münster, wie sich der bei den Sekten vorhandene Realitätsverlust entwickelt. In Münster ist dies besonders gut dokumentiert. Der entscheidende Punkt erfolgte durch eine verfehlte Prophetie, deren Rückwirkungen auf die Gemeinde dadurch nicht zunichte gemacht wurden, indem die verfehlte Prophetie durch eine neue ausgeglichen wurde. Vergleiche RAMMSTEDT, 1966, S. 74 ff

42) Alfred DOREN, Wunschträume und Wunschzeiten. In: Arnhelm NEUSÜSS, Hrsg., Utopie, Begriff und Phänomen des Utopischen, Neuwied und Berlin, 1968, S. 126; DOREN gibt einen materialreichen Einblick in die Geschichte des Chiliasmus und der Utopien. Es beginnt mit der Gegenüberstellung von Morus 'Utopia' mit dem unbekannt gebliebenen, sog. "oberrheinischen Revolutionär zu Kaiser Maximilians Zeiten" (S. 125). Die Chiliasten gehen von der Realität ihrer Wunschträume aus, die Humanisten von einem schrittweisen Fortschreiten auf ein fernes Wunschziel, "... eine gewollte Mischung aus Schmerz und Ernst ... während der Chiliast der willenlose Sklave seiner Wahnbilder ist." (S. 129)

43) Otthein RAMMSTEDT, Sekte und soziale Bewegung, Köln-Opladen, 1966, S. 76

44) Siehe hierzu: W. E. MÜHLMANN (Hrsg.), Chiliasmus und Nativismus, Studien zur Psychologie, Berlin 1961, S. 445-451 (Studien zur Soziologie der Revolution, I).

45) Karl MANNHEIM, Utopie. In: Arnhelm NEUSÜSS (Hrsg.), Utopie, Begriff und Phänomen des Utopischen, Neuwied und Berlin, 1968, S. 116ff

46) Innerhalb von vier Jahren erschienen drei Auflagen

47) Vergleiche hierzu folgende Stellen der Utopie:
König Utopos "der das hohe und wilde Volk zu der Gesittung und Bildung heranzog, durch die es jetzt fast alle Menschen übertrifft ..." (Ziff. 1)
"Der Überlieferung nach ist nämlich der gesamte Plan der Stadt bereits von Anfang an von Utopos selbst festgelegt worden. (Ziff. 3)
Zum Hochverrat siehe Ziff. 4, siehe ebenso die drakonischen Strafen bei Ehebruch Ziff. 22: "Einem Rückfälligen jedoch ist der Tod gewiß."
Die Mißbilligung des Geldes (aus Gold sind nur die Nachtgeschirre und die Ketten der Sklaven) könnte bei irgendeiner der mittelalterlichen Sekten nicht absurder sein (vergleiche Ziff. 13). Sogar einige skurrile Sekten gibt es in Utopia (vergleiche Ziff. 30, e). Auch die Haftbarmachung des Eigentums und des Geldes für Verbrecher aller Art fügt sich nahtlos an die Argumentation der kommunistischen Sekten. Vergleiche hierzu Ziff. 32

48) MORUS "hat lange in Verbindung mit Londoner Karthäusern gelebt und bis 1505 damit gerungen, ins Kloster einzutreten, er hat Zeit seines Lebens ein härenes Hemd getragen" (NIPPERDEY, Thomas, Reformation, Revolution, Utopie, Göttingen 1975, S. 135). MORUS hatte also selbst kommunitäre Erfahrungen. Auf der anderen Seite gehörte er mit seinem (größtenteils zur Veröffentlichung bestimmten) Briefwechsel "zu einer neuen Schicht von Intelligenz" (S. 131). KAUTSKY (III, S. 50) schreibt: "Bis zur Utopia hatte man nur einen Kommunalen oder genossenschaftlichen Sozialismus gekannt."

49) Zum statischen Charakter seiner Theorie siehe NIPPERDEY, 1975, S. 139

50) Der kontemplative Zug wird z.B. an den Umständen deutlich, unter denen Raphael Hythlodeus seine Geschichte über Utopia erzählt, eine "liebenswürdige Plauderei", "im Garten, auf einer Rasenbank" des Morusschen Hauses in Antwerpen (Vorrede, Ziff. 2).

51) Siehe dazu NIPPERDEY, 1975, S. 134

52) In der Studentenbewegung wurde z.B. beides als sehr lebensfeindlich bzw. einengend

empfunden. Heute wird vor allem die Industriewelt als bedrohlich eingeschätzt. Versuche, den Reproduktionsbereich rational zu organisieren, werden heute eher als bedrohlich empfunden, weil ganz allgemein die Privatsphäre, als Rückzugsgebiet, eine Aufwertung erfahren hat.

53) Dafür ist natürlich auch die Gefahr gewachsen, daß die offizielle, d.h. eine ganze Gesellschaft prägende Rationalität sich als falsche, d.h. der Realität nicht angemessene erweisen kann. Die Ökologiedebatte der 70er und 80er Jahre zeigt dies. Das Risiko hat sich von Teilen auf das Ganze verlagert. In diesem Sinne könnte man die kommunitären Bewegungen als Versuch der Gesellschaft ansehen, bestimmte Konzepte von Wirklichkeitsgestaltung auszuprobieren.

54) Diese Kollektive waren allerdings nicht "irrationaler" als andere ethnische Gruppierungen auf vorzivilisierter Stufe. Allerdings hatten (bzw. haben noch) die Sippen und Stämme ein größeres Feed-back durch die Umwelt. Zum zweiten wird das, was hier "pathologisch" meint, dadurch hervorgerufen, daß sich diese Gruppen in einem größeren Sozialgebilde befinden, dem Staat, auf den zu beziehen sie durchwegs nicht fähig waren. Wird "Staat" selbst als pathologische Fehlentwicklung der Menschheit angesehen, so entfällt eine solche Formulierung. Siehe hierzu W.E. MÜHLMANN (Hrsg.), Chiliasmus und Nativismus. Studien zur Psychologie, Soziologie und historischen Kasuistik der Umsturzbewegungen. Berlin 1961 (Studien zur Soziologie der Revolution 1)

55) Mit dieser negativen Besetzung von Utopien ist nicht die konservative Version gemeint. Natürlich waren schon immer diejenigen aus nachvollziehbaren Gründen gegen Utopien eingestellt, die sich von ihrer Verwirklichung Nachteile erwarteten. Dieser Strang - der ja auch einige berechtigte Kritik enthält - wird hier außer Acht gelassen.

56) So charakterisiert Alfred DOREN (bei NEUSÜSS, 1968, S. 126) Utopia "die ideale Verlagerung des zeitlich erkennbaren Geschehens im Sinne eines notwendigen Vorwärts-Schreitens zu einem imaginären, irgendwo an den Grenzen der Zeit liegenden Wunschziels"

57) Von dieser Zeit her rührt auch jener Inhalt, der sich für uns mit "Zünften" verbindet. Daß diese einmal einen ganz anderen Charakter hatten, sollte oben, aus den Ausführungen zu den kommunitären Bewegungen, klar geworden sein.

58) Diesen Prozeß in Beziehung zur Entwicklung von positiven Utopien hat Martin BUBER, Pfade in Utopia, Heidelberg, 1950, geschildert

59) MARX war sich dieser Problematik bewußt.
"Während er jedoch zu begründen suchte, daß vom Standort des Proletariats aus in besonderem Maße erfolgreich sein müsse, den Struktur- und Funktionszusammenhang der bürgerlich-kapitalistischen Gesellschaft zu durchschauen, da das Proletariat eine gewissermaßen existentiell außerhalb dieser Gesellschaft gelegene Position einnehme",
führt NEUSÜSS (1968, S. 24) bezüglich MARX aus. Auf der anderen Seite wissen wir, daß er das konkrete Proletariat, seine Mitglieder wie dessen Führer oft verachtet, d.h. er erlebt durchaus eine Dissonanz. Dies vermochte jedoch nicht seine wissenschaftliche Position zu ändern. Vielleicht stehen Hoffnungen auf einen entsprechenden Bildungsprozeß dahinter. Daß dieser, maximal gesehen, bei ihm, dem Wissen von Karl MARX hätte enden können, aber Karl MARX auch nicht als der von seiner Lebenspraxis her den Sozialismus versprechende Mensch angesehen werden kann, führt auch das nicht über diesen Widerspruch hinaus. Zweifellos war MARX selbst bürgerlich, d.h. gespalten genug, um seiner Mission als öffentlicher Wissenschaftler gerecht werden zu können und solche menschlich-privaten Widersprüche abschreiben zu können

60) 1928 schrieb dagegen Karl MANNHEIM (bei NEUSÜSS, 1968, S. 115):
Zwar schließt das Ausmalen von Utopien keinesfalls mit den utopischen Sozialisten ab, doch kann ihren Nachfolgern keine größere politische Bedeutung mehr zugesprochen

werden, wenn sie auch häufig bemerkenswerten literarischen Erfolg hatten. Und noch bis zur Entfaltung der Soziologie hin fuhren sie fort, allerlei Ersatz für die wissenschaftliche Analyse sozialer Phänomene zu liefern.
d.h. dort, wo der Glaube an die Wissenschaft unerschüttert ist, steht auch das Verdikt der Utopien.

61) SERVICE, Elmar R., Ursprünge des Staates und der Zivilisation, Frankfurt 1977

62) Shalom WURM, Das Leben in den historischen Kommunen, Köln 1977. Dabei beschränken wir uns auf die amerikanischen Kommunen des 19. Jahrhunderts: dies deswegen, weil damit ein relativ homogener Rahmen vorliegt, d.h. der unterschiedliche Verlauf der Geschichte der jeweiligen Kommune ist weniger einer unterschiedlichen Umgebung geschuldet als vielmehr Differenzen, die in der Konstruktion und personellen Besetzung des jeweiligen Experimentes liegen.

63) Diese Verflechtung mit der Gesellschaft hat in den 70er Jahren wiederum stark zu einem Verlust an Attraktivität beigetragen. Die negativen Seiten der israelischen Politik gegenüber den Palästinensern hat automatisch auf die Kibbuzim abgefärbt. Aber auch aus anderen Gründen besteht seit den frühen 60er Jahren eine Stagnation in der Gründung von neuen Kibbuzims. Möglicherweise durch das Ende der Pionierphase - in welcher die Kibbuzims in jeder denkbaren Beziehung als vorbildlich galten - sind neue Kriterien in der sie umgebenden Gesellschaft entstanden, Konsumorientierung, Vereinzelung, Großstadt. Es konnte nicht geprüft werden, inwieweit dies mit der Stagnation zusammenhängt. Siehe hierzu eine demnächst erscheinende Publikation von Gunnar HEINSON

64) WURM, 1977, S. 93: Daß Schamanismus und Rationalität durchaus vereinbar sind, zeigt die Geschichte von Quesalid bei Claude LEVI-STRAUSS, Strukturale Anthropologie, Frankfurt 1967, S. 192ff

65) 1883 starb Barbara METZ, die letzte Führerin, die "Gesichte" hatte. Danach behalf man sich im Gottesdienst mit dem Vorlesen alter Predigten, das Gewicht der starren Regelungen - z.B. hinsichtlich des Männer-Frauen-Verhaltens - nahm zu, da niemand mehr ein geistiges Zentrum verkörperte. Diese Erstarrung hatte zweifellos den Kontrast zur dynamischen Gesellschaft 'draußen' erhöht. Es ist jedoch zu beachten, daß die Gemeinde im 18. Jahrhundert 100 Jahre ohne "Gesicht" ausgekommen ist, ohne zu zerbrechen. M.E. deswegen, weil sie in einer Gesellschaft mit im Grunde gleichen Werten eingebettet war. Aber in der Zeit um 1900 war das nicht der Fall.

66) Siehe hierzu die Ausführungen zu den Sozialistischen Kommunen S. 79ff und die Zusammenfassung S. 93ff, beides im vorliegenden Beitrag

67) Das ist ein extremes, aber wahres Beispiel. Vergleiche WURM, 1977, S. 39. Es gibt auch viele Beispiele, wo die Anpassung an Veränderungen der Umgebung bruchlos vor sich ging. Vergleiche hierzu WURM, 1977, S. 47 ff

68) Siehe hierzu LEVI-STRAUSS 1967, S. 183ff

69) Siehe hierzu Max HORKHEIMER, Die Erziehungsleistung der bürgerlichen Familie. In: Heidi ROSENBAUM (Hrsg.), Seminar: Familie und Gesellschaftsstruktur, Frankfurt 1978, S. 425ff

70) Siehe UNGERS L. und O. M. UNGERS, Kommunen in der neuen Welt, Köln-Berlin 1972

71) Die Shakers sollen einmal 6000 Mitglieder umfaßt haben. Siehe UNGERS und UNGERS, 1972, S. 7

72) Die Rappisten bauten in ihrer US-Zeit insgesamt drei (Klein-)Städte auf, die sie dann wieder verließen. Die Shakers waren gesuchte Möbelproduzenten, die einen eigenen Stil kreierten. Die Amanas legten mit die Grundsteine für die Industrialisierung des Staates Iowa.

Sägewerke, Wagenbauer, Landwirtschaft, Konserven, Weberei, Spinnerei u.a. sind Gewerbezweige, die als größere Betriebe bei den Kommunen immer wieder auftauchen.

73) In damaliger Währung 190.000 Dollar. Der Mangel an Auswahl erwies sich als Belastung für die Kommune. Es kamen 800 Menschen, darunter viele Intellektuelle und Sozialfälle.

74) Ein wunder Punkt war die Alkoholfrage. Owen war prinzipiell gegen jedwede Form, die Handwerker, seit vielen Jahren an Bier und auch an Schnaps gewöhnt (Pionierzeit!), konnten diese starre Haltung nicht teilen (Owen gewann diese Haltung ja mehr aus seinen Erfahrungen in England und Schottland). Darüber kam es - als Anlaß, aber das Beispiel signalisiert die zwei Welten, die hier aufeinanderstießen, gut - zum Streit und zur Spaltung. Die Handwerker verließen die Kommune in großer Zahl, und ohne Handwerker war die Kommune ohne materielle Basis.

75) Siehe Charles FOURIER, Aus der neuen Liebeswelt, von Daniel GUERIN ausgewählte Texte, Wagenbach, Berlin 1977

76) FOURIER kam auf 3 Millionen Phalansterien, in denen die zukünftige Menschheit wohnen wird. GUERIN zitiert (1977, S. 14) "daß allein (...) der Hebel der Liebe einhundertzwanzig Legionäre beiderlei Geschlechts zusammen bringen kann, um (...) z.B. die Sahara zu erobern."

77) Siehe GUERIN, 1977, S. 30f

78) Siehe oben S. 16ff

79) Alle Vermögenstitel waren (bis dahin) auf Wilhelm Keil eingetragen.

80) Z.B. beteiligte sich Picket an der Spekulation um die Erschließung von Erdölfeldern. Vergleiche WURM, 1977, S. 268f

81) Siehe z.B. den Beitrag von Constantin BATNING, Lohnarbeit und Kollektiv. In: PädExtra Sozialarbeit 1/1981

82) Den Begriff "materialistisch" hier zu verwenden, fällt nicht leicht. Zunächst ist es nur der Gegenbegriff zu idealistisch und zu religiös. Sodann soll mit ihm anklingen: an den realen menschlichen Bedürfnissen anknüpfend, u.a. auch Kommunikation. Sexualität dies jedoch in einer offenen, rationalen Argumentation (Widerspruch, Folgerichtigkeit) zugänglichen Weise.

83) Siehe WURM, 1977, S. 129 und 186

84) Vergleiche Wallstreet Journal, 30.11.1978

85) Vielleicht darf dies nicht zu wörtlich genommen werden, da es defensiv an eben die bürgerliche Schicht der amerikanischen Ostküste gerichtet war.

86) Dieser für die Gegenwart wichtige Punkt kann hier leider nur angedeutet werden. Für eine heutige Theorie der Kommune stellt er einen zentralen Punkt dar.

87) Vergleiche z.B. die Kommune Aiyetoro (WURM, 1977, S. 315ff), eine Kommune in Nigeria, die sehr erfolgreich ist. Vielleicht ist in dieser Hinsicht gerade von der 3. Welt ein wichtiger Beitrag zu einer neuen, auf Kommunen aufbauenden Utopie zu erwarten.

88) Klaus NOVY, Alternative Ökonomie - Vorwärts oder rückwärts. In: Spuren, Sonderdruck aus der Nr. 4/1980

Literatur

Aries, Philippe, Geschichte der Kindheit, Neuauflage München 1975, Einleitung des Verfassers

Bartning, Constantin, Lohnarbeit und Kollektiv. In: Paed.Extra, Sozialarbeit 1/1981

Bloch, Ernst, Tendenz-Latenz-Utopie. Frankfurt a.M. 1978

Ders., Zur Orginalgeschichte des Dritten Reiches. In: Neusüß, Utopie. Neuwied und Berlin 1968

Cabet, Etienne, Reise nach Ikarien. Berlin 1980

Club of Rome, Bericht. Das menschliche Dilemma. Wien-München 1979

Cyprian, Gudrun, Sozialisation in Wohngemeinschaften, Stuttgart 1978

Doren, Alfred, Wunschträume und Wunschzeiten. In: Arnhelm Neusüss (Hrsg.), Utopie, Begriff und Phänomen des Utopischen. Neuwied und Berlin 1968

Fourier, Charles, Aus der neuen Liebeswelt, Berlin 1977

Heinsohn, Gunnar, Knieper, Rolf, Steiger, Otto, Menschenproduktion. Frankfurt 1979

Horkheimer, Max, Zur Kritik der instrumentellen Vernunft. Frankfurt 1974

Marcuse, Herbert, Ideen zur kritischen Theorie der Gesellschaft. Frankfurt 1969

Mauss, Marcel, Soziologie und Anthropologie. II. München, Wien 1975

Mead, Margret, Mann und Weib. Reinbek 1958

Miller, Alice, Das Drama des begabten Kindes. Frankfurt 1979

Mitterauer, Michael, Sieder, Reinhard, Vom Patriarchat zur Partnerschaft, München 1977

Mühlmann, W.E., (Hrsg.), Chiliasmus und Nativismus. Studien zur Psychologie. Berlin 1961, S. 445-451 (Studien zur Soziologie der Revolution I)

Müller-Lyer, Friedrich, Die Familie. München 1921

Nipperdey, Thomas, Reformation, Revolution, Utopie. Göttingen 1975

Rammstedt, Otthein, Sekte und soziale Bewegung. Köln-Opladen 1966

Richter, Horst Eberhard, Die Gruppe. Reinbek 1972

Rosenbaum, Heidi, (Hrsg.), Seminar. Familie und Gesellschaftsstruktur. Frankfurt 1978

Schülein, J.A., Der Familie entkommen? Giessen o.J.

Service, Elmar S., Ursprung des Staates und der Zivilisation. Frankfurt 1977

Morus, Thomas, Utopia. In: Der utopische Staat. Reinbek 1960

Wurm, Shalom, Das Leben in den historischen Kommunen. Düsseldorf 1977

Ziehe, Thomas, Pubertät und Narzismus. Köln 1975

10 Tage Friedrichshof
Ein Report über den Friedrichshof
Von Kari Skollerud und
Wencke Margrethe Myhre
Radioreportage des Norwegischen
Rundfunks, gesendet im Frühjahr 1982
Hrsg.: Gemeinschaftsbau, Gemeinnützige
Wohn-, Bau- und Siedlungsgenossenschaft.
Bezug: Friedrichshof, A 2424 Zurndorf/Bgld
Preis 9.— DM

Ein Report
über den Friedrichshof
von Kari Skollerud und
Wencke Margrethe Myhre

Genossenschaftswahlen (Bewerbungsreden)

DER FRIEDRICHSHOF

Über 10 Jahre besteht das Modell Friedrichshof im Burgenland, Österreich. 150 Erwachsene und 50 Kinder leben dort. 35 Gruppen aus ganz Europa haben sich diese Genossenschaft aufgebaut. Über das ganze Jahr finden künstlerische Kurse und Kurse zum Gruppenleben statt. 10-Tage-Grundkurs, Malkurs, Sexualität und Gesellschaft, Tanzkurs, Kommunen und Alternativbewegung, Video-Performance, Pädagogentrainings, Kunstwoche, Genossenschaftsseminar, Autorität und Demokratie - Seminar, Rollenspielkurse.
Adresse: Friedrichshof, A 2424 Zurndorf, Burgenland, Austria,
Telefon: 02147-2393 — Programm anfordern, bei Besuch bitte vorher anmelden.

Der Friedrichshof in der Parndorfer Heide (links die neue Wohnanlage)

ÖKO-Reihe

Rainer Grießhammer
Letzte Chance für den Wald?

Warum sterben die Tannen? Warum gehen jetzt auch unsere Buchen ein, weit weg von den großen Industriezentren? Dieser Band erklärt und diskutiert in leicht verständlicher Form die bisher erkannten und umstrittenen Ursachen. Der Autor formuliert auch die praktischen Maßnahmen, die wir ergreifen müssen, um den Wald noch zu retten. Wir müssen jetzt handeln, bevor es zu spät ist.
ISBN 3-921472-65-2 (November 82) 144 Seiten, Abbildungen und Schautafeln, DM 12,80

Fritz Kalberlah
Acht Stunden täglich Schadstoffe und Gesundheitsschutz am Arbeitsplatz
ISBN 3-921472-60-1 (Oktober 82) 144 Seiten, DM 9,80

NEU

Arbeitsplätze retten – aber wie?
Produktionsumstellung in der Chemischen Industrie. Das Lehrbeispiel ENKA – Kassel.
ISBN 3-921472-69-5
64 Seiten, 6 Abbildungen, DM 7,80

Rainer Grießhammer
LETZTE CHANCE
FÜR DEN WALD?
Die abwendbaren Folgen des Sauren Regens
ÖKO 9

GLOBAL FUTURE
Es ist Zeit zu handeln (Global 2000: Die Fortschreibung des Berichts an den Präsidenten)
Die deutsche Ausgabe von GLOBAL FUTURE soll dazu beitragen, praktische Konsequenzen aus dem Bericht GLOBAL 2000 anzustoßen.
ISBN 3-921472-44-x
190 Seiten, DM 10,–

Uwe Lahl, Barbara Zeschmar
Wie krank ist unser Wasser?
Die Gefährdung des Trinkwassers.
3. erweiterte Auflage 1982
ISBN 3-921472-35-0
142 Seiten, DM 7,80

Elke Pröstler
Stillen trotz verseuchter Umwelt?
Die chemische Belastung der Muttermilch.
3. Auflage 1982
ISBN 3-921472-37-7
74 Seiten, DM 6,80

Dreisam-Verlag GmbH
Schwaighofstraße 6
7800 Freiburg i. Br.
Tel. 07 61 - 7 70 37
Auslieferung:
Vertrieb Prolit